내 집에서
식물이 살아남는법
그리고 인테리어까지

GROWING PLANTS INDOORS

실내에서 식물키우기

류병열·최스란

플로라

저자 류병열
서울시립대학교 환경원예학과 박사
삼육대학교 환경디자인원예학과 교수
저서 : 『화훼원예총론』, 『화훼식물명 용어해설』, 『정원과 식물』

저자 최스란
서울시립대학교 환경원예학과 박사 수료
삼육대학교 환경디자인원예학과 강사
저서 : 『조경학』, 『정원치유』

GROWING PLANTS INDOORS

실내에서 식물키우기

발행일	2022년 7월 5일 초판1쇄 발행
	2023년 5월 15일 초판2쇄 발행
지은이	류병열, 최스란
펴낸이	이지영
편 집	최윤희
디자인	Design Bloom 이다혜, 안규현
펴낸곳	도서출판 플로라
등 록	2010년 9월 10일 제 2010-24호
주 소	경기도 파주시 회동길 325-22
전 화	02.323.9850
팩 스	02.6008.2036
메 일	flowernews24@naver.com

ISBN 979-11-90717-69-4

이 책은 저작권법에 의해 보호받는 저작물이므로
도서출판 플로라의 서면 동의 없이는 복제 및 전사할 수 없습니다.

들어가며

생활 속에서 식물에 관한 관심이 점점 높아지고 있어 반가운 일이다. 이제 전공자들과 식물에 관련된 업에 종사하는 사람들뿐 아니라 일반인들에게도 식물에 관한 관심과 지식이 한 사람의 교양과 품격으로 표현되는 시대가 된 것이다. 어떤 공간을 들어설 때 그곳의 실내 식물이 그 공간의 인상을 만들기도 한다.

식물은 산과 들에 있는 것이 더 자연스럽고 오랜 세월 동안 사람들은 굳이 실내에 식물을 들일 필요 없이 숲과 나무가 있는 자연 속에서 살아왔다. 그러나 사람들은 급격한 도시화로 자연과 멀어지게 되었다. 피로감과 무력감 등 자연 결핍으로 힘들어지게 된 사람들은 집 안으로 식물을 들이기 시작하고 실내에서 식물을 키우는 것이 문화로 발전하게 된 것이다. 여러 연구를 통해서 녹색 식물이 사람 곁에 있지 않으면 병에 걸리는 등의 문제가 생긴다는 것을 사람들이 더 잘 알게 되었으니 이 문화는 점점 더 확산되고 발전할 것으로 믿는다.

이 책 '실내식물 키우기'는 전공자들과 실내식물에 대해 좀 더 깊이 있게 공부하고 싶은 사람들을 염두에 두고 쓰였다. 실내식물을 가꾸는 방법뿐 아니라 식물 자체에 대한 이해와 잘 자라는 생육환경, 번식, 토양 등에 대하여 좀 더 자세하게 다루다 보니 예상보다 두꺼운 책이 되었다.

뒷부분 8장의 '실내식물의 분류'에는 실내에서 키우기 쉬운 식물을 과별로 분류하고 그 식물에 대한 정보와 키우는 법, 실내에 디스플레이 된 모습까지 보여준다. 여러 사진과 함께 있어 곁에 두고 식물의 이름이 생각나지 않거나 정보가 필요할 때 찾아볼 수 있는 도감의 역할도 겸할 수 있을 것이다.

함께 집필한 최스란 선생님과 책이 나오기까지 수고한 '플로라' 편집부에 감사를 전하며 모쪼록 이 책을 통하여 독자들의 식물에 대한 지식이 더 깊어지고 실전으로 실내 식물을 키우며 활용되기를 기대한다.

저자대표 **류 병 열**

CONTENTS

1. 실내식물의 구성 및 분류

1. 식물의 구성 ··· 11
    1) 식물의 기관

2. 화훼식물의 분류 ··· 15
    1) 식물의 이름
    2) 식물학적 분류
    3) 수분조건에 따른 분류

2. 실내식물의 생육 환경

1. 광환경 ··· 23
    1) 창문을 통해 들어오는 햇빛 확인하기
    2) 계절의 변화에 따른 태양의 위치변화
    3) 실내의 빛 증가시키기
    4) 광주기의 이해
    5) 인공조명 사용하기
    6) 고광도 조명

2. 수분 ·· 28
    1) 물주기의 상태
    2) 식물에 불소 사용하지 않기
    3) 식물에게 가장 좋은 물
    4) 바짝 마른 식물 원상복구 하기
    5) 보다 나은 물주기를 하기 위한 다섯가지 팁
    6) 수분 요구도에 따른 관엽식물의 종류

3. 바람 ·· 36

4. 습도 ·· 37
    1) 식물 보호 덮개

5. 배수 ·· 38

3. 실내식물의 번식

1. 영양번식 ··· 41
   1) 줄기꽂이
   2) 줄기번식
   3) 잎꽂이
   4) 휘묻이
   5) 공중휘묻이
   6) 포기나누기
   7) 조직배양

2. 종자번식 ··· 50

4. 실내식물의 배양토

1. 실내식물과 배양토 ································· 52
   1) 배양토의 종류 및 특성
   2) 실내식물용 배양토
   3) 배양토 구매를 위한 팁

2. 실내식물의 비료 ···································· 57
   1) 비료
   2) 비료 선택하기
   3) 큰 숫자, 작은 숫자
   4) 미량원소
   5) 비료의 형태
   6) 여분의 염류 제거
   7) 비료 과부족 징후

5. 실내식물의 병해충 방제

1. 질병과 생리적 장해 ································ 64
   1) 병
   2) 생리적 장해

2. 해충의 종류와 방제 ·· 67
  1) 진딧물
  2) 깍지벌레
  3) 응애
  4) 총채벌레와 응애
  5) 시클라멘 마이츠
  6) 가루이

6. 실내식물 가꾸기

1. 실내식물 심기 ·· 75
  1) 용기
  2) 분갈이

2. 실내식물 키우기 ·· 83
  1) 순화
  2) 닦아주기
  3) 손질하기
  4) 건강 예찰
  5) 예방 조치
  6) 실내식물 옮기기
  7) 실내-야외 실내식물
  8) 식물을 실내로 옮기기 전에 해야 할일
  9) 실내식물 세척
  10) 지주대 설치와 정지

7. 실내식물 즐기기

1. 실내정원 ·· 93
  1) 실내정원의 기본
  2) 회사에서 식물 활용하기

2. 실내식물 가꾸기 - 식물생육에 적합한 장소 ················ 98
  1) 빛의 세기에 따른 관엽식물 종류
  2) 온도에 따른 관엽식물 종류

3. 테라리움 ··· 109
      1) 테라리움의 의의
      2) 테라리움의 필요성과 이점
      3) 테라리움 제작을 위한 기구와 재료 및 용기
      4) 테라리움의 구상과 만들기
      5) 테라리움의 관리
      6) 관수의 유의사항 및 주지사항
      7) 테라리움의 개폐 관리
      8) 테라리움의 광선과 온도
      9) 테라리움 소재 식물의 손질과 관리
      10) 테라리움의 병충해 관리
      11) 테라리움의 환경과 조화
      12) 테라리움 소재식물의 특성별 분류
      13) 유리 용기 제작용 기구 및 재료

8. 실내식물의 분류

1) 양치식물 Ferns ··· 124
2) 닭의장풀과 Commelinaceae ·· 140
3) 대극과 Euphorbiaceae ·· 143
4) 두릅나무과 Araliaceae ·· 153
5) 마란타과 Marantaceae ·· 161
6) 박주가리과 Asclepiadaceae ·· 170
7) 비짜루과 Asparagaceae ··· 175
8) 뽕나무과 Moraceae ··· 193
9) 아라우카리아과 Araucariaceae ··· 198
10) 야자나무과 Arecaceae(아레카케아이) ···································· 200
11) 자금우과 Myrsinaceae ·· 206
12) 쥐꼬리망초과 Acanthaceae ·· 210
13) 천남성과 Araceae ··· 218
14) 파인애플과 Bromeliaceae ·· 251
15) 후추과 Piperaceae ·· 259
16) 베고니아과 Begoniaceae ··· 264
17) 소철과 Cycadaceae ·· 277
18) 앵초과 Primulaceae ·· 279
19) 식충식물 Insectivorous Plants ·· 281
20) 파초과 Musaceae ·· 293

실내식물 키우기

1
실내식물의
구성 및 분류

Composition and classification

1. 식물의 구성

1) 식물의 기관

인간의 근육이나 장기처럼, 식물의 각 기관에도 각자의 특별한 역할이 있다. 식물이 건강하게 자라기 위해서는 이 모든 기관들이 주어진 역할에 충실해야만 한다. 아래의 그림을 참고해보면 뿌리, 줄기, 잎, 꽃을 포함하여 식물의 각 부분들에 대해 익숙해질 수 있을 것이다. 각 부분을 이해하게 되면 식물 전체를 더 잘 이해할 수 있고 그것만으로도 의문이 상당 부분 해결될 것이다. 또한 그 이해를 바탕으로 식물과의 공존에 필요한 지식과 기술이 향상되고 분갈이나 번식 같은 복잡한 작업까지도 간단하게 해내고 있는 자신을 발견할 수 있을 것이다.

① 잎의 구조

잎은 줄기나 식물의 크라운에 붙어 있는데 엽병과 엽신을 가지고 있다. 어떤 식물은 엽병이 줄기의 역할을 하기도 한다. 또한 공기 중의 습기와 영양분을 받아 엽록체에서 합성하는 역할도 하고 있다. 이렇게 합성된 에너지는 잎맥을 통해 운반된다.

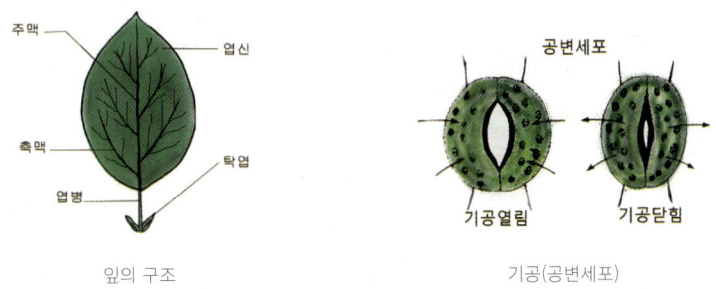

잎의 구조   기공(공변세포)

잎에는 기공이라는 입술 모양의 작은 구멍이 있는데 이 구멍을 통해 이산화탄소를 흡수하고 산소를 배출하며 호흡한다.

· 잎과 꽃의 형태와 기관

i) 단엽
단엽은 줄기나 크라운에 잎이 하나씩 붙어있는 것을 말한다.

ii) 복엽
복엽은 하나의 잎꼭지나 잎줄기에 여러 개의 잎이 함께 붙어있는 것을 말한다.

iii) 포엽
포엽은 진짜 꽃을 감싸고 있는 변형된 잎이다. 꽃잎보다 수분을 더 많이 함유하고 있어 물 없이 몇 주를 버티기도 한다.

iv) 불염포
포엽이 두꺼운 불염포의 형태로 되어 있는 식물도 있다. 불염포 안쪽에 가늘고 긴 손가락처럼 생긴 것이 꽃이다.

② 꽃의 구조
꽃은 수꽃의 수술과 암꽃의 암술, 그리고 그 둘을 감싸고 있는 부드럽고 두꺼운 꽃잎으로 구성되어 있다.

i) 암꽃의 기관 : 꽃의 밑부분에 있는 씨방은 씨를 만들어 내는 공간이다. 여기에는 암술머리가 붙어있는데 이는 암술대라 불리는 관을 통해 꽃가루를 받아들이는 기관이다. 암꽃의 이 모든 기관을 합쳐 암술이라고 한다.

꽃의 구조

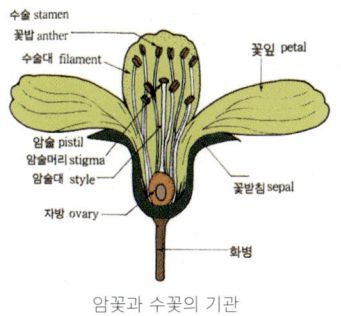

ii) **수꽃의 기관** : 꽃의 밑부분에 붙어있는 수술대는 끝에 꽃가루를 품고 있는 꽃밥이 달려있다. 이것을 모두 합쳐 수술이라 한다.

암꽃과 수꽃의 기관

③ **줄기의 구조**

줄기는 식물의 크라운이 있는 뿌리에 붙어있다. 잎과 줄기가 맞닿아 있는 부분을 마디라고 한다. 줄기의 가장 위쪽 끝을 보면 잎의 눈이 있는데 이곳은 정아라고 부른다. 정아의 아랫부분 줄기에 있는 것이 측아다. 측아는 정아가 없어졌을 때 자라기 시작한다.

줄기의 구조

- **기는줄기** : 기는 줄기나 땅속 줄기처럼 퍼지는 뿌리는 새로운 소식물체로 자랄 싹을 가지고 있다.

1. 실내식물의 구성 및 분류   13

④ **뿌리의 구조**

주근은 식물의 크라운 아래로 굵고 곧게 자라는 뿌리이다. 주근에서 나오는 작은 뿌리를 측근이라고 한다. 측근은 작고 가늘어 부서지기 쉽다.

i) **수염뿌리** : 수염뿌리는 얇은 수염뿌리가 두꺼운 망을 만들도록 흙을 통해 퍼져 자랄 수도 있다.

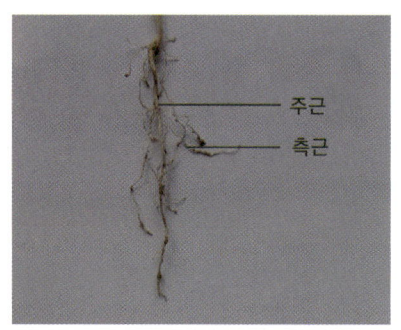

뿌리의 구조

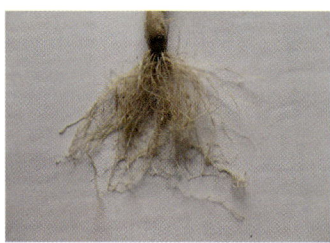

ii) **저장뿌리** : 저장뿌리에는 인경, 구경, 지하경, 괴경, 괴근을 포함한 여러 형태가 있다.

인경   구경   지하경

괴경   괴근

2. 화훼식물의 분류

1) 식물의 이름
① 학명 (Botanical Name)
약 300년 전 칼 린네(1707-1778)라는 스웨덴 학자가 식물의 속과 종을 나타내는 두 단어로 구성된 식물명을 사용하자고 주장했다. 린네는 일생동안 식물을 분류하고 이름을 지으며 지냈고 그가 고안한 방법이 지금까지도 사용되고 있다. 학명은 세계적으로 통용되는 식물의 공통적인 이름이다.

학명을 이해하는 한 가지 방법은 성이 먼저 오는 영어 이름으로 생각하는 것이다. 예를 들어 "Jones John"이라는 사람이 있다고 생각해보자. Jones는 '성(姓)'이며 어느 정도 유사한 사람들의 그룹이고 John은 '이름'으로 특정한 개인을 지칭한다. 식물의 학명도 이와 다르지 않다. 가령 Ficus는 Figs와 Benjamina(종이름)을 포함하는 속의 이름이다. 이 속과 종을 붙여 *Ficus Figs*, *Ficus Benjamina*라는 학명이 정해진다.

학명에서 작은 따옴표 안의 이탤릭체가 아닌 단어는 변종 이름이다. *Ficus Benjamina* 'Starlight'는 *Ficus Benjamina*의 변종을 뜻한다.

학명사이에 있는 x는 그 식물과 다른 종들 간의 교배에 의해 만들어진 교배종임을 나타낸다. 몇몇 교배종들은 너무나 복잡하게 만들어져 원래 그들이 어떤 종들이었는지 밝혀 낼 수 없을 때도 있다. 난초, 튤립같이 꽃이 피는 식물들이 이런 길고 복잡한 계통을 가지고 있다.

학명은 좋아하는 실내식물을 더 연구하고 싶거나 특정 식물을 추가로 구입하고자 할 때 유용하다. 규약에 따라 라틴어로 표기하고 발음하는 경우가 많지만, 국가와 언어별로 발음하는 방법과 방식이 너무나 다양해 라틴어가 아닌 언어로 발음되는 경우도 있다. 또한 종교적, 과학적 차원에서 고유해진 발음이 그대로 나타나기도 한다. 이 책에서는 편의를 위해 가장 보편적인 발음을 사용할 것이다. 그러나 식물의 학명을 발음하는 데 있어 절대적인 옳고 그름은 없다는 사실을 잊지 말아야 한다. 발음과는 무관하게 표기된 학명으로 특정 식물을 정확하게 확인할 수 있다.

② 학명과 원예명 표기법
학명의 표기는 국제식물명명 규약에 따라 라틴어로 쓰여지고 라틴어 발음으로 읽는다. 속명과 종명, 변종명, 품종명은 이탤릭체로 쓰며, 속명의 첫 글자는 이탤릭체 대문자로 쓴다. 명명자는 인쇄체로 쓰되 첫 글자는 대문자로 쓰며, 이름이 길 때는 짧게 음절을 끊어서 쓰고 약자표시로 점(.)을 찍는다. 변종이라는 표시는 Varietas를 줄여서 var. 또는 v. 로 쓰며, 품종의 표시는 Forma의 약자로 For. 또는 F. 로, 재배종은 Culture variety 또는 Cultivar의 약자인 cv.로 표시한다. 예를 들면 진달래의 학명은 *Rhododendron Mucronulatum* Turcz., 흰진달래의 학명은 *Rhododendron Mucronulatum* Turcz. For. *Albiflorum* T.Lee.로 표기한다.

진달래(*Rhododendron Mucronulatum* Turcz.)   흰진달래(*Rhododendron Mucronulatum* Turcz. For. *Albiflorum* T.Lee.)

③ 보통명

보통명(Common Name)은 각 나라마다 그 나라 국민들이 자신들의 모국어로 지어 부르고 있는 식물명으로서 향토명, 상업명, 통용명을 통칭하여 말한다. 같은 식물이라도 부르는 사람의 종족이나 언어에 따라 달라질 뿐 아니라 같은 종족 내에서도 자생지나 지역에 따라 각기 달라 혼란이 있으므로 공신력이 없다. 따라서 학계에서 전 세계적으로 사용하기에는 곤란하며 언어권이 같은 국한된 지역에서 그 이름에 익숙한 민간이나 상인들에게 주로 통용되는 식물의 이름이다. 보통명의 작명은 다양한 방식으로 이루어진다. 예를 들어 시각에 의한 보통명으로는 종꽃(종모양)과 오죽(줄기색) 등이 있다. 또 촉감과 시각에 의한 보통명으로는 끈끈이주걱(점액과 잎모양)이 있고 후각에 의한 보통명으로 향나무(나무향기), 생강나무(수피냄새), 청각에 의한 보통명으로 꽝꽝나무(불에 탈 때 나는 소리) 등이 있다.

종꽃   끈끈이주걱   하늘나리

2) 식물학적 분류

모든 식물의 형태나 생리, 생태적 특성을 비교해 보면 상호간의 유사성과 상이성을 발견 할 수 있다. 이와 같이 유연관계가 있는 공통적인 특색을 가진 종(種; Species)들을 같은 속(屬; Genus)으로 포함시키고 유연관계가 가까운 속을 정리하여 과(科; Family)에 통합시켜 식별하는 방법이다. 이런 식물의 분류 체계는 계(界)·문(門)·강(綱)·목(目)·과(科)·속(屬)·종(種)·변종(變種)·품종(品種)으로 나누며 원예식물을 분류하는데 기초가 된다.

식물분류의 체계

① 종자식물과 양치식물

종자식물은 종자로 번식하는 식물군을 말한다. 꽃이 피는 식물을 의미하는 현화식물과 같은 의미인데 근래에는 종자식물로 부르는 경우가 더 많다. 종자식물은 크게 나자식물과 피자식물로 구분한다.

양치식물은 포자로 번식하는 식물군을 말한다. 꽃이 피지 않는 식물을 의미하는 은화식물과 같은 의미이다. 양치식물은 크게 이끼식물, 양치식물, 조류로 분류할 수 있다.

종자식물(백량금)

양치식물(박쥐란)

② **나자식물과 피자식물**

나자식물은 배주가 자방 밖에 있는 종자식물을 말한다. 배주는 노출되거나, 잎이나 가지가 변형된 인편에 불완전하게 싸여 보호되어 있다. 보통 침엽수인 경우가 많다. 전 세계적으로 약 760종이 알려져 있다. 나자식물과는 반대로 배주가 자방 안에 있는 종자식물을 피자식물이라 한다. 엽맥은 망상맥(그물맥)또는 평행맥이다. 종자가 성장하면 자방이 비대해지면서 과실이 만들어진다. 세계에 약 23~24만종이 알려져 있다. 단자엽식물과 쌍자엽식물로 분류된다.

나자식물(아로우카리아)

피자식물(뱅갈고무나무)

③ 단자엽식물과 쌍자엽식물

	쌍자엽	단자엽
배	자엽은 2장, 종자에 배젖은 있거나 없음	자엽은 1장, 종자에 배젖은 대부분 있음
뿌리	1차근은 숙근이며 가느다란 2차근을 가진 굵은 원뿌리로 자람	1차근은 수명이 짧으며 곧 부근으로 대체되어 수염뿌리를 형성하거나 가끔 다육질 뿌리의 다발을 형성
생장형	초본성 혹은 목본성	대부분 초본성, 소수가 교목상
화분	기본적으로 3공형(3개의 구 혹은 구멍을 가짐)	기본적으로 단구형(하나의 구 혹은 구멍을 가짐)
유관속	부름켜를 가진 1차 유관속이 환상배열, 줄기는 2기 생장, 피층과 중심주로 분화	일정한 배열이 없는 부제유관속, 부름켜는 예외적으로 존재. 줄기는 피층과 중심주로 분화하지 않음
잎	망상맥(우상 혹은 장상) 형태는 넓고 엽초는 발달하지 않음. 엽병이 있으며 때로는 탁엽도 있음	평행맥, 형태는 장방형 또는 선형. 엽저에 가끔 엽초가 있고 엽병은 없으며 탁엽도 없음
꽃	4개 혹은 5개	3개 혹은 3의 배수

쌍자엽식물

단자엽식물

1. 실내식물의 구성 및 분류

3) 수분조건에 따른 분류

① 건생식물
사막이나 건조지 혹은 염분이 많은 환경에서 생육하며, 형태적으로나 기능적으로 건조에 강한 성질을 가지고 있는 식물을 건생식물이라고 한다. 잎이 좁고 두꺼우며 각피질과 저수조직이 잘 발달되어 있어 수분의 증발을 억제할 수 있는 구조로 되어 있다.

② 중생식물
건생식물과 습생식물의 중간 정도의 조건에서 잘 자라는 식물을 중생식물이라고 한다. 일반적으로 재배식물이 중생식물에 속한다.

③ 습생식물
습윤지나 수변에서 생육하는 식물을 총칭하여 습생식물이라고 말한다.

④ 수생식물
연못이나 하천, 호수의 수중 또는 수변에서 생육하는 식물을 총칭하여 수생식물이라고 한다. 줄기나 잎은 통기조직이 잘 발달 되어 있고, 뿌리는 수중의 바닥에 뻗으며 잎은 수면 위에서 자라거나 물 위를 떠돌아다니는 종류를 말한다.

㉮ 추수식물(정수식물)
뿌리를 물속 아래 토양에 내리고 줄기와 잎의 일부 또는 대부분이 공중에서 자라는 식물을 말한다.

㉯ 부엽식물
뿌리를 물속 아래 토양에 내리고, 물 표면에서 잎이 자라는 식물이다.

㉰ 침수식물
식물 전체가 완전히 물속에 잠기고, 물아래 토양에 뿌리를 내리고 자라는 식물이다.

㉱ 부유식물
식물 전체가 물 위에 떠다니면서 생육하는 식물이다.

㉲ 염생식물
해안의 사구나 내륙의 소금성분이 많은 토양에서 생육하고, 높은 염분에서 잘 자라는 유관속식물이다.

※ **주의해서 가꾸어야 하는 실내식물**

어떤 식물들은 해충으로부터 자신을 보호하기 위해 매우 쓴맛이 나는 독성 혼합물을 가지고 있다. 사람이나 동물이 이런 식물을 먹는다면 입이 따갑거나 불타는 느낌을 받을 수도 있고 목이 부풀어 오르기도 한다. 이런 경우 사람들은 바로 식물을 뱉어내지만 동물은 그렇지 못할 때가 많다. 따라서 반려동물을 키우는 사람들이 이런 식물을 키우는 것은 위험하다. 독성 혼합물은 식물 종류에 따라 다양하기 때문에 어린 반려동물이 아래 식물 중 하나를 먹고 나서 아프게 된다면 수의사에게 어떤 식물이 문제를 일으켰는지 반드시 알려주어야 한다.

· **주의해서 다루어야 하는 식물**
포유동물이 먹었을 때 독이 되는 식물
(안스리움, 국화, 가시나무, 디펜바키아, 잉글리쉬 아이비, 옥천앵두, 필로덴드론, 포인세티아, 스킨답서스, 몬스테라, 싱고니움)

· **피부를 자극하는 식물**
어떤 식물들은 즙액에 피부를 자극하는 화학성분을 포함하고 있는데 증상이나 정도에 개인차가 있다. 이런 식물을 기를 때는 안전을 위해 주기적으로 가지치기를 하고, 분갈이할 때 장갑을 껴야 한다.
(용설란, 안스리움, 꽃기린, 잉글리쉬 아이비, 필로덴드론, 포인세티아, 싱고니움)

실내식물 키우기

2
실내식물의 생육 환경

1. 광환경

식물의 생장에는 다양한 환경적 요인이 관여한다. 그 중에서도 식물의 건강과 행복에 가장 많은 영향을 미치는 요인을 한 가지만 뽑아보자면 바로 '빛'이다. 흔히 사람을 기준으로 식량(비료, 양분)과 물을 가장 중요하다고 생각하기 쉽다. 물론 비료와 물 역시 중요한 요소지만 식물은 대부분의 에너지를 광합성으로 획득한다. 광합성은 잎에 있는 엽록체라는 세포가 빛을 받아들이고 처리하고 저장하는 활동이다. 광합성이 이루어지는 동안 식물은 작은 태양열 수집기가 되는 것이다. 밝은 빛을 좋아하는 식물은 엽록체가 많고 조직 내의 층이 두껍고, 적은 빛을 필요로 하는 식물은 상대적으로 엽록체 층이 얇다. 그러나 식물은 주변 환경에 적응하기 위해 엽록체의 밀도와 배열을 얼마간 유기적이고 유동적으로 바꿀 수 있다. 이는 계절, 놓이는 위치 등의 이유로 광량이 변하면 자연스럽게 관찰할 수 있는 현상이다. 광량이 많아지면 식물은 더 많은 엽록체를 생성하여 풍부하게 공급되는 빛을 이용한다. 반대로 광량이 적어져 사용되지 않는 엽록체가 생기면 엽록체의 수 자체가 서서히 줄어들게 된다.

식물마다 생장에 필요한 필수적인 빛의 양에 차이가 있다. 필요한 빛을 충분히 받지 못한 식물은 빛이 있는 양지를 향해 구부러지는 경향이 있다. 광량에 따라 식물의 세포나 겉모습이 변화하는 것은 하룻밤 새에 일어나지 않고 점진적으로 이루어진다. 이 변화를 '순응'이라고 한다.

창문 쪽으로 굽은 관엽식물들

식물은 광량에 굉장히 민감하며 광량이 변하는 즉시 서서히 엽록체의 구조를 바꾸기 시작한다. 충분한 양의 빛을 받지 못한 식물은 순응을 위해 잎을 뒤틀거나 구부리고 줄기가 길어진다. 양치식물류나 무화과나무속은 아예 잎을 떨궈버리는 것으로 유명하다.

그러나 모든 식물이 다 많은 양의 빛을 좋아하는 것은 아니다. 광량이 적은 환경에 적응한 식물을 갑자기 빛이 많이 드는 곳으로 옮기게 되면 잎이 시들어 병든 것처럼 변할 수도 있다. 잎이 얇아 수분 함유량이 적고 엽록체 층도 얇기 때문이다. 이렇게 시든 잎은 좀처럼 회복되기 힘들다. 때문에 실내식물을 광량이 다른 위치로 옮길 때에는 변화에 적응할 수 있도록 2~4주의 기간을 두어야 한다. 그렇지 않으면 치명적인 피해를 입거나 심할 경우 죽을 수도 있다.

식물을 위한 환경을 구성할 때에는 이처럼 식물이 선호하는 광량과 순응의 과정을 항상 염두에 두어야 한다. 식물이 자랄 수 있는 최적의 장소를 찾아내는 것은 미지의 장소를 탐험하는 것과 같은 일이지만 식물의 선호 광량만 알고 있다면 정확한 지도를 가지고 시작하는 것과 같다.

다음에는 창문을 통해 들어오는 햇빛을 확인하고 파악하는 방법과 햇빛이 충분하지 않을 경우 이를 대체할 수 있는 다양한 조명시설에 대해 알아보도록 하자.

1) 창문을 통해 들어오는 햇빛 확인하기

논리적으로 접근한다면 실내에서 식물이 자라기 가장 좋은 곳은 햇빛이 잘 드는 창문 근처다. 햇빛은 광선의 모든 스펙트럼을 포함하고 있으며 물이나 전기 등의 다른 에너지가 필요하지 않다. 작은 창문보다는 큰 창문에 상대적으로 더 많은 빛이 든다. 창문을 깨끗하게 유지한다면 햇빛을 최대한으로 수용할 수 있다. 창문으로 빛이 들어오는 것을 방해하는 실외의 나무나 관목의 큰 가지를 잘라내는 것도 도움이 된다. 깨끗한 창으로 들어오는 햇빛이 충분하지 않다면, 보조로 사용할 수 있는 조명시설을 확보해둔다. 햇빛이 과하다면 얇은 커튼을 달아준다. 너무 강한 직사광선은 식물은 물론 사람에게도 좋지 않다.

어디에서 태양이 뜨고(동쪽) 어디로 지는지(서쪽) 살펴서 창을 통해 들어오는 빛의 범위에 대해 알아두는 것이 필요하다. 우리나라에서는 남쪽으로 향한 창이 가장 강한 빛이 들어오는데, 이는 태양이 하늘의 약간 남쪽 지점에 떠 동쪽에서 서쪽으로 크게 원호를 그리기 때문이다. 태양이 그리는 원호는 겨울에 낮고 여름에는 높아서 같은 실내공간이라고 해도 들어오는 햇빛의 양이 계절에 따라 확연하게 차이가 난다. 일반적으로 많은 빛을 필요로 하는 식물에게는 남향으로 난 창문 근처의 공간이 가장 적당하다.

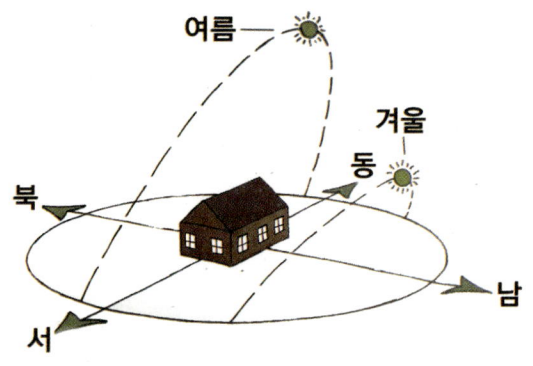

계절의 변화에 따른 태양의 위치

2) 계절의 변화에 따른 태양의 위치변화

동쪽 창으로는 아침에 강한 햇빛이 들어오고, 서쪽 창에는 이른 오후부터 저녁까지 빛이 들어온다. 빛을 적게 필요로 하는 식물은 부드러운 아침 햇살을 좋아하므로 동쪽 창이 좋다. 오후의 햇빛은 상대적으로 강하고 뜨겁기 때문에 많은 광량을 선호하는 식물에게는 서쪽 창이 좋다.

햇빛에는 계절이나 시간에 따른 방향성이 있고 식물은 빛을 향해 자라는 성질이 있으므로 종종 햇빛이 비치는 방향으로 모양이 기울어지기도 한다. 직사각형 화분이나 디쉬가든에서 자라는 식물은 주기적으로 반 바퀴씩 돌려주면 앞과 뒤에 공평한 양의 빛을 받을 수 있다.

3) 실내의 빛 증가시키기

당연하게도 식물을 창문으로부터 멀리 옮기면 광량이 적어진다. 빛이 감소되는 정도는 빛을 반사하는 벽에 따라 달라진다. 어두운 색은 빛을 흡수하는 성질이 있어 밝은 벽보다 상대적으로 빛을 반사하는 양이 적다. 때문에 어두운 색의 벽으로 둘러싸인 실내에서는 식물이 잘 자랄 수 있는 공간이 창으로부터 60cm까지로 한정된다. 반면 밝은색 벽으로 이루어진 실내에서는 창에서 60cm 이상 떨어져도 되고 큰 식물도 기를 수 있다. 빈 벽에 거울을 걸면 창으로부터 들어오는 빛을 반사해서 실내를 밝히는 데 도움이 된다.

형광등을 활용한 식물 선반

집안에 창이 적은 사람들은 식물이 자라는 데 이상적인 환경을 만들어 주기 위해 남쪽이나 서쪽 벽에 부착하는 창을 설치하기도 한다. 이런 창들은 풍부한 빛을 제공해 줄 뿐만 아니라 작은 온실 같은 느낌을 준다. 또 겨울에는 태양열을 모아서 방의 다른 부분들에 온기를 나눠주기도 한다.

키우고 있는 식물이 많다면 식물이 놓인 선반에 반사후드를 달아 최대한 밝은 형광등을 설치하는 것이 빛을 최적화시키는 가장 실용적인 방법이다.

4) 광주기의 이해

계절의 변화를 알 수 있는 가장 확실한 방법은 낮의 길이를 관찰하는 것이다. 원예가들은 낮의 길이가 변하는 현상을 광주기 혹은 일장효과라고 한다. 봄에 꽃이 피는 식물은 싹을 틔우고 꽃을 피우기 위해 길어진 낮에 반응하고, 가을이나 겨울에 꽃이 피는 식물은 짧아진 낮과 길어지는 밤에 반응한다. 어떤 식물들은 적절한 광주기가 주어지지 않으면 꽃이 피지 않는 경우도 있다. 예를 들어 게발선인장, 칼랑코에, 포인세티아처럼 겨울에 꽃이 피는 식물들은 낮이 짧아지기 시작할 무렵에 꽃을 피운다. 이런 식물들에게는 무작정 밝은 빛을 제공하기보다는 하루에 14시간 정도 빛을 차단해주는 것이 좋다. 밤에는 빛을 사용하지 않는 방에 놓아두고, 이른 아침이나 이른 저녁에는 몇 시간 동안 마분지 박스를 덮어둔다. 조명과 타이머가 있는 작은 방에 식물을 놓아두고 하루에 8-10시간 동안만 불을 켜두는 것도 좋은 방법이다. 이런 식으로 3주간만 하면 식물이 꽃을 피울 수 있다. 실외와 비교해 상대적으로 낮과 밤의 경계가 뚜렷하지 않은 실내의 경우, 꽃을 더 잘 피우기 위해 이런 식으로 빛과 어둠의 균형을 임의로 조절해줄 필요가 있다.

5) 인공조명 사용하기

실내에 빛을 증가시키는 최후의 방법은 보조조명을 사용하는 것이다. 스포트라이트는 큰 식물을 무성하게 자라도록 할 수 있다. 더 나아가 방을 좀 더 커 보이게 하는 효과도 있다. 매달린 조명 아래에서 빛을 쬐고 있는 무성한 잎들은 실내 인테리어 포인트가 될 수도 있다. 사무실에서는 형광등을 사용하는 직선형의 마루스탠드를 사용해보자. 활기가 없던 구석이 공기정화식물의 포근한 안식처로 뒤바뀔 것이다. 이런 식으로 식물의 성장을 보조하는 인공조명을 설치한다면 그 자체로 놀랍도록 달라지는 실내 분위기에 놀라움을 금치 못할 것이다. 실내에서 많이 사용하는 형광등도 식물에 유용한 빛을 제공해 줄 수 있는 것이다.

형광등

하지만 식물을 위한 보조조명을 설치할 때 백열등은 적절하지 못한 선택이다. 치명적인 두 가지 결점 때문이다. 우선은 열기다. 백열등이 내뿜는 과도한 열기는 사람과 식물 모두에게 바람직하지 않다. 두 번째는 스펙트럼 때문이다. 백열등은 파란 광선보다는 붉은 광선을 더 많이 포함하고 있는데 붉은빛은 부드러운 성질보다는 따뜻한 성질을 가진 빛이다. 백열등 아래에 선 사람이 평소보다 아름답게 보이는 것이 바로 이 때문이다. 그러나 불행하게도 많은 실내식물, 특히 관엽식물은 파란색에서 녹색까지의 스펙트럼을 더 좋아한다. 말하자면 백열등의 빛은 대부분의 식물에게 있어 그다지 선호되지 않는다는 뜻이다.

백열등의 이러한 단점들을 보완할 수 있는 것이 바로 형광등이다. 형광등 빛은 붉은색 파장이 짧고 녹색 파장이 길다. 육안으로만 확인해도 녹색 빛을 확인할 수 있을 정도다. 앞서 말했듯 대부분 식물은 이 녹색 광선을 더 좋아한다. 뿐만 아니라 백열등과 비교했을 때 형광등은 더 넓은 빛 스펙트럼을 제공하고, 전구의 내구력도 더 좋고, 열도 덜 발생 되고, 에너지 효율성도 좋다. 새로 나온 콤팩트 형광등(좁고 구부러진 전구로 이루어져 있다)은 에너지 효율성이 기존 형광등보다 더욱 좋아져서 소모 전력이 백열등의 절반밖에 되지 않는다. 당연히 수명도 백열등보다 길다. 호환성도 높아서 백열등을 위해 디자인된 램프나 조명기구, 그리고 튜브타입 조명기구에도 호환이 된다. 그러니까 신형 콤팩트 형광등은 열 발생, 에너지 소모, 수명, 호환성 등의 모든 측면에서 전통적인 형광등이나 백열등보다 월등한 성능을 보인다. 상대적으로 가격이 조금 비싸긴 해도 그만한 값어치를 충분히 할 수 있다.

인공조명을 설치할 때는 광원과 식물 사이의 거리를 생각해 보아야 한다. 많은 양의 빛을 필요로 하는 식물은 10-15cm 떨어져 있을 때 가장 잘 반응하고, 중간 혹은 적은 양의 빛을 필요로 하는 식물은 20-30cm 떨어져 있을 때 가장 잘 자란다. 식물을 위해 제작된 대부분의 조명기구는 반사판을 가지고 있다. 이 반사판은 빛을 모아주는 중요한 역할을 한다. 캐비닛용 조명장치를 사용할 때는 표면을 흰색으로 칠하면 반사판과 똑같은 효과를 얻을 수 있다. 적은 빛 때문에 고생하던 식물들은 인공조명 설비에 더 적극적으로 반응하곤 한다. 12시간에서 14시간 정도 계속 빛을 비추어 주는 것이 대부분의 식물에게는 적당하다. 그러나 그렇지 않은 경우도 있다. 어떤 식물들은 12시간 이상 어둠이 지속되지 않으면 싹을 틔우지 않는다.

6) 고강도 조명

상업적으로 식물을 기르는 사람들과 식물을 전문적으로 수집하는 수집가들은 고강도 조명을 사용한다. 고강도 조명은 인공적으로 강한 햇빛을 만들어내는 장비이다. HID(고휘도 방전램프 high-intensity discharge)는 가격도 비싸고 추가적인 배선 작업도 필요하다. 또한 별로 예쁘지도 않고, 대부분의 경우 전압을 올리기 위해서는 안정기 박스가 필요하다. 이런 단점에도 불구하고 선인장 등의 매우 밝은 빛을 필요로 하는 식물을 잘 키우기 위해서는 결국 HID장비를 사용할 수밖에 없다.

HID에는 메탈 할로겐과 고압 나트륨 두 가지 타입이 있다. 메탈 할로겐 조명은 파랑 스펙트럼의 강한 빛을 방출하기 때문에 어린 식물의 잎을 자라게 하는 데 사용된다. 고압 나트륨은 빨강 파장을 보다 강하게 방출해서 주로 꽃을 피우게 하는 데 사용한다. 상업적으로 온실재배를 하는 곳에서는 꽃을 피우는 식물이 어릴 때에는 메탈 할로겐 조명을 사용하고, 꽃을 피워야 하는 단계에 들어서면 고압 나트륨 조명으로 바꾼다.

두 가지 장비는 수경재배를 위한 장비를 공급하는 회사에서 구할 수 있다. 수경재배는 뿌리 근처에 영양분이 풍부한 물을 끊임없이 순환시켜 재배하는 것이다. 이런 회사에서는 보통 콤팩트 형광조명도 제공한다.

2. 수분

모든 식물이 물을 필요로 하지만 종에 따라 얼마나 많은 양의 물이 필요한지가 모두 다르다. 뿌리 주위에 항상 일정한 습기를 유지해야 하는 식물도 있고, 습도를 간헐적으로 조절해야 하는 경우도 있다. 화분이나 흙에 따라서도 달라지기는 하지만 가장 중요한 요소는 공기다. 활발하게 자라고 있는 여름의 실내식물이 생장을 쉬고 있는 겨울의 실내식물보다 더 많은 물이 필요하다고 생각할 수도 있지만 꼭 그렇지만은 않다. 여름보다 겨울의 공기가 훨씬 더 건조하기 때문에 어떤 식물은 6월보다 1월에 더 많은 물을 필요로 할 수도 있다. 각각의 식물에 어느 정도 물주기가 필요한지 알아내서 식물이 잘 자라게 물주기를 하는 것은 식물을 키우면서 느낄 수 있는 중요한 만족감 중의 하나이다.

1) 물주기의 상태

일상적인 물주기와 관련해서 '낮은 습기', '적당한 습기, '물주기 사이에는 건조하게' 같은 말은 애매하게 느껴진다. 식물의 종이나 상태, 혹은 환경에 따라 기준이 달라질 수 있기 때문이다. 각 표현의 의미에 대해 자세하게 알아보자.

① 낮은 습기

이것은 흙이 완전히 젖어 있지도 않고 또 완전히 말라 있지도 않은 상태다. 이런 상태로 만들려면 물을 자주 주고 화분 안에 골고루 뿌려지도록 해야 한다. 숲에서 온 많은 식물(열대, 온대에 상관없음)은 약간의 습기가 남아있는 이런 상태를 유지하는 것을 좋아한다.

② 적당한 습기

적당한 습기를 필요로 하는 식물은 성장이 빠른 식물이다. 이 식물들은 보통 빛이 많은 환경을 선호하는 경우가 많다. 여기에는 아름다운 꽃을 피우는 대부분의 실내식물과 몇몇 관엽식물이 포함된다. 조금 까다로운 보살핌을 필요로 하지만 정성스럽게 돌본다면 다채로운 색채와 변화로 충분한 보답을 해줄 수 있다. 매년 겨울 동안은 겨울잠을 자는 것처럼 휴면기를 가진다.

③ 물주기를 하는 사이에는 건조하게

대부분의 다육 식물은 체내에 습기를 저장해 두는 능력이 뛰어나다. 이는 극히 건조한 환경에서도 살아남기 위해 발달한 능력이다. 그러나 모든 다육 식물이 이런 것은 아니다. 가장 좋은 방법은 물주기를 한 후 식물의 반응을 주의 깊게 살펴 식물이 좋아하는 쪽으로 조정하는 것이다. 예를 들어 알로에는 장소나 계절의 구분 없이 극도로 습한 환경에서 잘 자라지만 게발선인장은 계절에 따라 물주기가 다르다. 여름에는 지속적인 습기가 필요하나, 가을이나 겨울에는 좀 더 건조한 상태를 더 좋아하기 때문이다.

④ 토양의 습도 측정하기

화분 속 식물의 습기를 확인하는 가장 보편적인 방법은 손가락 첫 마디를 흙 속에 넣어 휘저어 보는 것이다. 이는 초보자들도 손쉽게 할 수 있는 간단한 방법이다. 하지만 손가락을 이용하는 방법에는 한계가 있다. 얼마나 많은 습기가 어느 정도의 깊이까지 침투해있는지 알 수 없고, 물주기가 가장 안 된 부분이 어디인지, 식물 뿌리 덩어리의 중심이 어디인지도 알 수 없다. 그래서 전문가들은 식물의 습기를 보다 정확하게 수분 측정기나 계량기(언제나 신뢰할 수 있는 것은 아니다)를 사용한다. 혹은 화분의 무게를 통해서도 판단해 볼 수도 있다. 화분을 기울여 무게감을 느껴보는 방식이다. 식물 물주기는 항상 어느 정도의 오차를 포함할 수밖에 없지만 규칙적으로 화분 무게를 확인하고 손가락으로 다시 확인해보는 것으로 오차를 최소화할 수 있다.

물을 너무 적게 주거나 너무 많이 주면 식물이 시들게 되는데 아무리 규칙적으로 물주기를 해도 뿌리의 어느 한 부분만 습기를 받는 경우가 발생할 수 있다. 이런 문제 상황을 피하려면 식물 위에서 물주기를 하는 방법과 저면 관수에 대해 익혀두는 것이 좋다.

⑤ 위에서 물주기와 저면 관수

식물에 물을 주는 가장 좋은 방법은 꼭대기나 크라운 근처에서부터 천천히 물을 흘려주어 화분 바닥의 배수구멍으로 물이 빠져나오도록 하는 것이다. 이런 방법으로 물주기를 할 때는 몇 가지 문제점이 발생할 수 있다. 물이 다 흡수되지 못하고 흙 위로 넘쳐 흐르는 경우다. 이렇게 되면 식물의 뿌리가 너무 마른 상태로 남아버린다. 그럴 경우에는 흙과 뿌리 덩어리 사이에 송곳이나 나무 꼬챙이로 구멍을 만들어서 물이 뿌리로 스며들 수 있는 공간을 만들어 주는 것이 좋다. 뿌리의 지나친 건조는 뿌리가 자랄 여유 공간이 부족하거나 신선한 배양토가 부족해서 나타나는 증상일 수도 있으므로 분갈이를 신중하게 고민해볼 필요도 있다.

또 다른 문제점은 식물에 생기는 물 얼룩이다. 이는 솜털같이 생긴 잎을 가진 아프리칸 바이올렛, 글록시니아 같은 식물이 가지는 공통적인 문제점이다. 물 얼룩이 나타나면 저면 관수를 시행해야 한다. 큰 그릇에 물을 담아 식물을 그 안에 넣고 30분 정도까지 물을 충분히 흡수할 수 있도록 해주는 것이다.

저면 관수에도 단점은 있다. 가장 큰 위험성은 뿌리가 물러지는 것으로, 작은 화분의 경우는 거의 문제가 되지 않지만, 매우 크고 물을 잘 머금는 재질로 만들어진 화분이라면 문제가 될 수 있다. 만약 그런 경우에 해당한다면 절대로 물 속에 화분을 30분 이상 두지 않도록 주의해야 한다.

대부분의 식물은 두 가지 방법(위에서 물주기와 저면 관수)을 모두 사용했을 때 잘 자란다. 위에서 물주기는 쉽고 실용적이며 잎이 물에 젖는 일만 조심한다면 반점이 생기는 것을 최소화할 수 있다. 그러나 혹시 모를 뿌리의 건조함을 대비해 가끔은 성가셔도 저면 관수를 해줘야 한다. 매달 저면 관수하는 것만으로도 식물의 건조함과 관련된 여러 이상 증상을 최소화할 수 있다.

2) 식물에 불소 사용하지 않기

식물을 위한다면 불소를 사용하지 말아야 한다. 야자나무, 드라세나, 코르딜리네, 고에프 페르티아와 같은 식물들은 수돗물에 첨가된 불소에 민감하다. 불소에 대한 민감성 때문에 나타나는 가장 보편적인 증상은 잎끝의 갈변이다. 이는 흙의 습기 상태가 오르락 내리락 하거나 비료를 불규칙적으로 주기 때문에 나타나는 증상일 수도 있다. 불소 문제라고 의심되면 몇 달에 한 번씩 석회를 손가락으로 집어 화분 위에 놓아두면 도움이 된다. 그러면 흙의 pH가 높아져서 불소가 좀 더 물에 녹기 쉽게 만들어 주기 때문이다. 때때로 화분에 물이 넘쳐흐르게 하는 것이 꽤 도움이 된다. 최후의 방법은 증류수나 빗물을 불소에 민감한 식물에게 사용하는 것이다.

3) 식물에게 가장 좋은 물

현대 생활에서 우리는 물속에 어떤 성분이 들어있는지 잘 모른다. 불행히도 물속에 포함된 염소 등의 성분은 식물이 몹시 싫어하는 것이다. 실내식물은 화분 안에 갇혀 있으므로 오염된 물을 줘도 피할 방법이 없다. 그러므로 가장 좋은 방법은 식물에게도 사람이 마실 수 있는 물을 주는 것이다. 마실 물을 여과시키고 있다면 화분에 주는 물도 여과시켜 사용한다. 수돗물에 너무 많은 염소가 포함되어 있다고 의심된다면 물을 받아 하루 동안 그냥 두어 염소와 다른 화학성분이 가스가 되어 날아가게 한다. 식물에 물주기가 끝날 때마다 다음에 사용할 물로 물통을 채워두는 습관을 들이면 편리하다.

대부분의 식물은 연수를 경수보다 좋아한다. 연수는 칼슘과 마그네슘염을 아주 적게 포함하고 있다. 반면에 미네랄이 풍부한 바위에서 흘러나오는 경수는 연수에 비해 상대적으로 이런 성분을 많이 포함하고 있다. 경수를 연수로 바꾸어 사용하려는 많은 사람은 여과 장치를 이용하거나, 자성을 띠게 하거나, 두 과정을 결합해서 물의 미네랄염을 제거한다. 이런 여러 과정을 거쳐 연수화된 물일지라도 여전히 염도가 높아 식물에게 줬을 때 문제가 되기도 한다. 그래서 빗물이나 증류수처럼 자연적인 연수를 사용하는 것이 가장 바람직하다.

또한 식물에 물주기를 할 때 물의 온도는 실내 온도에 맞춰주는 것이 좋다. 뜨거운 물은 물론이고, 열대식물은 너무 차가운 물을 주면 뿌리가 차가워져 썩을 수도 있다.

4) 바짝 마른 식물 원상복구 하기

식물이 완전히 말라버렸다면 큰 그릇이나 개수대에 미지근한 물을 담아 그 안에 식물을 놓아둔다. 너무 말랐을 경우 둥둥 떠오를 수도 있다. 큰 숟가락이나 컵을 사용하여 화분 윗부분에 물을 붓고 식물이 30분 정도 물에 잠겨 있게 한다. 그런 다음 식물을 물에서 꺼내 더 이상 물방울이 떨어지지 않을 때까지 선반 위에 놓아두고 다음 날까지 기다린다. 다음 날 식물의 상태를 지켜보고 잘라내야할 잎이 있다면 잘라내도록 한다. 대부분의 식물은 바짝 말라 있다가도 빠른 시간 안에 다시 회복된다. 그렇지만 이런 일이 반복되면 줄기나 잎이 아주 죽어버릴 수도 있다.

이 방법은 규칙적으로 물주기를 했지만 말라버린 식물에게도 좋은 처방이다. 때때로 화분 중앙 부분이 너무 말라 있어서 물주기를 해도 뿌리가 물을 충분히 흡수하기 전에 물이 배수구멍으로 빠져나가는 경우가 생길 수도 있다. 다시 건강한 상태로 돌아가게 만드는 것도 중요하지만 그 이후에는 분갈이 계획도 세워야 한다.

5) 보다 나은 물주기를 하기 위한 다섯가지 팁

① 화분 모으기

비슷한 물주기 속성을 가진 식물들은 가능하면 함께 모아 둔다. 이렇게 하면 물주기를 더 효율적으로 할 수 있을 뿐만 아니라 물을 줄 때마다 주변이 지저분해지는 것을 한 지역으로 국한 시킬 수도 있다.

② 배양토 표면 위에 여유 공간 두기

실내식물은 분갈이할 때 화분 가장자리에서 흙 표면까지 2~3cm 정도의 공간을 남겨두어야 한다. 이 공간은 물주기를 할 때 물이 화분 안으로 스며들 때까지 머무르는 저장소의 역할을 한다. 또한 이 공간은 화분이 엎질러졌을 때 흙이나 물이 쏟아지는 것도 방지한다.

③ 물주기 기구 화분 근처에 두기

소수의 화분이 다수의 화분들과 멀리 떨어져 따로 있을 때는 그 화분을 위한 작은 물통을 가까운 곳에 안 보이게 두고 필요할 때 조금씩 물을 줄 수 있게 하는 것이 편리하다.

④ 물받이 세척하기

식물을 젖은 자갈 위에 놓아두면 화분의 배수구멍에서 빠져나오는 여분의 물을 잡아주어서 습기를 증가시킬 수 있다. 하지만 이 물이 증발하면서 자갈에 염류를 남기게 되고 식물이 물받이에 남은 염류에 찌든 물을 빨아들이게 되면 문제가 될 수도 있다. 이런 문제를 피하기 위해 규칙적으로 물받이를 비우고 그 안에 있는 자갈과 함께 한 달에 한 번쯤은 깨끗이 세척하도록 한다.

⑤ 물러진 식물 살려내기

식물 뿌리가 너무 많은 물에 오랫동안 잠겨 있으면 썩기 시작한다. 뿌리가 나빠지면서 물을 흡수할 수 없게 되면 식물 전체가 시들어버린다. 이때 식물이 시들었다고 물을 더 주는 것은 실제적인 상황을 더 악화시킬 수 있다. 화분을 들어보고, 식물이 마르고 시들었는데도 화분이 무겁게 느껴진다면 뿌리가 물에 젖어 물러진 것은 아닐지 의심해보아야 한다.

식물을 살리려면 통풍이 잘 되는 그릇에 신문을 두껍게 깔고 화분 속에서 뿌리를 꺼낸다. 꺼낸 뿌리는 신문지 위에 두고 밤새 건조될 수 있도록 한다. 건조된 후에는 깨끗하고 날카로운 가위로 색이 어두운 곳이나 미끄덩한 뿌리를 잘라내고, 깨끗한 배양토로 깨끗한 화분에 분갈이하여 준다. 작은 돌이나 깨진 화분이나 도자기 조각을 화분바닥에 깔아주면 같은 문제를 예방하는 데 도움이 된다. 잘 모르는 식물을 새롭게 들이게 됐다면 너무 많은 물주기로 뿌리를 물속에 빠뜨리기보다는 건조하게 하는 편이 차라리 낫다.

여름철에 밖에서 자라다가 기온이 낮아지면서 실내로 옮겨온 식물은 적은 바람과 빛 때문에 필요로 하는 물의 양이 적어진다. 건조한 환경을 유지해주다가 겨울이 되어 난방을 시작하면 식물의 상태를 보고 물주기 양을 천천히 늘려가는 것이 좋다.

6) 수분 요구도에 따른 관엽식물의 종류

① **배양토가 항상 젖어 있어도 되는 종류** : 아디안텀, 안스리움, 아펠란드라, 아라우카리아, 테이블야자, 접란, 크로톤, 코르딜리네, 드라세나, 고무나무, 구즈마니아, 몬스테라, 파키라, 필로덴드론, 필레아, 스파티필룸, 제브리나, 스킨답서스 등

아디안텀 안스리움 아펠란드라

아라우카리아 테이블야자 접란

② **배양토의 표면이 건조하면 관수하는 종류 :** 에스키난서스, 아글라오네마, 알로카시아, 쉐프레라, 디펜바키아, 헤데라, 호야, 페페로미아, 관음죽, 싱고니움, 틸란디시아, 유카 등

에스키난서스	아글라오네마	알로카시아
쉐프레라	헤데라	디펜바키아
호야	페페로미아	관음죽
싱고니움	틸란디시아	유카

③ **배양토의 표면에서 1~2cm 말랐을 때 관수하는 종류 :** 알로에, 러브체인, 디지코데카, 산세베리아, 세덤, 크라슐라 등

| 알로에 | 러브체인 | 디지코데카 |
| 산세베리아 | 세덤 | 크라슐라 |

3. 바람

식물의 잎이 빛의 증가나 감소에 적응하기 위해 물리적인 변화를 만들어내는 것처럼 줄기도 바람으로부터 오는 움직임에 맞추기 위해 구조를 바꾼다. 바람에 많이 노출되는 식물은 튼튼한 줄기를 가지게 되지만 줄기의 세포가 좀 더 뒤틀린 패턴으로 정렬되어 상처받고 손상되기도 한다. 그에 반해 실내식물은 바람의 영향을 거의 받지 않기 때문에 상대적으로 줄기가 단단해질 필요도 없고 세포 구성 패턴 역시 그냥 직선형이다.

부드러운 줄기에서 바람에 맞설 수 있는 단단한 줄기로 변하는 데는 시간이 필요하다. 그러므로 계절 등의 환경적 요인으로 인해 실내식물을 야외로 옮길 경우 빛의 증감에 적응시키는 것과 같은 방법으로 바람에 적응할 수 있도록 해야 한다. 식물이 강한 바람과 햇빛으로부터 보호받을 수 있는 그늘진 장소를 시작으로 일주일 내지 이주일의 간격을 두고 좀 더 개방된 장소로 점진적으로 옮겨가야 한다.

그런 과정을 거쳐 야외에 어느 정도 적응한 식물이라고 하더라도 거센 바람에 맞닥뜨리면 피해를 입을 수 있다. 매우 사나운 날씨가 예상된다면 식물이 보호받을 수 있는 장소로 옮

기거나 날씨가 다시 잠잠해질 때까지 그냥 실내에 들여놓는 것이 좋다. 잎이나 줄기를 뒤틀리게 하거나 부러뜨리는 것 말고도 바람은 식물에게 다양한 손상을 준다.

실내에서 부드럽게 선풍기를 틀어놓는 것만으로도 충분히 식물 줄기의 반응을 일으켜 식물의 상태를 조절할 수 있다. 겨울에는 물을 주거나 손질을 하는 틈틈이 식물에게 말을 걸어주는 것으로도 좋은 영향을 줄 수 있다. 말을 하면서 내뱉게 되는 부드러운 숨이 약간의 바람을 만들어내기 때문이다.

4. 습도

습도는 공기 중에 있는 수증기의 양을 뜻한다. 정확한 수치는 습도계로 측정할 수 있다. 그러나 습도에 관한 기본적인 정보를 알고 있다면 굳이 습도계가 필요하지는 않다. 욕실이나 부엌처럼 물을 자주 사용하는 장소는 집안에 있는 다른 어느 장소보다 습도가 높다. 높은 습도를 필요로 하는 식물을 키울 때에는 항상 물을 사용하는 곳 근처에 두는 것이 도움이 된다.

실내식물로 길러지기 전 식물의 조상들은 밖에서 극도로 습한 정글 환경에서 자란 경우가 많다. 굳이 그렇게까지 예전으로 돌아가지 않더라도 지금의 집으로 오기 전 당신의 식물은 습도가 높은 온실에서 수주, 수개월, 심할 경우 수년을 보냈을 수도 있다. 이러한 환경과 비교한다면 현대의 집과 사무실은 너무 건조하다. 특히 난방시설을 이용하는 겨울에는 훨씬 더 건조해진다. 습도가 매우 높은 환경에 적응했던 식물이 건조한 환경에서 자라야만 할 때는 잎을 통해 수분을 적절하게 다시 보충할 수 없을 것이다. 잎끝이나 가장자리가 마르고 갈색으로 변하거나 심지어 잎이 많이 떨어질 수도 있다. 잎이 가죽끈 모양으로 얇고 긴 식물들은 대부분 낮은 습도 때문에 고통받고 있는 경우가 많다.

우선은 지금 주어진 습도에 식물을 적응시킬지 아니면 키우고 싶은 식물에 실내의 습도를 맞출지를 먼저 선택해야만 한다. 전자를 선택했다면 낮은 습도에도 잘 적응하는 선인장이나 다육식물을 키우는 것 역시 하나의 방법이다. 또 다른 대안은 높은 습도를 필요로 하는 식물을 테라리움에서 키우는 것이다(건조한 사무실에서 식물에게 수분을 공급하는 가장 완벽한 해결방법이며 많은 알러지로 고통받는 사람들이 식물을 즐길 수 있도록 하는 방법이다).

후자를 선택했다면 습도를 높여야 한다. 여러 방법이 있다. 실내가 건조한 겨울에는 수반에 자갈을 깔고 물을 반쯤 채워 높은 습도를 좋아하는 식물들을 한곳에 모아 둔다. 거기서 습도를 더 높이고자 한다면 화분 사이에 물을 가득 채운 물컵이나 그릇을 가져다 놓는다. 그렇게 하면 식물에게 물을 주기 쉽다는 장점도 있다.

식물은 뿌리를 통해 끊임없이 물을 빨아들이고 잎을 통해 수분을 발산하면서 어느 정도 자신에게 적절한 습도를 스스로 만들어낸다. 워싱턴대학 연구에 따르면 컴퓨터 연구실에 몇 개의 식물을 두는 것만으로도 공기 중에 떠다니는 먼지의 양을 줄이고 습도를 10% 정도 높일 수 있다. 그러나 하나의 식물이 어떤 도움도 없이 매우 건조한 환경을 쾌적한 상태로 바꿀 수는 없다. 습도를 높이기 위해서는 식물을 한군데에 모아 두는 것이 좋다. 그렇게 하면 개개의 식물이 서로의 가습기가 되어줄 것이다.

물을 분무하는 것 역시 난방장치가 가동하기 시작하는 초겨울에 습도를 높일 수 있는 유용한 방법이다. 또한, 이미 온실 환경에 적응을 마친 식물을 다시 새로운 환경에 적응시킬 수 있는 쉬운 방법이기도 하다. 분무를 통해 식물이 2-3주에 걸쳐 변화에 적응하게 되면 사람이나 식물 모두에게 편안한 상태로 습도를 떨어뜨려 주면 된다. 대부분의 경우 사람이나 식물은 40-50%의 습도에서 편안함을 느낀다. 그러나 지나친 분무가 어떤 식물에게는 오히려 해가 될 수도 있다. 브로멜리아드 같은 식물들은 잎에 붙어있는 분화된 비늘을 통해서 습기를 많이 흡수할 수 있지만, 아프리칸 바이올렛처럼 잎이 무성한 식물은 잎에 맺힌 수분이 마르는 데 오랜 시간이 걸린다. 그런 식물들은 지나치게 물을 자주 분무하면 병이 생길 수도 있다. 그러므로 특별한 목적 없이 너무 많은 양을 분무해서는 안 된다. 또한 분무는 결코 세척을 대체할 수 없다. 해충의 예방은 분무가 아니라 깨끗한 세척을 통해서 가능하다.

1) 식물 보호 덮개

작은 식물에 수분을 더 공급하려면 젖은 자갈 위에 식물을 놓고 밤에는 유리로 된 케이크 덮개를 덮어두는 것이 좋다. 불 켜진 선반 위에서 식물을 키우고 있다면 밤에는 빛을 차단해줄 덮개가 필요하다. 베고니아나 작은 양치류 같은 식물을 모으는 사람들은 밤에 습기 텐트를 만들어 습기를 모으다가 낮이 되면 텐트를 걷어내어 신선한 공기를 맘껏 느낄 수 있게 해 준다. 이런 덮개는 비단 깨끗한 플라스틱이 아니어도 천이나 롤 블라인드로 만들 수도 있다.

5. 배수

배수(Drainage)는 물이 뿌리와 흙을 통과해서 움직이는 과정이다. 배수가 너무 늦게 이루어지면 뿌리가 물에 잠기게 되는데, 그렇게 되면 산소가 부족해져 썩을 수도 있다. 반면 배수 속도가 너무 빠르면 뿌리가 물을 흡수하지 못할 수도 있다. 배수 속도는 화분의 재질이나 식물 뿌리의 밀도는 물론이고 화분의 크기나 모양에도 영향을 받는다. 길고 좁은 화분의 경우 윗부분의 배수는 빨리 이루어지지만 바닥 부분은 축축하게 젖어 있는 경우도 있다. 상대적으로 낮고 넓은 화분에서 아래, 위 모두 고르게 배수가 이루어진다.

배수 속도에 가장 큰 영향을 미치는 것은 배수구멍의 수와 상태이다. 식물에 따라 알맞은 개수와 크기의 배수구멍을 선택해야 한다. 물주기를 하는 사이에는 말라 있어야 잘 자라는 선인장, 다육식물, 몇몇 브로멜리아드와 난초 같은 식물들은 배수 속도가 빠른 것이 좋다. 그러므로 작고 배수구멍이 많은 화분에서 통기성이 좋은 배양토를 채워 키우는 것이 좋다. 반대로 뿌리가 항상 수분을 머금고 있어야 잘 자라는 식물이라면 배수구멍 수가 적고 보습력이 좋은 배양토로 화분을 채워 키우면 된다. 화기 크기나 배양토를 선택하는 기준은 각각 식물에 따라 달라질 수 있지만 어떤 경우에도 배수구멍은 뚫려 있어야 한다.

배수 구멍이 막히지 않을 정도로 거친 자갈, 깨진 토분 조각, 낡은 접시 파편, 작은 돌조각 같은 것들을 화분 밑 부분에 채워 놓는 것도 좋다. 그렇게 하면 물이 그리로 흘러서 배수구멍 밑으로 빠져나가게 된다. 이렇게 하면 배수도 좋아지고 화분 배양토가 배수구멍으로 빠져나가는 것도 막아준다. 작은 화분은 이런 배수층을 얇게 깔거나 혹은 깔지 않아도 되지만 큰 화분에는 배수층도 좀 더 두껍게 깔아야 한다. 15cm 화분은 바닥에 작은 자갈을 3cm 정도 깔고 18cm 화분의 경우는 5cm 정도 까는 것이 좋다. 화분이 아주 클 경우에는 무게가 너무 무거워지지 않도록 3cm 정도 자갈을 깔고 그 위에 5cm 정도를 경석 등의 가벼운 재료로 채우도록 한다.

간혹 작은 돌조각 등을 잘 깔아두었음에도 흙이나 뿌리가 배수구멍을 막는 경우가 있다. 만약 식물에 충분한 물주기를 하였는데도 물이 배수구멍으로 조금밖에 나오지 않거나 전혀 나오지 않는다면 배수구멍이 막혔을 가능성이 크다. 화분을 옆으로 눕히고 가느다란 꼬챙이, 송곳, 연필 등으로 막힌 구멍을 뚫어 주고 다음 물주기를 할 때 제대로 배수가 되는지 확인해보자. 만약 배수가 여전히 느리게 이루어지거나 뿌리가 배수구멍 밖으로 빠져나온다면 뿌리가 썩기 전에 분갈이를 하는 것이 좋다.

화분 트레이에 작은 자갈이 이미 깔려있다면 이것들이 똑같이 배수층의 역할을 해주므로 이때는 화분 바닥에 돌조각으로 배수층을 만드는 것이 의무사항은 아니다. 또 어떤 식물들은 화분 안에 뿌리를 위한 여유 공간이 필요해 배수층을 아주 조금 깔거나 전혀 깔지 않는 경우도 있다.

실내식물 키우기

3
실내식물의 번식

1. 영양번식

대부분의 식물은 번식이 까다롭지 않다. 때문에 누군가는 식물을 번식시켜 평생을 함께하는 친구가 되고 싶을 것이다. 혹은 키우고 있는 식물을 타인에게 추천하고 나누어주는 즐거움 때문에 번식시키는 사람도 있다. 아니면 이전보다 식물을 기르는 일에 능숙해진 사람이 같은 식물을 더 멋지게 길러보고자 번식을 시작할 수도 있다. 어떤 이유에서든 식물을 번식시키는 일은 식물을 사랑하는 사람들에게 새로운 즐거움을 선사할 것이다.

식물은 성장하면서 뿌리, 줄기, 잎, 꽃으로 변할 분화된 세포를 만들어낸다. 그리고 동시에 식물의 생명이 위협받을 때 분화된 세포로 변화할 수 있는 범용 세포도 예비로 숨겨 놓는다. 가장 좋은 예는 아프리칸 바이올렛을 잎꽂이할 때이다. 잎꼭지에는 나중에 뿌리나 잎의 싹이 될 세포가 숨겨져 있다. 그래서 여러 환경과 상황만 맞아떨어지면 다시 온전한 잎이나 뿌리가 될 수 있다.

모든 식물의 성공적인 번식에는 이런 잠재 세포들이 행동을 취할 수 있게 도와주는 과정이 포함되어 있다. 각각의 식물을 해부해보면 어떤 방식으로 번식해야 하는지를 알게 된다. 이 파트에서는 종속 별 식물들의 해부학적 특징을 바탕으로 각각의 식물들에 어떤 번식법이 적용되는지를 살펴볼 것이다.

특별히 어려운 번식법이 존재하는 것은 아니지만, 모든 번식에는 얼마간의 인내심이 필요하다. 번식 전 가능한 최상의 컨디션이 될 수 있도록 식물을 보호해야 하기 때문이다. 만약 방치되어 컨디션이 좋지 못한 식물을 번식하고자 한다면 번식과정을 시작하기 앞서 몇 주 동안은 규칙적으로 물과 비료를 주고 적당한 빛을 쬐어 식물을 건강한 상태로 만들어야 한다. 그래서 때로는 번식이 식물을 살리는 응급조치가 되어주기도 한다.

많은 예외가 있기는 하지만 보통 번식을 하기에 가장 좋은 계절은 봄이다. 실내식물은 낮이 길고 화창한 기후에 새로운 줄기와 잎을 활발히 만들어내는데, 그런 기후가 시작되는 계절이 바로 봄이어서 그렇다.

꽃이 피는 식물은 꽃이 피어있지 않을 때 번식해야 하는데 싹과 꽃을 만들어내는 과정에서 거의 모든 에너지를 소비하기 때문이다.

씨앗 단계에서부터 식물을 키우는 사람은 거의 없지만 번식의 방법에 대해 배워두면(줄기꽂이와 포기나누기) 사랑하는 식물의 생명을 연장하는데 요긴하게 쓰일 것이다. 너무 크게 자라거나 뿌리가 자랄 공간이 부족할 경우 번식을 시도해보자. 물론 집에서 번식하기 아주 어려운 식물들(몇몇 야자 등)도 있다. 하지만 대부분의 식물들은 세심함과 인내심만 있다면 번식에 성공할 수 있을 것이다.

1) 줄기꽂이

직선의 줄기에 붙어서 잎이 자라는 식물은 줄기 끝에서부터 7.5~10cm정도를 잘라내 줄기꽂이하면 번식할 수 있다. 혹은 줄기 끝이 아닌 다른 부분으로 줄기꽂이를 하는 경우도 있다. 이런 방법은 주로 로즈마리처럼 마디가 있는 줄기를 가진 식물을 번식시킬 때 사용된다. 줄기 끝으로 번식하든 아니면 줄기의 다른 어느 부분으로 번식하든, 새로운 뿌리와 잎이 생겨나는 곳은 마디(잎이 줄기에 붙어 있는 부분)이다. 마디에는 식물의 생존을 위해 필요할 때 뿌리로 자랄 수 있는 범용 세포가 있다.

이런 세포의 성장은 옥신이라고 불리는 식물 호르몬으로부터 자극을 받는데 옥신은 뿌리를 내리는 데 도움이 되는 발근촉진제(Rooting Power)에 많이 포함되어 있다. 발근촉진제는 화원에서 구입할 수 있는데 작은 플라스틱단지에 포장되어 있다. 줄기꽂이를 할 때 발근촉진제를 사용하면 썩지도 않을뿐더러 더 빠르게 뿌리를 내릴 수 있게 큰 도움을 준다. 그러나 원래 뿌리를 빠르게 내리는 아이비 같은 경우는 발근촉진제가 필요 없다.

발근촉진제

뿌리가 썩는 것은 곰팡이가 자라지 못하도록 하는 화분 흙을 사용하면 줄일 수 있다. 이러한 화분 흙에는 질석과 피트모스로 구성된 것, 펄라이트, 피트모스와 모래가 반반 섞인 것으로 총 세 가지가 있다. 어떤 식물은 이 세 가지 중 한 가지를 더 좋아하지만 대부분의 경우에는 세 가지 모두 효과가 있다.

자른 줄기를 흙에 찔러 넣는 것은 간단한 작업이지만 그렇다고 해서 모두 성공하는 것은 아니다. 중간에 미생물이 침투하면 실패할 수 있으므로 원래 필요한 개수보다 줄기를 더 많이 자르는 것이 좋다. 부드럽고 다육질의 줄기를 가진 식물은 대부분 줄기를 자른 후 바로 뿌리내리기를 하는 것이 좋지만, 다육식물은 하루 혹은 며칠 동안 자른 단면이 단단해질 때까지 기다렸다가 뿌리내리기를 하는 것이 좋다.

| 벤자민고무나무 | 아이비 | 쉐프레라 |

· **줄기꽂이 과정**

1. 자르기를 할 때 청결은 아주 중요하다. 먼저 손을 씻고, 세 가지 화분 흙 중 하나를 선택하여 작고 깨끗한 화분에 채운다. 그런 다음 흙을 적당히 축축하게 만든 후, 젓가락이나 꼬챙이를 사용하여 구멍을 낸다.

2. 날카로운 칼이나 가위를 끓는 물에 몇 초 동안 담가 소독한다. 그런 다음 자르는 도구를 차게 식히고 마디 아래쪽의 건강한 줄기를 자른다.

3. 줄기를 자른 후 줄기 꼭대기 쪽에 있는 잎을 제외하고 모두 떼어낸다. 잘라낸 줄기 끝을 물에 담근 후에 발근촉진제를 묻힌다. 촉진제가 충분히 묻었다면 여분의 가루는 털어내고 미리 준비한 구멍에 꽂는다(발근촉진제가 오염되지 않도록 적은 양만 덜어 쓰고 남은 것은 다시 통에 넣지 않고 버린다).

4. 흙과 줄기가 잘 접촉하도록 손가락을 사용하여 흙을 다진다.

3. 실내식물의 번식

5. 가지꽂이 후 2주 동안은 화분까지 함께 반투명 비닐봉투로 싸서 빛이 들지 않는 곳에 둔다. 비닐봉투로 싸두는 이유는 잘린 가지는 뿌리를 내리기 전까지 잎을 통해 날아가는 수분을 보충할 방법이 없기 때문이다. 막대를 이용하여 비닐봉투의 윗부분이 서 있을 수 있도록 하거나, 몇 개의 화분을 함께 작은 박스에 담아 플라스틱 조각으로 덮어 둔다.
6. 매일 아침 비닐봉투를 벗기고 가볍게 물을 뿌려 주어야 한다. 흙이 너무 말라 있으면 추가로 물을 더 주고, 너무 젖지 않도록 가볍게 물을 뿌려 주어야 한다.

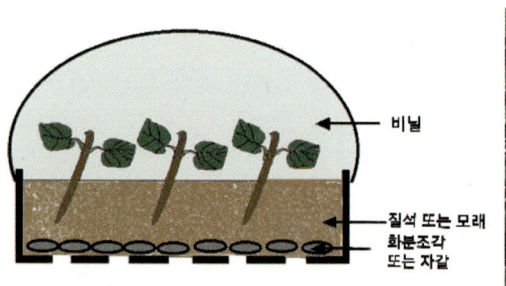

줄기꽂이

대부분의 경우 줄기꽂이를 한 후 3~4주 정도면 뿌리를 내리기 시작한다. 그러나 어떤 식물은 분갈이할 준비가 될 때까지 2달 혹은 그 이상이 걸릴 수도 있다. 분갈이 시기는 새로운 성장 징후를 기준으로 삼는다. 줄기꽂이 한 것을 살짝 잡아당겨서 약간의 저항감이 느껴지면 뿌리를 내리기 시작한 것이다. 이상적으로는 늦봄에 줄기꽂이를 하면 한여름에 훌쩍 성장해서 작은 화분으로 분갈이할 수 있다. 분갈이를 했다고 끝나는 것이 아니라, 뿌리가 너무 빨리 자라게 되면 수개월 후에 다시 분갈이해야 한다.

2) 줄기번식

최소한 하나 이상의 마디가 포함되도록 줄기를 잘라 흙이 거의 덮이지 않도록 옆으로 뉘여 심는다. 마디가 있는 줄기를 가진 식물(예를 들면 디펜바키아)은 윗부분의 무성한 잎을 잘라내고 줄기꽂이를 하는 것처럼 시도할 수도 있다. 5cm 길이의 마디가 있는 줄기를 옆으로 뉘어 심으면 그 밑에서 새로운 줄기가 뻗어나오는 것을 볼 수 있다.

줄기번식

3) 잎꽂이

매우 부드럽고 풍성한 잎이 중앙에서부터 퍼지는 형태의 식물은 잎꽂이를 하기에 적합하다. 아프리칸 바이올렛, 페페로미아, 렉스 베고니아와 많은 종류의 다육식물이 여기에 포함된다. 과정은 줄기꽂이와 비슷하다. 전부 성공적으로 뿌리를 내리지는 못하므로 잎꽂이 할 여분의 잎을 준비하는 것이 좋다.

렉스베고니아   산세베리아   아프리칸바이올렛

- **잎꽂이 과정**

1. 너무 작거나 크지 않은 중간크기의 건강한 잎을 선택한 후 살균된 칼이나 가위를 사용하여 2.5~5cm 길이로 잘라낸다. 잎과 잎꼭지가 하나의 구조로 바뀌므로 굳이 다듬을 필요는 없다. 잎꽂이를 하기 전에 하루 정도 잎을 말린다.
2. 질석과 피트모스로 구성된 것, 피트모스, 피트모스와 모래가 반반 섞인 것 중에 한가지 흙을 정해 깨끗하고 얕은 화분에 채운다. 준비된 잎을 화분에 비스듬히 심고 잎꼭지 끝을 1.25cm 깊이로 심는다.
3. 습도를 유지하도록 헐렁한 비닐봉투로 감싸서 따뜻한 장소(24~27℃)에 놓아 둔다. 빛은 과하거나 모자라지 않게 적당해야 한다. 자르기 한 부분을 자주 살펴보고 흙이 마르지 않았는지 확인한다. 흙이 약간 축축한 정도를 유지할 수 있도록 미지근한 물을 뿌려준다. 뿌리를 내리려면 3~4주 정도 걸린다. 모종이 3개 이상의 잎을 가지게 되었을 때 조심스럽게 작은 화분으로 옮겨 심을 수 있고 원래 잎은 잘라 버린다. 이때 적당한 습도를 유지할 정도로 물을 주고 약간의 비료를 섞으면 조금 더 빨리 자란다.

잎꽂이

4) 휘묻이

어떤 식물은 줄기의 여러 부분에서 뿌리가 자라 나온다. 예를 들어 폭풍우를 만나 식물의 줄기가 옆으로 쓰러졌을 때 쓰러진 위치가 적당한 흙 위라면 줄기에서 뻗어 나온 뿌리가 쉽게 흙 속에 내릴 수 있다. 접란을 보면 쉽게 이해가 될 것이다. 접란은 아치형의 줄기 끝에 뿌리가 될 싹을 가진 작은 식물체를 만든다. 줄기가 길어서 구부러지는 다른 식물도 화분에 심어 약간의 보살핌만 해주면 비슷한 방법으로 새로운 개체를 얻을 수 있다. 단순휘묻이의 가장 큰 장점은 새끼 식물이 뿌리를 내리기 시작할 때까지 부모가 되는 식물에 붙어서 자란다는 점이다. 줄기꽂이에 실패했다면 단순휘묻이가 더 성공적인 방법이 될 수도 있다. 그 방법은 다음과 같다.

· 휘묻이 과정

1. 줄기가 안전하게 자랄 수 있는 장소에 축축한 배양토로 채운 화분을 준비한다. 이상적으로는 휘묻이할 줄기의 부분은 줄기 끝에서 5~7.5cm 정도의 마디여야 한다.
2. 손톱으로 줄기 바깥조직을 긁어내거나 줄기를 굵기의 반 정도만 잘라내서 마디 근처에 상처를 낸다. 상처가 난 식물은 생존본능을 발휘할 것이다. 상처난 부위에 발근촉진제를 살짝 뿌리고 돌이나 U자로 구부러지는 철사를 이용해 야물게 고정한다. 그 후 수 주 동안 땅에 묻힌 줄기 부분이 약간 젖은 상태를 계속 유지할 수 있도록 한다.

3. 3주 정도 후에 휘묻이한 것을 원래 식물로부터 끊어내고, 줄기꽂이한 것과 같이 관리하거나 휘묻이한 줄기의 뿌리가 더 자랄 수 있도록 좀 더 시간을 가진다. 만약 뿌리가 잘 자라지 않으면 휘묻이한 흙에서 2.5cm 정도 윗부분에 다시 한번 상처를 내면 다시 시작할 수 있다.

5) 공중휘묻이

단순휘묻이와 마찬가지로 공중휘묻이도 부모가 되는 원래 식물에 붙어있는 상태에서 뿌리 내리기를 시도한다. 공중휘묻이는 쉐프렐라처럼 위로 곧게 자라는 식물의 위쪽이 너무 무성하게 자랐거나, 너무 많이 자랐을 때 사용할 수 있는 가장 좋은 방법이다.

공중휘묻이를 할 때는 뿌리에 도움이 되는 흙을 식물 줄기에 붙인 후 뿌리가 형성되기 시작하면 잘라내고 줄기꽂이 한 것과 똑같이 관리하면 된다. 공중휘묻이가 시간이 좀 걸리기는 하지만(보통 4~12주) 크고 줄기가 긴 식물에게는 놀라울 정도로 성공률이 높은 번식 방법이다. 어떤 식물은 원줄기에서 휘묻이한 후 제거해서 새로운 화분으로 옮기면 곧바로 두 번째 줄기가 생겨나기도 할 것이다.

다른 번식법과 마찬가지로 첫 번째로 결정할 일은 식물의 뿌리 세포가 자라날 수 있는 위치를 알아내는 일이다. 잎이 붙어있는 부분인 마디가 가장 좋고, 오래된 잎이 떨어지며 생겨난 상처 부위도 괜찮다. 시간이 지나면 나무처럼 자라는 줄기에서 건강한 녹색조직을 가지고 있는 위치를 선택한다. 줄기는 마지막에 가서 잘라낼 것이므로 공중휘묻이 하는 곳은 위쪽으로 몇 개의 잎만 자라고 있는 지점을 선택하면 좋다. 새로운 뿌리가 자라나지 못하면 많은 잎을 감당할 수가 없다.

· 공중휘묻이 과정

1. 공중휘묻이 하고자 하는 지점이 정해졌으면 그 지점의 잎을 모두 떼어낸다.
2. 깨끗하고 날카로운 칼로 줄기에 가볍게 상처를 낸다. 줄기의 2/3이상 잘라내면 안 된다.
3. 상처 난 곳에 발근촉진제를 살짝 뿌리고 젖은 물이끼로 상처 부위를 감싼다.
4. 비닐봉투로 그 위를 감싸고 테이프로 묶어둔다. 작은 비닐봉지에 깨끗한 화분 흙을 넣고 줄기에 단단히 붙여둘 수도 있다.
5. 나중에 물을 줄 수 있도록 봉투 윗부분을 약간 벌려 놓는다. 물이끼를 감싼 부분이 안정되면 이끼나 흙이 약간 축축할 정도로 매일 약간의 물을 부어 주도록 한다.
6. 보통 공중휘묻이를 한 식물은 뿌리를 만들 때까지 한 달 정도 걸리지만, 뿌리가 자라나는 것을 확인한 후 물이끼를 감싼 비닐을 제거할 수 있을 때까지 기다리는 것이 좋다.

새 뿌리가 5cm 정도까지 자라면 식물로부터 뿌리가 자라난 부분을 잘라내고 물이끼를 감싼 비닐을 제거한다. 깨끗한 화분 흙에 옮겨 심고 줄기꽂이를 했을 때와 마찬가지로 관리한다. 새로 뿌리가 자라나는 것이 보이기 시작하면 서서히 빛과 비료를 증가시킨다.

공중휘묻이

6) 포기나누기

어떤 식물은 여러 개의 크라운을 갖고 있어서 작은 포기로 나누어 번식할 수 있다. 보통 식물의 나누기는 간단한 작업이다. 엉겨 붙어있는 식물을 손으로 떨어뜨린 후 깨끗한 칼을 사용하거나 엉클어진 뿌리를 분리하기 위해 가지치기를 한다. 필로덴드론 같은 식물은 인접한 크라운끼리 나무 같은 두꺼운 뿌리로 단단히 엉켜있어서 작은 톱이나 단단한 톱니 모양의 칼로 잘라내야 한다.

가능한 뿌리가 상하지 않도록 하기 위해 미지근한 물로 채운 물통이나 개수대 안에서 작업하는 것이 좋다. 그렇게 하면 오래된 화분 흙이 물에 풀어지고 엉킨 뿌리도 물에 의해 미끄러워져서 풀어지게 된다.

포기 바깥쪽부터 시작해서 크라운을 나눈다. 뿌리가 너무 꼭 엉겨 붙어있어서 떼어내기 어렵다면 날카로운 톱니 모양의 칼로 뿌리를 잘라낸다.

경험상 포기는 반으로 나누는 것이 좋다. 원한다면 반으로 나눈 것을 다시 반으로 나눌 수도 있다. 나누어진 포기를 화분에 원래 자라던 것과 같은 깊이로 심는다.

포기나누기

며칠 뒤에 몇몇 잎들이 시든 것을 볼 수 있을 것이다. 이런 잎들은 잘라내고 식물이 새롭게 자라날 수 있도록 시간적 여유를 준다. 만약 한 달이 지나도 식물이 활기찬 모습을 보여 주지 않으면 화분에서 꺼내 뿌리를 살펴보자. 뿌리를 나눌 때 상처 입은 부분이 있다면 조금 잘라버리고 다시 분갈이 한다. 잎에 무늬가 있는 식물을 번식할 때는 포기나누기를 먼저 한다. 줄기꽂이를 하면 다양한 색깔의 패턴이 없어져서 회복하지 못할 수도 있다.

7) 조직배양

어떤 식물은 전통적인 방법을 사용하기에는 너무 오래 걸리거나 어려울 때가 있다. 조직배양이라 불리는 이 과정은 특별한 성장을 위한 배지에서 몇 개의 세포로부터 새로운 식물을 길러내는 방법이다. 조그만 모종에서 뿌리가 나왔을 때 플러그라 불리는 흙으로 옮겨심고, 그런 다음 온실 재배하는 곳으로 보내면 끝이다. 조직배양과정은 때론 식물의 모양에 영향을 끼쳐서 다른 수단으로 번식하는 것보다 더 튼튼한 가지를 가지기 쉽다.

2. 종자번식

꽃을 피우는 식물은 종자를 맺고 번식하는데, 이것은 야외에서 자라는 식물이 스스로 번식하는 첫 번째 방법이다. 그러나 실내에서 자라는 식물은 수분작용이 불충분하기 때문에 종자번식이 어렵다. 만약 종자를 생산한 식물이 교배종이라면 그 종자에서 자란 식물은 원래 식물과 똑같지 않을 수도 있다. 그러므로 자신이 키우고 있는 식물에게서 얻은 종자로 번식하는 것은 좋은 방법이 아니다. 좋은 품질의 종자를 구입해서 실내식물을 키우는 것이 바람직한 방법이다.

이것은 보통 매우 오래 걸리는 과정으로 위에서 언급한 영양체 번식법이 종자에서 시작하는 것보다 빠르다. 하지만 몇몇 실내식물들은 종자번식을 해야 한다. 선인장, 아프리칸 바이올렛, 야자나무는 모두 종자로부터 키워진다. 대부분의 어린 묘종들은 매우 밝은 빛을 필요로 하므로, 온실을 가지고 있거나 전문적인 조명시설을 가지고 있지 않다면 종자에서부터 식물을 키우려고 시도하지 않는 것이 좋다. 깨끗한 화분에 배양토를 채우고 일반적으로 종자 지름의 3배 정도 되는 깊이로 파종한다. 습기가 유지되도록 헐렁한 비닐봉투로 화분을 감싸고 첫 번째 푸른 새싹이 올라오는 것을 지켜본다. 싹이 트면 화분을 매우 밝은 곳으로 옮기고 중간 정도의 촉촉함을 유지 시켜준다. 첫 번째로 나오는 잎은 매우 단순한 모양이지만 곧 다 자랐을 때와 같은 모양을 가진 본엽이 나올 수 있게 길을 내주는 역할을 한다. 묘종에 세 개 이상의 잎이 달리면 각각의 화분으로 옮겨심는다.

실내식물 키우기

4
실내식물의 배양토

1. 실내식물 배양토

노지토양은 매우 작은 입자로 이루어져 있다. 이 입자들은 수많은 미생물과 벌레들의 움직임으로 온도와 습도를 조절한다. 말하자면 노지토양은 다양한 유기물질의 끊임없는 유입과 분해로 형성된 역동적이고 거대한 커뮤니티다. 그러나 그런 노지토양을 실내에 있는 화분 속으로 옮겨오면 그토록 거대한 커뮤니티는 형성될 수 없다. 그래서 식물에게 문제를 일으키는 여러 세균이나 미생물의 침투에 취약할 수 밖에 없다. 이것이 배양토가 필요한 이유이다. 배양토는 인위적으로 토양의 부정적인 부분을 없애고 좋은 영양소만 남겨 식물을 잘 자라게 하는 매개물들의 혼합물이다. 토양에서 발생할 수 있는 실내식물들의 질병을 억누르고, 미생물 오염물질도 제거한다. 동시에 토양처럼 식물을 고정시키고 작은 뿌리털이 매달릴 수 있는 교질물을 제공해야 하며 식물이 필요로 하는 적절한 습기를 머금고 있어야 한다. 이렇게 많은 기능적 역할을 수행하면서도 배양토의 질감은 야외의 흙에 비해 가볍고 솜털같이 부드럽다.

배양토의 성분표시에는 무엇이 적혀있을까? 브랜드에 따라 다르지만 대부분 피트모스, 바크나 다른 식물 물질의 혼합물, 모래 혹은 펄라이트가 섞여 있는 경우가 많다. 그밖에 빛나는 질석 입자가 포함되어 있을 수도 있다. 또 배양토는 대부분 석회(분쇄한 석회암)로 pH가 조절되어 있다. 많은 배양토가 식물의 성장을 돕기 위해 비료를 포함하고 있지만, 기반 자체가 비료인 배양토는 오히려 사용하지 않는 것이 좋다. 어두운색에 스펀지 같은 질감, 냄새가 적거나 없는 것이 좋은 배양토이다. 비료는 따로 식물이 필요할 때 얼마든지 공급할 수 있다.

요즈음은 배양토가 전보다 더 좋아져서 식물이 필요로 하는 좋은 토양의 조건을 쉽게 충족시켜줄 수 있다. 좋은 배양토는 비닐포대에 밀봉 포장되어 있어서 원치 않는 미생물의 침입을 받지 않고 습기를 유지하고 있다. 몇 개의 브랜드 제품을 번갈아 사용해보면 가장 마음에 드는 것을 찾을 수 있을 것이다. 국내에 유통되는 배양토는 일반적으로 안전하게 사용할 수 있다. 적은 수의 실내식물을 키우고 있다면 다목적용 배양토가 비교적 만족스러울 것이다. 욕심을 부려 수개월 동안 사용할 만큼의 양을 한꺼번에 많이 구입하는 것은 좋지 않다. 한 번 개봉하면 미생물에 오염될 수도 있기 때문이다.

불행하게도 아무리 좋은 배양토라고 해도 2년 이상 효과가 지속될 수는 없다. 유기물질이 부숴지고 식물이 미네랄을 다 흡수하여 배양토의 능력이 점점 떨어지기 때문이다. 오랜 기간 사용한 배양토는 바깥 화단에 섞어주거나 봉투에 넣어 필요한 사람에게 나눠 준다. 밀폐된 화분에서 힘을 다한 배양토는 야외의 흙과 만나 다시 새로운 힘을 얻을 수 있다.

1) 배양토의 종류 및 특성

몇몇 식물은 자신에게 맞는 특별한 요구사항을 만족시키는 배양토를 더 좋아하고 필요로 한다. 배양토에 포함된 재료의 비율을 바꾸어 주어 특별한 배양토를 만드는 것도 재미있고 보람 있는 일이다. 주의 깊게 물주기를 하고 좋은 비료를 주어도 무언가 시들어 보일 때 다목적 배양토를 만들어 줄 필요가 있다. 다음 배양토 재료의 특성을 잘 이해하면 식물이 만족하는 맞춤형 배양토를 만들어 실내식물을 식재할 준비가 된 것이다.

① **피트모스**

캐나다, 미시간, 독일 등의 북부지역 습지에서 채취할 수 있는 피트모스(Peat Moss)는 아주 작은 섬유질로 되어있어 수분을 잡아두는 능력이 탁월하다. 또한 뿌리가 썩는 원인이 되는 곰팡이 발생을 억제시키기도 한다. 피트모스는 산성 pH를 가지고 있어 산성흙을 더 좋아하는 아잘레아, 치자나무 같은 식물에 사용하면 좋다. 아프리칸 바이올렛 배양토는 보통 많은 양의 피트모스(산성토양을 교정하기 위해 석회를 추가)를 포함하는데 이는 앞서 말했듯 피트모스가 습기를 잡아두는 능력이 좋기 때문이다. 피트모스의 고운 질감은 종자를 발아시키기 위한 배양토에 추가하면 좋고, 특히 새롭게 뿌리를 자르고 분갈이했을 때도 좋다. 단점은 피트모스를 사용한 배양토가 말라 버렸을 때 다시 수분을 흡수하기가 어렵다는 점이다. 가루로 만들지 않은 피트모스는 섬유질이 많다. 때문에 피트모스를 판매하기 위해 포장하거나 배양토에 섞을 때는 먼저 굵은 갈색 가루로 만든다. 피트모스를 다른 배양토에 섞을 때는 먼저 피트모스에 수분을 충분히 흡수시켜 주는 작업이 필수적으로 선행되어야 한다.

② **바크**

종묘원에서 자란 식물을 분갈이할 때 기존의 배양토를 만져보면 아마 바크, 목재 칩, 아주 작은 식물 물질의 조각을 발견하게 될 것이다. 비록 작은 조각들의 바깥 부분이 자연적으로 부패해 검게 변했더라도 그것들을 버려서는 안 된다. 이런 거친 조각들이 배수를 도와주고 토양이 치밀하게 되는 것을 막아주어 뿌리 근처에 호흡할 수 있는 공간을 만들어 준다. 더불어 환경적인 이점도 있다. 식물 물질의 혼합물은 대부분 제재업과 음식가공업에서 나오는 쓰레기를 재활용하는 데서 시작되고, 마당에서 모은 잎으로 만든 퇴비를 포함하고 있을 수도 있기 때문이다.

정원사들은 뛰어난 배수성과 낮은 비용 때문에 바크를 기본으로 한 배양토를 좋아한다. 많은 식물이 이런 배양토를 좋아하는데 이 성분들이 천천히 부숴지기 때문이다. 브로멜리아드나 난초같은 식물들이 특히 풍부한 바크가 섞인 배양토를 좋아한다. 보통 배양토에서 검고 어두운 색깔은 식물 물질의 혼합물이 포함되어 있다는 표시이다.

③ 수태(물이끼)

보수성, 배수성이 양호한 소재로 호기성 뿌리를 갖는 난류 등에 이용된다. 보비력도 좋고 재배상 거의 문제가 없는 소재로서 단독으로 많이 이용되고 있으나, 다른 토양과 혼합하여 이용하기도 한다.

④ 모래

다른 종류의 토양입자와 비교해보면 모래는 다소 입자가 큰 편이다. 모래가 많이 포함된 토양은 물이 빨리 빠진다. 거친 모래는 오랫동안 배수가 잘되는 배양토를 만드는 데 사용되어 왔다. 뿐만 아니라 습기를 잘 머금을 수 없는 성질 때문에 모래가 많이 포함된 배양토는 빨리 마른다. 그래서 잠깐 동안 물주기하는 것을 좋아하는 선인장이나 다육식물을 위한 배양토에는 모래를 추가하곤 한다. 야자나무나 판다누스같은 식물들도 모래가 섞인 배양토에서 잘 자란다. 식물이 배수가 잘 되지 않아 고통받고 있다고 의심되거나, 뿌리가 좀 더 말라 있어야 된다고 걱정된다면 배양토에 모래를 섞어 주는 것이 좋은 방법이다. 피트모스와 모래가 반반씩 섞인 배양토는 줄기꽂이를 할 때 좋다. 수족관에 사용하기 위해서는 포장된 모래처럼 소금과 다른 불순물을 제거한 세척된 모래를 사용해야 한다. 어린아이들 모래박스에 사용되는 모래도 사용할 수는 있지만 배양토에 섞기 전에 깨끗한 물을 양동이에 담고 빠르게 세척한 후 사용하는 것이 좋다.

강모래

산모래(마사토)

⑤ 펄라이트

많은 배양토 제조사들은 배수성을 높이기 위해 펄라이트(마치 부서진 팝콘 조각 같은 작고 하얀 입자)를 섞는다. 펄라이트(Perlite)는 진주암이 1000℃에서 폭발하면서 만들어지는 화산암이다. 폭발하는 과정에서 각각의 펄라이트 조각에는 수천 개의 작은 공기구멍이 생기게 되는데, 그 공기

구멍들로 인해 펄라이트는 높은 배수성을 가지게 된다. 펄라이트는 화학적으로 비활성이어서 중성(pH 7)으로 흙에 화학적 영향을 끼치지 않는다. 적당한 영양분만 공급되면 식물은 100% 펄라이트에서도 자랄 수 있다. 또한 펄라이트는 삽목번식을 했을 때 좋은 인공 배양토이다. 소포장된 펄라이트는 화원에서 구입할 수 있다. 식물을 기르는 많은 사람들은 삽목번식이나 흙을 가볍게 하기 위해(어떤 식물에게는 너무 무거울수도 있지만) 펄라이트를 사용한다.

⑥ 질석

질석(Vermiculite)은 펄라이트처럼 광물로부터 만들어졌고 배수성을 좋게 하면서도 습기를 머금고 있도록 도와주는 능력이 있다. 피트모스와 쉽게 섞을 수 있고 이것은 발아에 도움이 되는 배양토의 기본이 된다. 질석이 섞인 배양토나 순수한 질석을 다룰 때에는 먼저 입자를 축축하게 만들

어야 한다. 왜냐하면 몇몇 질석은 사람이 흡입해서는 안 되는 석면 같은 작은 조각들을 조금 포함하고 있기 때문이다. 이런 조각들은 말라 있으면 공중에 떠다니기 쉽다. 젖은 질석

은 삽목번식과 종자 발아용 배양토로 이용하거나 흙의 질감을 좀 가볍게 하고 싶을 때 섞어서 사용한다. 건강상의 위험은 그리 걱정하지 않아도 된다.

⑦ **하이드로볼**

800℃ 전후의 온도에서 구운 점토로 다공질의 소재이다. 그러나 굽는 온도에 따라 표면적이 용융하고, 염기치환용량이 낮은 제품이 많다. 가비중은 0.5정도로 보통 밭흙의 중간치 정도이다.

2) 실내식물용 배양토

실내식물용 배양토의 적정 배합비율은 재배작물의 종류 및 생산유형에 따라 어느정도 달라지게 되므로 사전에 재배품목의 생육습성 등에 대한 충분한 이해가 필요하다. 배양토 조제시 고려해야 할 일반적인 요인은 구조유지, 투수성, 수분유지, 공극량 등으로 지금까지 국내에서는 아래표와 같이 토양, 피트모스, 모래를 주원료로 하여 작물에 따라 적당한 배합비율로 이용하여 왔다. 그러나 앞으로는 노동생산성과 유통등 경제적인 이유, 근권의 효율화등의 이유로 무기토양을 포함하지 않는 경량배양토가 많이 이용될것으로 전망된다.

식물유형별 배합토 구성비율

식물종류	배양토	모래	피트모스	버미큘라이트	펄라이트	왕겨숯	수태
일반분화	5	2	3	-	-	-	-
관엽식물1	3	2	5	-	-	소량	-
관엽식물2	5	2	3	-	-	-	-
세인트폴리아	2	1	또는 2	7	1	소량	-
선인장	-	7	2	-	-	-	1
국화	3	2	5	-	-	-	-
란 및 아나나스류	잔자갈, 수태, 키아데아 단용 또는 혼용						

※ 관엽식물 1 = 숙근류, 관엽식물 2 = 목본류

3) 배양토 구매를 위한 팁

· 배양토에 붙어있는 라벨을 찾아서 어떤 식물이 언급되어 있는지 살펴본다.

바깥에서 자란 식물을 화분에 분갈이할 때 실내식물에 사용한 것과 같은 배양토를 사용할 수도 있다. 정원용이나 무기질 토양은 실내식물을 식재하기에 너무 무거우므로 사용하지 않도록 한다. 예외적으로 몇몇 오래 사는 실내식물에 깨끗하게 만들어진 정원용 흙을 좀 섞으면 잘 자라는 경우도 있다.

· 남은 배양토는 잘 밀봉하여 서늘하고 건조한 장소에 보관한다. 봉투가 지퍼 타입이 아니면 포장 테이프나 빨래집게를 사용하여 밀봉한다.

· 난초나 브로멜리아드 같은 식물은 특별한 배양토를 필요로 하므로 근처에서 구할 수 없으면 필요한 배양토를 온라인 주문한다.

2. 실내식물의 비료

1) 비료

식물에게 가장 중요한 에너지는 빛이지만 건강하게 자라려면 영양분도 필요하다. 여기 비료에 대한 몇 가지 지침이 있다.

i) 일반적으로 식물이 새로운 성장을 할 때마다 비료를 주는데 보통 빛이 강한 봄이나 여름인 경우가 많다. 항상 빛을 보며 자라는 식물은 겨울에도 비료를 주어야 하지만 빛이 약한 겨울에 휴면상태인 식물에게는 비료를 주는 것이 오히려 해로울 수 있다.

ii) 흙이 촉촉한 상태일 때 비료를 주어야 한다. 흙이 말라 있어서 스트레스를 받아온 식물에게 비료를 주면 뿌리, 잎, 줄기가 원래의 수분 상태를 회복하기 전에 필요 이상의 영양분을 먼저 흡수하게 된다.

iii) 새로 식물을 구입하였을 때나 새로운 장소로 식물을 옮겼을 때는 비료 주는 것을 미루어야 한다. 새로운 환경에 적응하는 것도 힘든데 비료를 주어 새로운 성장에 대한 스트레스까지 더하면 안 되기 때문이다.

iv) 일반적으로 보면 충분한 비료가 포함된 흙으로 분갈이한 후에는 다시 비료를 주려면 최소한 6주 정도는 기다려야 한다. 식물을 분갈이하는 흙에는 보통 비료가 포함되어 있으므로 다시 비료를 주기 전에 식물들이 이 영양분을 충분히 이용할 수 있는 시간이 필요하다. 새롭게 분갈이한 식물에 언제 다시 비료를 주어야 하는지 결정하는 것이 바로 식물을 키우는 사람의 기술이다. 식물이 얼마나 비료를 이용하느냐는 빛, 온도, 물주는 시기, 뿌리 덩어리의 크기, 전반적인 성장율을 포함해서 여러 요인이 영향을 미치기 때문이다.

2) 비료 선택하기

식물에 영양분을 주는 것이 복잡할 필요는 없다. 소수의 식물들만이 특정 비료에 잘 반응하며 대부분의 실내식물은 균형 잡힌 실내식물 비료, 인산성분이 많은 비료, 질소 성분이 많은 비료, 관엽식물 비료 등에 모두 긍정적인 반응을 보인다. 비료에 어떤 영양분이 많이 들어있는지는 비료 성분표에 나타난다. 표에 하이픈으로 연결된 세 가지 숫자(예: 11-11-11)를 보면 각각의 영양분이 얼마나 포함되어 있는지 쉽게 알 수 있다. 숫자가 나타내는 각각의 영양분은 순서대로 다음과 같다.

① 질소
첫 번째 숫자는 질소의 함유량이다. 질소는 새로운 줄기나 잎이 자라게 하는 영양분이다. 어린 식물과 관엽식물에게 유익한데 특히 봄과 여름에 급속도로 성장하는 관엽식물이 질소를 좋아한다. 성분표 상의 첫 번째 숫자가 높은 비료는 고질소 비료다.

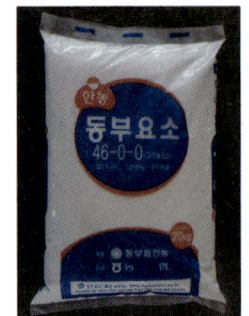
요소비료(고질소 비료)

② 인산
두 번째 숫자인 인은 모든 식물이 필요로 하는 것이지만 특히 꽃이 피는 식물에게 중요하다. 대부분의 아프리칸 바이올렛 비료는 인이 많이 포함되어 있다. 꽃이 피는 식물을 위해 인의 함량이 높은 영양분을 찾는다면 성분표상으로 두 번째 숫자가 첫 번째 숫자의 두 배 정도 되는 비료를 찾아야 한다. 예를 들자면 1-3-2. 혹은 8-14-9 같은 것이다.

앞서 말했듯 인 함량이 많은 비료는 꽃을 피우게 하는 능력이 탁월하며 실내식물보다는 야외의 노지에서 자라는 옥외식물에 더 적당하다. 화분 안에서 자라는 식물의 뿌리는 공간적인 제약을 가질 수밖에 없으므로 뿌리가 너무 커지지 않게 인 성분이 높은 비료를 절제하고 조절하는 것이 좋다.

③ 칼륨
세 번째 숫자는 칼륨의 함량이다. 칼륨은 뿌리의 기능을 좋게 하여 물과 영양분이 모든 조직에 잘 전달될 수 있도록 도와준다.

④ 다목적 비료
다목적 비료는 주요 영양분 세 가지가 균형 잡혀있는 비료이다. 이렇게 균형이 잡혀있는 가장 대중적인 비료는 라벨에 8-7-6, 6-5-6, 20-30-20으로 표기되어 있다. 성분표에 있는 숫자가 비슷하면 비

칼륨비료

숫할수록 더 균형 잡힌 비료이다. 대부분의 실내식물은 이런 종류의 비료를 사용하면 잘 자란다.

⑤ 미네랄

대부분의 배양토는 석회, 석고, 인산염같은 다양한 미네랄을 소량 포함하고 있다. 석회는 산성 배양토의 pH를 높이고 칼슘을 천천히 방출한다. 석회와 인산염은 매우 늦게 방출되는 비료에 사용하기 적당하고 그래서 배양토에 첨가하기 좋은 재료이다. 취미로 가볍게 식물을 키우는 사람이 보관하고 있어야 할 유일한 미네랄이 석회. 특히 불소가 많이 든 물을 사용하거나 피트모스를 기본으로 한 배양토에 섞으려고 할 때는 석회가 꼭 필요하다. 화분에 석회를 조금 넣어 pH를 높게 유지하면 식물이 화학적으로 오염된 물을 흡수해서 생기는 문제를 극복할 수 있도록 해준다. 아잘레아, 치자나무, 대부분의 양치류 같이 산성 토양에서 자라는 식물에는 석회를 섞으면 안된다. 드물긴 하지만 배양토가 너무 산성이어서 식물이 영양분을 흡수하는 데 문제가 생기는 경우도 있다. 식물이 분갈이 후 잘 자라지 않고 비료를 증가시켜도 반응하지 않으면 1ℓ의 물에 1스푼의 석회가루를 섞어 만든 석회수를 관주해주는 방법을 시도해 본다.

3) 큰 숫자, 작은 숫자

실례를 들어보자. 같은 종류의 비료라도 성분표 상에 씌어 있는 실제 숫자는 매우 다양하다. 상대적으로 숫자가 큰 비료(20-30-20)는 고농축이므로 더 적은 양을 사용해야 한다. 작은 숫자가 적힌 비료(6-5-6)는 물에 타서 쓸 때 좀 더 많은 양을 풀어야 함을 뜻한다. 권장량에 맞추어 사용하도록 항상 라벨을 확인해야 한다. 많은 경우에 권장량의 반이나 혹은 그 이하를 물에 섞어 사용할 때 식물이 가장 잘 자란다. 식물의 모습을 살펴보면 어떤 영양분이 필요한지 알 수 있다.

복합비료

4) 미량원소

식물은 질소, 인, 칼륨뿐 아니라 미량원소도 필요로 한다. 미량원소는 칼슘, 구리, 철, 마그네슘 등을 포함한다. 좋은 품질의 배양토에 이미 포함되어 있는 경우가 많아서 분갈이한 식물에 다시 미량원소 비료를 주는 경우는 드물다. 그러나 혹시 모르니 실내식물을 위해 비료를 구입할 때는 최소한의 미량원소라도 포함하고 있는 것으로 선택하도록 한다.

미량원소가 포함되어 있지 않다고 비료를 버릴 필요는 없다. 마그네슘은 물에 황산마그네

숨을 조금 섞거나 퇴비에 조금 섞어 사용할 수도 있다. 원예용품점에서 봉지에 든 퇴비를 조금 구입하여 8L의 물에 4L의 퇴비를 섞어 휘저어 준 후, 1시간쯤 지나서 갈색의 찌꺼기를 쏟아버리고 그 물을 물주기할 때 사용한다.

다른 방법으로는 체에 종이 타월을 깔고 퇴비를 여과시켜서 식물의 잎에 분무해준다. 봄과 늦여름, 일 년에 두 번 정도 퇴비를 여과시켜 분무해주면 식물이 필요로 하는 모든 미량원소를 다 얻을 수 있을뿐더러 식물의 기운을 북돋우는 효소도 함께 얻을 수 있다.

퇴비를 액비로 만드는 것이 성가시다면 다른 방법이 있다. 미량원소가 포함된 비료를 찾아서 물에 희석해서 식물의 잎에 분무하면 된다. 미량원소가 포함된 비료는 대부분의 원예용품점에서 구입할 수 있다. 이런 제품들은 대부분 가루로 된 해초나 갈조류로 만들어진 것이다. 어떤 것은 산성흙에서 자라는 진달래, 치자나무 같은 식물들이 필요로 하는 철의 풍부한 공급원이 되기도 한다. 다양한 종류의 실내식물을 키우고 있다면 비료를 고를 때 이런 제품들도 추가하는 것이 좋다.

5) 비료의 형태

지금까지는 비료의 화학적 측면에 대해서 다루었고 이제는 어떤 형태의 비료를 선택해야 하는지에 대해 알아볼 차례이다. 비료의 형태에는 물에 풀어서 쓰는 농축액, 분말, 결정체, 정제 형태, 그리고 시간을 두고 영양분이 천천히 풀어지는 코팅된 과립형태가 있다.

대부분의 경우에는 액체나 물에 섞어

4종 복합비료

쓰는 가루나 결정체 형태가 식물을 꼼꼼하게 관리할 수 있어서 가장 좋다.

액체형태는 물에 매우 빨리 풀어지고 높은 습도에 노출되어도 가루나 결정체처럼 응집되어 녹지 않는 경우가 없지만 꼭 무엇이 무엇보다 더 좋다고 말하기는 애매하다. 액체나 녹기 쉬운 가루형 비료는 자연 물질로 만들어진 유기질비료를 사용하나 무기질비료를 사용하나 구분 없이 다 유용하게 쓸 수 있다.

야자나 아라우카리아처럼 매우 크고 오래 사는 실내식물에는 1~2스푼(5~10ml)의 코팅된 비료를 1.25cm 깊이로 긁어낸 흙 표면에 시비하면 쉽게 영양분을 공급할 수 있다. 마치 분해되는 것처럼 영양분을 천천히 방출하는 균형 잡힌 유기질비료를 사용할 수도 있다.

서서히 방출되는 유기질비료는 식물에 물을 줄 때마다 적은 양의 비료가 녹아서 흙속으로 스며들게 되는 원리다. 상업적으로 식물을 키우는 사람들은 이런 제품들을 광범위하게 사용하므로 새로 식물을 구입하였을 때 화분 흙 표면에서 누르스름하거나 녹색을 띤 작은 덩어리를 발견하게 되는 일이 종종 있다. 이런 것들은 다시 분갈이를 할 때까지 그대로 두는 것이 좋다. 그리고 분갈이할 때 오래된 화분흙과 함께 버린다.

6) 여분의 염류 제거

식물이 비료의 마지막 한 방울까지 다 흡수하는 경우는 거의 없다. 특히 흙 표면에서 2.5cm 정도의 깊이까지는 물이 증발하여 염류가 축적되는 경향이 있다. 이런 염류가 화분 가장자리나 흙 표면에 허옇게 남아있는 것을 자주 볼 수 있다. 염류는 뿌리조직을 파괴하고 영양분과 물을 머금는 식물의 능력을 방해하므로 여기에 면역력이 있는 식물은 별로 없다. 식물이 건강하길 바란다면 4~8주에 한 번씩 염류를 분출시켜야 하는데 그 과정은 다음과 같다.

· 깨끗하고 미지근한 물을 많이 준비해 식물에 충분히 주어라.
· 30분동안 여분의 물이 배수구멍을 통해 똑똑 떨어지도록 한다. 그런 후 다시 화분에 흠뻑 물을 준다.
· 염류에 민감한 식물의 경우에는 세 번까지 흠뻑 물주기를 하면 도움이 된다.
· 모든 과정이 끝나면 화분받침에 모인 여분의 물을 모두 꼭 쏟아버려라.
· 흙이 적당히 마르면 다시 규칙적으로 물을 주고 영양분을 공급한다.

7) 비료 과부족 징후

① 비료 부족 징후

성장이 저조해지면 새로 자라는 잎이 적거나 없는데 이것은 전형적인 비료 부족의 징후이다. 이때 적당한 비료를 1~2번 공급하면 잎의 상태가 금방 개선되며 다시 푸르러질 것이다.

② 비료 과다 징후

잎끝이 갈색이거나 말려있고 잎의 색이 너무 어둡고 우거진 경우는 비료 과다의 징후이다. 특히 꽃이 피는 식물들은 질소가 과다하면 싹이 트지 않을 수도 있다. 잎 색깔이 너무 밝으면 비료가 부족하다는 징후일 수도 있고 빛이 너무 많아서 식물이 스트레스를 받고 있다는 징후일 수도 있다.

③ 비료 문제 해결하기

식물은 적정량의 영양분을 공급받았을 때 분명한 신호를 보낸다. 오래된 잎들의 색깔도 예쁘고 새로운 잎들이 꾸준히 새롭게 나와서 오래된 잎과 비슷한 크기로 자란다면 비료가 딱 적당하다는 표시다. 비료 과다 혹은 비료 부족 여부를 결정하기 전에 빛, 온도, 적절한 물주기가 이루어졌는지 판단해야 한다. 이런 각각의 조건들이 이상적인 식물의 상태와 근접할수록 식물은 더 오래 그리고 생산적으로 살게 될 것이다.

실내식물 키우기

5
실내식물의 병해충 방제

1. 질병과 생리적 장해

거칠고 혹독한 바깥 세계에서 자라는 실외의 식물들과 달리 실내식물은 비교적 안전한 환경에 살고 있는 편이지만 그것이 모든 병해로부터 안전하다는 뜻은 아니다. 좁은 화분 안에 갇혀 지내다 보니 극심한 스트레스를 받게 되고 이를 해소할 방법이 없어 이상징후를 보이는 경우도 많다. 이런 이상징후를 병으로 착각하는 경우도 제법 흔하다. 사람도 마찬가지지만 정확한 진단을 내리기 위해서는 정확한 상태를 알아야만 한다. 그러므로 식물이 무언가 고통에 시달리고 있는 것처럼 보인다면 두 가지 가능성을 모두 고려해 보도록 하자.

1) 병

대부분 실내식물의 병(잎의 반점, 뿌리와 줄기가 썩는 병)은 곰팡이 때문이다. 곰팡이의 생애주기는 식물과 얼마간 닮아있다. 곰팡이는 극히 작은 포자를 식물세포에 침투시키기 위해 효소를 사용한다. 세포를 먹이 삼아 곰팡이가 성장을 마치면 다시 수천 개의 새로운 포자를 퍼트린다.

① 곰팡이균에 의한 잎의 반점

가운데가 푹 꺼지거나 어두운 부분이 있는데 이곳이 다음 세대의 포자가 만들어지는 자리다. 의심스러운 잎을 미리 제거하면 잠재적 포자를 없애는 것이므로 곰팡이의 생애주기를 흔들어 놓을 수 있다. 또한 잎에 반점이 생기는 병이 진행 중일 때는 잎 표면이 말라 있도록 하는 것이 도움이 된다. 대부분의 곰팡이는 포자가 발아하고 자라기 위해서 잎 표면이 젖어 있는 습한 환경을 좋아하기 때문이다.

② 뿌리와 줄기를 썩게 만드는 곰팡이

식물이 시들거나 거의 죽기 직전에 갈색이 되거나 흐물흐물해질 때까지 잘 보이지 않는다. 물을 과도하게 주는 습관이 이런 문제를 불러오곤 하는데 특히 온도가 낮은 환경에서 발병률이 높다. 뿌리가 썩는 병은 분갈이를 하면서 뿌리가 상처를 입어 생기기도 하는데 몇몇 뿌리를 썩게하는 곰팡이가 상처를 통해 식물에 침투하기 때문이다. 분갈이를 하는 과정에서 오염된 흙이나 더러운 화분을 사용해 병이 시작되기도 한다.

원인이 무엇이든 간에 뿌리나 줄기가 썩어 고통받고 있는 식물을 살리려고 애쓰는 것이 쓸데없는 일이 될 수도 있다. 식물이 시들거나 쓰러지면 뿌리가 썩었나 의심해 보고 화분에서 빼내어 뿌리를 살펴보아야 한다. 썩은 뿌리는 검거나 혹은 거의 부서져 있다. 몇몇 토양 전

염성 병은 뿌리털과 뿌리집을 망가트려서 부서트리고 다 벗겨진 수염뿌리만을 남긴다. 다른 곰팡이병은 토양표면 근처 줄기를 환상박피하여 식물이 망가질 때까지 뿌리는 온전하게 남겨 두기도 한다. 시든 줄기 밑둥의 짙은 갈색 반점은 보통 곰팡이병 때문이다. 어떤 곰팡이는 감염된 줄기 밑둥을 회색 솜털 같은 균사로 덮고 있기도 한다.

썩은 뿌리 때문에 고통받고 있는 식물은 줄기의 건강한 부분을 잘라내어 줄기꽂이로 번식시켜 살리거나 아니면 간단하게 없애 버린다. 병으로 죽은 식물이 살던 화분에 새로 식물을 기르고자 한다면 뜨거운 비눗물로 닦아낸 후 햇빛으로 잘 건조시켜야 한다.

③ 그을음병

진딧물이나 깍지벌레처럼 식물 즙액을 빨아 먹고 사는 해충은 끈적끈적한 물질을 배설하는데 이것이 그을음병의 원인이 된다. 그을음병은 종종 곰팡이병으로 오해받기도 하는데 그을음병과 곰팡이병에는 중요한 차이점이 있다. 그을음병은 잎조직을 침범하지는 않는다. 잎 표면을 비눗물에 적신 부드러운 천으로 닦아주면 제거할 수 있고 일단 잎이 깨끗해지면 아무런 문제가 없는 것

그을음병

처럼 건강해 보인다. 그을음병은 잎의 어느 한쪽 면에 나타나기도 하고 양쪽 면에 나타나는 경우도 있다. 잎 표면에 그을음이 보이면 이런 끈적끈적한 물질을 만들어내는 해충이 있는지 살펴보고 적당한 조치를 취한다. 어떤 경우에는 문제를 일으키는 흡즙곤충이 그을음병이 생길 때까지 잠시 머물기도 한다.

④ 살균제란 무엇인가?

살균제는 곰팡이를 죽이거나 곰팡이의 성장을 방해하는 화학약품으로 병에 걸린 식물을 치료하기 위해 살균제를 사용한다. 그러나 살균제는 이미 감염된 것을 치료하기보다는 애초에 곰팡이 포자가 자라나는 것을 억제하는 것에 더 유용하게 쓰이므로 예방적 차원에서 사용하는 것이 좋다.

잎조직(Leaf Tissue)은 재생산되는 것이 아니므로 일단 곰팡이병에 걸려 망가지기 시작하면 곰팡이의 진행을 멈추는 것만으로는 식물을 다시 건강하게 되돌리기 어렵다. 곰팡이병에 걸릴 위험이 큰 옥외식물에 살균제를 사용해서 곰팡이 문제가 생기기 전에 예방해야 한다.

2) 생리적 장해

실내식물은 병에 걸려 약해지는 것보다는 생리적인 이상징후를 보여주는 경우가 더 많다. 가장 흔한 증상 중 하나는 잎끝이 갈색으로 변하는 현상이다. 갈변현상을 비롯하여 대부분의 이상징후는 예방하기 쉽다. 식물의 이상징후가 의심되면 기본으로 돌아가야 한다. 기본이란, 식물에게는 적절한 빛과 온도가 필요하고 물주기와 비료 주기에도 세심한 관심이 필요하다는 사실을 기억하는 것이다. 만약 어떤 식물에게 그것이 잘 자랄 수 있는 환경을 제공해줄 수 없다면 처분하거나 잘 보살펴 줄 수 있는 다른 사람에게 주는 것이 현명하다. 당신 주변에 고통받는 식물이 존재한다면 키울 수 없는 식물을 과감하게 포기하고 키울 수 있는 식물에 더 에너지를 집중하는 선택과 집중이 필요할 때일지도 모른다.

① 물방울 맺힘

스킨답서스 같은 식물들은 물을 너무 많이 주면 작은 물방울을 떨어뜨리곤 한다. 공기 순환이 잘 되게 하고 물을 줄이면 이 문제는 쉽게 해결될 수 있다.

② 과습돌기

페페로미아나 몇몇 다육식물들은 빛이 잘 들지 않는 상태에서 물을 너무 많이 주면 조직이 파괴되어 고통받게 된다. 줄기나 잎 뒷면에 생긴 코르크 같은 작은 돌기들이 생기게 되는데 이 돌기들을 과습돌기라고 부른다. 과습돌기가 생긴 잎들은 노랗게 변하다가 결국 떨어지게 된다. 과습돌기로 인한 피해를 멈추고 싶다면 식물을 좀 더 따뜻한 곳에 두고 물을 적게 주는 것이 좋다.

③ 잎 떨굼

식물에서 잎이 떨어지는 이유에는 여러 가지가 있다. 대표적으로는 물을 너무 적거나 많이 줄 때, 빛이나 온도에 변화가 생겼을 때, 혹은 그냥 생육하는 과정에서 자연스럽게 떨어지는 경우 등이다. 식물은 자리를 옮기게 되면 몇 주 동안 약간의 잎이 떨어질 수도 있다. 이는 일시적인 현상이지만 이런 현상이 지속 되면 분갈이가 필요한 것은 아닌지 살펴보아야 한다. 식물의 뿌리가 화분에 꽉 차고 비료도 부족한 경우는 잎이 노랗게 변하면서 오래된 잎이 떨어져 버리기 쉽다.

④ 성장 둔화

공기 오염은 식물을 잘 자라지 못하게 한다. 식물도 나이 먹은 사람처럼 성장이 둔화되는 경향이 있다.

⑤ 잎끝 마름

가장 흔한 식물의 이상증상 중 하나는 잎끝이 갈색으로 변하는 것이다. 잎의 갈변은 오염된 물, 불규칙한 물주기, 과도한 영양분 등의 여러 요인이 결합 되어 생기는 것이다. 특히 길고 큼직한 잎을 가진 식물은 잎끝의 세포까지 수분과 영양분을 공급하려면 긴 과정이 필요한데 이때 잎끝이 갈색으로 변하기 쉽다.

잎끝이 갈색으로 바뀌면 바뀐 부분을 날카로운 가위로 잘라내던지 둥근 나뭇잎을 가진 식물을 길러라. 갈색으로 변한 잎끝을 잘라내기 위해 면도날을 사용하는 경우도 있다. 무엇을 사용하든 간에 녹색 잎 조직이 갈색으로 변하기 시작하는 지점의 바로 바깥쪽을 잘라주는 것이 좋다. 잎의 녹색 부분까지 같이 잘라내면 거기서부터 다시 갈색 가장자리가 만들어진다.

2. 해충의 종류와 방제

밖에서 자라는 다른 식물과 마찬가지로 실내식물도 가끔 해충에 시달릴 때가 있다. 특히 여름철 볕 좋은 실외에 내어놓았을 때 애벌레 등의 벌레들이 잎이나 싹을 갉아 먹는 일이 많다. 이를 방지하기 위해 미리 예방조치를 한다면 식물에서 벌레를 발견할 가능성을 훨씬 더 줄일 수 있다. 그러나 어떤 해충들은 실외로 옮겨지지 않고 실내에서만 자라던 식물들마저 점령해 버리곤 한다. 실내식물을 괴롭히는 가장 대표적인 해충은 진딧물, 깍지벌레, 응애, 가루이 등이다.

이런 해충들이 집이나 사무실로 들어오는 가장 보편적인 방법은 식물의 감춰진 틈에 숨거나 한두 개의 알이 새로 들이는 식물의 잎 뒤에 붙어서 함께 딸려오는 것이다. 이를 방지하기 위해서는 새로 들이는 식물을 기존에 있던 식물과 3~4주 정도 격리하는 것이 좋다. 이 정도 기간이면 숨어있는 해충 문제가 나타나기 충분한 시간이다. 식물을 격리하라는 것이 꼭 별도의 방에 두라는 의미는 아니다. 3m 정도면 해충이 다른 식물로 옮겨가는 것을 막을 수 있는 충분한 거리이다. 해충이 하나의 식물에 둥지를 틀면 웬만해서는 새로운 식물을 찾아가지 않기 때문이다.

실내식물의 종류에 따라 해충으로부터 자신을 보호하는 힘은 다 다르다. 그뿐만 아니라 해충마다 소화할 수 있는 식물의 액즙도 다양하다. 예를 들어 디시가든 속의 잉글리쉬 아이비가 응애에 감염되었어도 그 옆에 불과 몇 센치 떨어진 곳에 있는 디펜바키아는 멀쩡하게 자라는 경우도 있다. 그러므로 특정한 식물에 나타난 해충을 방제할 때 모든 식물을 씻어내거나 분무할 필요는 없다. 그래도 만약의 경우를 대비해 이웃하고 있는 식물들은 잘 살펴보도록 한다. 전에는 감염되지 않았더라도 새로운 돌발상황이 발생할 수 있기 때문이다. 해충에 의한 증상은 보통 한 달 이내에 나타난다.

해충뿐 아니라 해충이 다닌 길 위에 남은 끈적끈적한 물질도 찾아보아라. 잎 표면에 끈적끈적한 찌꺼기가 보인다면 진딧물, 깍지벌레같이 식물 즙액을 빨아 먹는 해충에 감염된 것이다. 해충이 남긴 끈적끈적한 물질은 얼마 지나지 않아 거므스름한 형태가 된다. 이런 것들은 모두 따뜻한 비눗물과 부드러운 천으로 닦아낼 수 있지만 보다 심각한 상황을 만들어내는 해충의 방제는 좀 더 광범위한 노력을 필요로 한다.

식물의 잎 절반 이상이 해충의 피해를 입었다면 살려둘 가치가 없을 수도 있다. 식물이 줄기꽂이로 번식될 수 있는 종이고 아직 해충에 감염되지 않은 줄기를 찾아낸다면 줄기꽂이를 시도해보는 것이 좋다. 이것이 해충으로 황폐해진 소중한 식물을 유지하는 최선의 방법일 수도 있다.

1) 진딧물

진딧물이 한 마리밖에 보이지 않는다 하더라도 이런 흡즙 곤충들은 떼로 다니기 때문에 실제로는 훨씬 많이 있는 것이다. 진딧물은 식물이나 사람 혹은 애완동물에 엉겨 붙어서 실내로 들어오고 암컷은 임신한 채로 태어나기 때문에 적당한 식물을 발견하면 재빨리 점령해 버린다. 많은 식물이 진딧물의 숙주가 되는데 보통 부드러운 어린잎의 끝, 새로 난 잎의 뒷면, 꽃이 피는 식물의 싹에서 많이 볼 수 있다. 진딧물은 식물의 즙액을 빨아 먹기 때문에 감염된 줄기는 잎이 오그라들거나 비틀어지기도 한다.

대부분의 진딧물은 길이가 0.3cm에 모양은 둥글거나 타원이며 색깔은 녹색에서 노랑, 빨강까지 다양하다. 날개가 있는 종도 있고 없는 종도 있다. 진딧물은 식물에서 살 때 잎에 반짝거리는 끈끈한 찌꺼기를 남기는데 이것들 때문에 감염된 식물이 놓인 탁자 위나 마루에 점착성의 얼룩이 남기도 한다.

진딧물은 보통 군집식물에서 발견되는데 줄기 끝에 새로 난 부드러운 부분을 먹는다. 다른 치료수단을 사용하기 전에 심하게 감염된 줄기부터 잘라내도록 한다.

- 방제

다행스럽게도 진딧물은 다루기가 쉽다. 앞서 말했듯 첫 번째로 해야 할 일은 심하게 감염된 줄기 끝을 잘라내는 것이다. 몇 마리만 보인다면 알코올에 담근 솜으로 닦아내면 없앨 수 있다. 감염된 식물의 크기가 크고 감염 정도가 조금 심하다면 미지근한 물로 샤워해 깨끗이 씻어낼 수 있고 아니면 실외로 나가서 호수로 물을 뿌려 주어도 된다. 물을 뿌리게 되면 몇몇은 잎의 갈라진 틈에 숨어 살아남기도 하지만 대부분은 제거할 수 있다. 처음 물을 뿌리고 수일 후에 다시 물 뿌리기를 반복하면 숨어있는 것도 없앨 수 있다. 아주 작은 식물은 화분과 흙을 비닐봉지로 단단히 감싸고 비눗물에 담가 흔들면 깨끗하게 없앨 수 있다. 살충제 비누를 사용하면 진딧물을 빠르고 쉽게 죽일 수 있으므로 여름내 실외에 두었던 모든 식물은 가을에 실내로 다시 들여놓기 전에 살충제 비누를 희석하여 분무해 주는 것이 좋다.

2) 깍지벌레

이미 감염된 식물을 집이나 사무실에 들여놓을 때 같이 따라 들어오는 이 이상하게 생긴 흡즙 곤충은 수많은 실내식물의 적이다. 깍지벌레는 잎과 줄기가 만나는 쏙 들어간 곳에 숨기 좋아한다. 어떤 종은 식물 뿌리를 먹고 자라기도 한다. 성충은 0.2-0.9cm이고 희끄므레한 솜 같은 방울처럼 생겼는데 줄기, 잎, 뿌리에 엉성하게 붙어 있다. 깍지벌레는 식물의 즙액을 빨아 먹어 식물을 약하게 만든다. 몸체를 감싸고 있는 하얀 코팅이 보호막 구실을 하므로 물이나 살충제를 뿌리기보다는 손으로 직접 잡아내는 것이 좋다. 잡는 방법은 어렵지 않다. 면봉을 소독용 알코올에 적셔 닦아내기만 하면 끝이다. 아니면 핀셋을 사용하여 줄기나 잎에서 떼어내는 것도 괜찮다.

깍지벌레

가루깍지벌레

5. 실내식물의 병해충 방제

- 방제

우선 손톱이나 이쑤시개, 소독용 알코올이나 식물성유지에 담근 면봉을 사용하여 눈에 보이는 깍지벌레를 잡아서 제거해라. 깍지벌레가 숨기 좋아하는 곳(잎이 줄기에 붙어 있는 곳)을 주의 깊게 살펴본다. 깍지벌레가 완전히 없어질 때까지 일주일에 한 번씩 이 과정을 반복한다.

아프리칸 바이올렛, 선인장 같은 식물들이 뿌리를 먹고 사는 깍지벌레의 공격을 받기 쉽다. 때로는 화분 밑바닥에서 깍지벌레를 발견할 수도 있고, 아니면 뿌리를 약간 말린 다음 깍지벌레가 뿌리에서 나오도록 식물을 가볍게 흔들 수도 있다. 깍지벌레가 발견되면 깨끗한 흙으로 분갈이한 후 실외로 내놓고 토양 살충제를 뿌리에 흠뻑 뿌려라. (잎에는 뿌려선 안 된다.)

온실에 깍지벌레 문제가 발생하면 딱정벌레를 풀어놓아 깍지벌레를 잡아먹도록 할 수도 있다. 이 방법은 많은 양의 식물이 심각하게 해충에 감염되어있지 않는 한 집이나 사무실에서 실용적인 방법은 아니다.

※ **침투 살충제**

흙에 놓아두면 식물에 스며드는 살충제를 침투 살충제라 부른다. 침투 살충제의 독은 식물 전체에 스며든다. 해충은 이 살충제를 사용한 식물의 액즙을 먹고 독에 감염된다. 침투 살충제는 다른 유사한 방법이 통하지 않는 스케일을 치료하는데 효과적이다. 그렇지만 침투 살충제를 사용하는 것은 집안에 독성물질을 들이는 행위이므로 라벨을 주의 깊게 읽고 조심히 사용해야 한다.

예전의 침투 살충제는 특효 성분으로 맹독성분인 디술포톤을 사용했다. 그러나 새로 나온 대부분의 침투 살충제는 사람이나 땅속 벌레, 새들에게 독성이 덜한 이미다클로프리드를 기본으로 한다. 주로 스프레이 형태로 되어 있다. 농축된 이미다클로프리드는 실내보다는 실외에서 사용하는 것이 권장된다. 식물을 실외로 옮겨 스프레이를 뿌리고 약액이 마를 때까지 기다렸다가 다시 실내로 들여놓아라. 침투 살충제를 절대로 식용식물에 사용하지 않도록 주의해야 한다.

3) 응애

응애는 아마도 실내식물에게 있어 가장 무서운 해충일 것이다. 곤충보다는 거미나 진드기와 더 가깝다. 바늘같이 생긴 뾰족한 입으로 잎을 꿰뚫어서 식물의 즙액을 빨아 먹으며 식물에 해를 끼친다. 이것들은 잎의 뒷면에 모여 있어서 식물이 심각하게 감염되기 전까지는 쉽게 눈에 보이지 않는다. 응애가 사는 잎은 작은 노란색 구멍이 셀 수 없이 뚫린 채 말라버리고 생기가 없어진다. 응애는 식물이 죽은 후 다른 식물로 옮겨간다.

응애는 너무나 작아서 사람이나 애완동물에게는 해를 입힐 수가 없다. 다 자란 성충이 0.05cm밖에 안되니 그것들을 보려면 15배율 돋보기가 필요하다. 확대해 보면 응애는 녹색, 노랑, 빨강, 검정, 아니면 무색일 수도 있다. 심하게 감염될 경우 돋보기 없이도 흰 종이를 밑에 깔고 잎의 뒷면을 톡톡 두드리거나 닦아주면 아주 작은 점들이 움직이는 것을 볼 수도 있다.

식물이 광범위하게 감염되기 전에 초기에 치료하는 것이 중요하다. 식물 뒷면에 가냘픈 거미줄이 생기면 이미 응애가 많이 퍼진 것이다.

- 방제

응애는 보통 새로운 식물에 붙어서 집이나 사무실로 들어오므로 이 주 정도 새 식물을 다른 식물들과 격리하는 것이 좋다. 한 디시가든 안에서 어떤 식물은 응애에 감염되고 어떤 식물은 그렇지 않을 수도 있다. 이것은 감염된 식물이 이미 어떤 이유로든 스트레스를 받고 있던 상태이기 때문에 쉽게 응애의 먹이가 되는 것이다. 응애는 건강한 식물보다는 약한 식물에 더 문제를 일으키기 쉽다.

초기에 발견해 감염이 가벼운 정도라면 심각한 경우보다 훨씬 치료하기 쉽다. 응애는 알에서 부화해 다시 알을 낳는 성충으로 자라기까지 불과 2주밖에 걸리지 않는다. 매우 건조한 환경을 좋아해서 겨울에 나타나기 쉽다. 축축한 자갈을 깔고 그 위에 식물을 놓아두면 응애를 예방하는 데 도움이 된다.

응애를 어떻게 치료하느냐 하는 것은 감염된 식물의 크기와 값어치에 따라 달라지고, 식물을 살리고 싶은 마음이 얼마나 강하냐에 달려있다. 어쩌다가 키우게 된 작고 값싼 식물에 응애가 생긴다면 치료하는 사이 더 중요한 실내식물에까지 번질 수 있기 때문이다. 그러나 식물의 일부분만 감염되었을 경우에는 감염된 부분을 잘라내어 비닐봉투에 밀봉하여 버리기만 하면 된다. 그런 다음 식물의 남아있는 부분을 살충비누로 처리하거나 비누-기름을 분무하여 준다. 5일 간격으로 최소한 두 번 정도는 이런 과정을 반복해야 잎의 갈라진 틈이나 응애집 아래 숨어있던 알에서 부화한 새끼 응애까지 다 죽일 수 있다.

살충제로 응애를 치료하려고 시도하지 말아라. 살충제는 잘 작용하지도 않고 오히려 내성만 키운다.

4) 총채벌레와 응애

총채벌레와 응애로 인해 식물잎에 생기는 피해는 너무나 비슷해 보이지만 응애만이 잎 뒷면에 물갈퀴 같은 서식지를 만든다. 하얀 종이 위에 감염된 잎을 톡톡 두드려보면 두 가지를 구분할 수 있다. 총채벌레는 어두운 회색으로 작은 유리 조각 같고 응애는 움직이는 작은 점처럼 보인다. 만약 응애가 보이면 살충비누만 사용해야 한다. 화학적 살충제는 문제를 더욱 악화시킬 수 있기 때문이다.

총채벌래

응애

5) 시클라멘 마이츠

응애보다 훨씬 작은 또 다른 진드기 벌레로 아프리칸 바이올렛, 베고니아, 시클라멘, 글록시니아의 잎과 꽃의 성장을 방해하고 비틀어지게 한다. 시클라멘 마이츠는 발견하기 너무 어렵고 치료 또한 어렵다. 식물들의 새잎과 꽃에 줄무늬가 생기고 말려들고 비틀어지면, 그 식물을 즉각 격리시키고 처분해야 할지에 대해 생각해 보도록 한다. 시클라멘 마이츠를 죽이는 가장 좋은 방법은 식물의 잎을 40°C 물에 15분동안 담그는 것이다. 그러나 이때 식물도 함께 죽일 수 있다는 점을 명심해야 한다.

6) 가루이 (Whitefly)

물주기를 할 때 작고 하얀 날파리 같은 것들이 나타나면 가루이에 감염된 것이다. 이것들이 가루이 성충인데 0.16cm길이에 4개의 날개를 가진다. 돋보기를 사용하여야 겨우 잎 뒷면에서 알, 애벌레, 번데기를 찾아낼 수 있는데 이것들은 모두 아주 작고 노르스름하다. 감염된 잎은 가루이가 액즙을 빨아 먹어서 약해지고 수그러든다.

가루이는 60종 이상의 식물을 감염시킬 수 있다. 여름에 실외에 두었던 식물에서 나중에 발견되거나 새 식물을 들여놓을 때 같이 들어오기도 한다. 가루이는 빨리 번식하여 라이프 사이클이 불과 40일이므로 초기에 빨리 조치를 취하는 것이 중요하다.

가루이

- 방제

우선은 회복하기 힘들 정도로 심하게 감염된 잎들부터 떼어낸다. 그런 다음 식물을 깨끗하게 세척하고, 식물이 비누 스프레이를 견딜 수 있다면 살충비누를 분무하여준다. 매우 예민한 식물은 물 4에 소독용 알코올 3의 비율로 섞어서 분무한다. 가루이가 살아남지 못하도록 이 과정을 7-10일에 한 번씩 반복하여 준다.

일단 가루이가 생기면 몇 달 동안은 노란색 끈끈이 덫을 사용하여 모든 식물을 관찰한다. 가루이는 노란색을 좋아한다. 노란색 끈끈이 덫은 구입해도 좋고, 노란색 마가린 튜브나 노란색 플라스틱 용기를 5cm로 잘라서 만들어도 좋다. 노란색 판지도 사용할 수 있다.

덫에 나무꼬챙이를 붙이고 자동차 오일이나 바셀린을 바른다. 단지 몇 마리만 모여도 모든 식물을 철저하게 살펴보고 곧바로 치료하기 위한 다음 조치를 취해야 한다.

※ 해충의 실내유입

어떤 해충들은 사람이나 애완동물에 붙어서 집이나 사무실로 들어온다. 일단 실내로 들어온 후 운이 좋다면 안주할 식물을 찾아내게 된다. 깃털 달린 먼지떨이로 식물의 먼지를 떨어내면 응애나 깍지벌레 애벌레가 이동할 수 있는 수단이 되므로 사용하지 않도록 한다. 대신 손으로 먼지를 털어내거나 물을 뿌려 주는 것이 좋다. 한 번에 한 가지 식물만 천이나 스펀지로 닦아내고 다른 식물로 옮겨갈 때는 물통 속의 물을 바꾸어 주어야 한다. 이 방법이 해충이나 해충의 알이 하나의 식물에서 다른 식물로 옮겨 가지 못하도록 막는 가장 좋은 방법이다.

실내식물 키우기

6
실내식물 가꾸기

Growing indoor plants

1. 실내식물 심기

1) 용기

실내식물을 키우기 위해 선택하는 용기(Containers)는 식물이 사는 집이면서 내가 사는 집의 한 부분이기도 하다. 마음속에 약간의 기본적인 가이드라인만 정해 놓는다면 이 둘 사이(보는 것만으로도 즐겁고 식물이 살기에도 적합한 용기)의 균형을 유지하는 것은 어렵지 않다. 실내장식에 우선순위를 둔다면 식물을 고르기 전에 용기를 먼저 고르는 것도 좋은 방법이다. 용기와 식물이 준비되면 세 번째로 이것들과 잘 어우러질 작은 조각상 같은 것을 찾을 수도 있다.

마루나 테이블 위, 창턱처럼 평평한 장소만이 식물을 놓아두기 적당한 장소라고 생각해서는 안 된다. 여러 종류의 철물(후크, 체인, 파이프행거)을 이용하여 바구니를 매달거나 후크에 매달도록 만들어진 화기를 사용할 수도 있다. 이것은 밝은 빛을 식물에게 쏘이게 해주는 아주 좋은 방법이다. 천정에 고리를 달 때나 벽에 걸 수 있는 철물을 박아 넣을 때는 단단한 나무 조각에 단단히 고정하는 것이 필요하다. 틸란디시아(Air plant)처럼 아주 가벼운 식물이 걸어두기에 적당하다.

① 용기 크기

용기의 재료가 무엇이던 간에 용기의 크기는 식물의 크기와 적절한 비율을 유지해야 한다. 화분흙으로부터 제일 꼭대기까지의 식물의 키를 대충 재어 본다. 이를 삼등분 하면 이상적인 용기의 직경이 된다.

식물의 크기에 맞추어 적당한 용기를 선택하는 것이 좋으며, 식물 크기의 1/3정도 되는 용기가 가장 적당하다.

이 방법은 크게 자라지 않는 덩굴식물이나 작고 땅딸막한 선인장 같은 식물에는 적당하지 않다. 이때는 식물 뿌리에 맞추어서 가능한 가장 작은 용기를 선택하는 것이 좋다. 작은 용기를 선택하는 데는 두 가지 이유가 있다. 첫째, 작은 용기는 식물의 성장을 방해해서 실내에 적합한 크기로 자랄 수 있게 해준다. 두 번째, 뿌리 근처에 있지 않은 흙은 여분의 수분을 많이 머금게 되고 곰팡이가 쉽게 달라붙어 결국 뿌리를 썩게 할 수도 있기 때문이다. 용기의 지름(양쪽 가장자리 사이의 거리)은 보통 화분의 깊이와 같다. 뿌리가 얕은 식물의 경우는 낮고 폭이 넓은 용기가 좋다. 또한 바닥으로 갈수록 좁아지는 용기를 키가 큰 식물에 사용할 경우 쓰러질 수도 있다는 점을 기억해야 한다. 배수 트레이가 부착된 무거운 화분은 위쪽이 무거운 식물에 적당하다. 만약 키가 큰 식물이 뒤집어지면 사각의 화분으로 옮기고 움직이지 않도록 단단히 고정한다.

② 배수

크기나 모양이 어떻든 식물 용기를 선택할 때 가장 중요한 것은 여분의 물이 빠져나갈 수 있도록 바닥에 배수구멍이 있어야 한다는 점이다. 큰 배수구멍 하나보다는 중간크기의 배수구멍이 여러 개 있는 것이 배수가 잘된다. 많은 사람들이 배수구멍으로 물이 빠져나갈 때 흙도 함께 빠져나갈까 배수구멍을 가로막곤 하는데 구멍을 막지 않고 그대로 두는 것이 좋다. 구멍을 막지 않아야 화분 바닥으로 뿌리가 자라 나오는 것을 확인할 수 있고 배수에 문제가 생기면 꼬챙이, 송곳, 연필 같은 것으로 찔러서 다시 구멍을 낼 수도 있다. 만약 흙이 빠져나가는 것이 문제라면 식물을 새로 분갈이할 때 화분 바닥에 작은 자갈이나 깨진 도자기 같은 것을 얇게 깔아라. 조약돌이나 깨진 도자기를 1.5cm 정도 얇게 깔아주면 배수도 훨씬 좋아지게 된다.

놋쇠나 세라믹, 손으로 만든 아름다운 장식용 화분들에는 배수구멍이 없는 경우가 많다. 플라스틱이나 파이버글라스로 만들어진 용기에는 구멍을 뚫을 수 있지만 세라믹이나 도자기 용기에는 배수구멍을 뚫지 않는 것이 좋다. 대신 이것들은 장식화분(cachepot) 즉 화분을 위한 화분으로 활용하면 좋다. 장식화분 바닥에 2cm 두께로 깨끗한 조약돌을 깔고 식물이 심어진 화분을 쏙 집어넣으면 된다(안쪽에 집어넣는 화분으로는 보통 플라스틱 화분을 사용한다). 물이 웅덩이가 되어 식물의 뿌리가 너무 젖어있는 상태가 되지 않는 한 이런 이중 시스템은 효과적으로 사용할 수 있다. 갑자기 물이 넘치게 되면 장식화분 바닥에 넘친 물을 모두 빼내야 한다.

장식용 화분에 배수구멍이 없다면 바닥에 자갈을 깔고 배수가 잘되는 화분을 장식용 화분에 쏙 집어넣고 조약돌위에 놓아 식물을 기르면 된다.

③ 재료

식물을 처음 구입하면 대부분은 플라스틱 화분에 담겨 있다. 플라스틱은 가볍고 물기도 잘 머금으며 포장하거나 운송할 때도 좀처럼 부서지는 일이 없다. 이렇듯 플라스틱으로 만들어진 화분 역시 장점이 많지만 실용성에 비해 미적인 부분에서 많이 부족하다. 식물이 새로운 집으로 와서 환경에 적응하는 수주의 기간을 지나고 나면 좀 더 좋은 화분으로 바꾸어 주도록 하자. 진흙, 질 좋은 플라스틱, 유리섬유, 세라믹 등 화분의 재료가 되는 소재들은 아주 많다.

다양한 소재의 용기

i) 테라코타 토분

토분은 식물과 좋은 짝이다. 통일감을 위해 모든 식물을 토분에서 키우는 사람들도 있다. 점토는 빨리 마르기 때문에 브로멜리아드나 난처럼 물주기를 하고 다음번 물주기를 하는 사이에 건조한 상태를 좋아하는 식물들의 화분으로 적합한 재료이다. 토분이 너무 빨리 마른다면 화분 안쪽에 파라핀이나 라텍스를 칠할 수도 있다. 아니면 밀도가 조밀한 이태리산 토분을 구입하는 것도 좋다. 이태리산 토분은 기공이 많은 멕시코산 토분에 비해 상대적으로 값이 더 비싸고 색도 더 짙다.

테라코타 토분

ii) 플라스틱 화분

수분 보유력이 다른 화분에 비해 월등한 플라스틱 화분은 다양한 색과 모양을 가진다. 세라믹인지 플라스틱인지 알아보기 위해 손가락으로 두드려 보아야 하는 경우도 종종 있다.

많은 플라스틱 화분에는 스냅 방식의 트레이가 달려있어서 화분 바닥으로 물이 떨어지지 않도록 해준다(특히 행잉 바스켓에 아주 유용하다). 직사각형 박스나 주춧대처럼 특이한 모양의 화기는 거의 플라스틱으로 만든 것이다.

플라스틱 화분

iii) 세라믹 화분이나 유리섬유 화분
토분이나 도자기 화분처럼 보이도록 만들어진 이 화기들은 보통 거실에 사용된다. 고품질의 유리섬유 화분은 비싸지만 영구적으로 사용할 수 있다. 유리섬유 화분은 광택을 내기 위해 금속성분이 포함되기도 하고 만들고 싶은 색채계획에 따라 색이 칠해지거나 고풍스럽게 만들어지기도 한다. 유리섬유 화분은 매우 가볍기 때문에 큰 실내식물에 제일 적합한 화기이다. 화원에서는 다수의 고대 지중해 스타일 복제품을 포함해서 다양한 크기와 색깔을 가진 유리섬유 화분을 갖추고 있다. 가구를 선택할 때처럼 화분도 신중하게 선택해라. 작은 식물일수록 도자기 화분이 더 적당하다. 특히 배수 트레이가 부착된 것이 좋다. 도자기 화분의 수명은 그 속에서 자라는 식물보다 길다. 그래서 도자기 화분을 구입할 때는 다방면으로 용도를 생각해서 구입해야 한다. 중간톤의 회색이나 브라운색이 다루기 쉽고 식물보다 너무 튀지도 않는다.

* **화분을 고르고 사용하는데 필요한 팁**
- 잎이 무성한 식물일수록 무지의 화분을 선택해라. 반짝이는 어두운 색깔의 잎을 가진 스파티필럼은 금색으로 장식된 화려하고 동양적인 화분이 잘 어울린다. 그러나 엽맥이 아주 선명한 마란타는 단색으로 된 화기 속에 있을 때 더 멋져 보인다.
- 구근식물과 수명이 짧은 꽃이 피는 식물은 발아될 때까지 편평한 플라스틱 화분에서 키운다. 그런 다음 가장 잘 자란 것을 골라 가는 가지를 엮어 만든 장식용 바구니에 쏙 집어넣고 이끼로 가린다.
- 토분이나 세라믹 화분이 깨지면 큰 조각을 망치로 잘게 조각내어 보관해두면 화분 밑바

닥에 깔아 사용할 수 있다. (조각이 날아들어 다치지 않도록 보안경을 착용하는 것은 잊지 않도록 한다)

- 화분은 사용 전후에 닦아주어야 한다. 많은 양의 뜨거운 비눗물로 화분을 문질러 닦고 가장자리에 남아있는 염류을 없애기 위해 필요하다면 물에 푹 담구는 것도 좋다.

2) 분갈이

식물에게 뿌리가 더 자라기 위한 공간이 필요해질 때는 자라고 있는 화분보다 조금 더 큰 화분으로 옮겨심기를 한다. 이런 과정을 분갈이라 한다. 식물을 자라던 화분과 똑같은 크기의 화분으로 옮겨 심을 때도 분갈이라 한다. 작은 식물을 너무 큰 화분에 옮겨 심으면 뿌리가 썩을 수도 있으므로 주의한다.

실내식물이 흙을 다 써버려서 화분 안에 공간이 생기면 그때가 분갈이할 적기다. 어떤 식물은 몇 년 만에 분갈이하기도 하고, 어떤 식물은 최소한 일 년에 한 번은 분갈이가 필요한 경우도 있다. 만약 식물이 다음의 다섯 가지 증상을 보이면, 화분 안에 꽉 찬 뿌리 때문에 힘들거나, 화분흙을 다 써버렸다는 뜻이므로 제때 분갈이를 해준다.

□ 잘 자라지 않거나 아예 자라지 않으면 뿌리가 화분 안에 꽉 차서 성장할 공간이 없거나, 화분흙이 쓸모없게 되어서 식물의 뿌리털이 제 기능을 못할 때이다. 간혹 어떤 식물은 뿌리내릴 공간이 없는데도 새로운 잎을 계속 만들어 내기도 하는데, 이럴 경우 잎의 크기가 건강한 잎보다 훨씬 작다.

□ 식물의 뿌리가 배수구멍을 통하거나 식물 자체를 위로 밀어 올리면서 화분 밖으로 삐져 나오는 경우. 어떤 식물은 화분 밖으로 공기뿌리를 내보내 갈 곳을 찾는 쓸데없는 노력을 하기도 한다. 동시에 이상하게 노랗고 오래된 잎이 보일 수도 있다. 이것은 어떤 식물에게는 정상적인 생육 과정이기도 하지만 보통은 비료가 너무 적거나 뿌리 주위에 공간이 필요하다는 신호이다.

□ 윗부분에 잎이 우거져 무거워진 식물은 자꾸 한쪽으로 넘어진다. 습관적으로 자주 넘어지는 식물은 밑 부분이 넓고 무거운 화분으로 분갈이해야 하며 그렇게 하면 안전해질 것이다. 이렇게 해도 문제가 해결되지 않으면 가지치기를 하거나 번식하여 크기를 줄여야 한다.

□ 규칙적으로 물을 주는데도 식물이 계속 마른다. 식물이 끊임없이 물을 필요로 할 때는 대개 뿌리가 빡빡하거나 화분 밖으로 삐져나와 자랄 때이다. 약간 큰 화분으로 분갈이하면 문제가 해결된다.

□ 염류 퇴적물이 화분 가장자리나 흙 표면에 만들어진다. 화분에 흠뻑 물을 주어 왈칵 쏟아지게 하면 생기지 않는다. 이럴 경우 높은 염류에 오염되지 않은 뿌리층을 만들어 주는 것이 좋다.

성장한 식물은 분갈이가 필요한지 일 년에 한 번 정도 체크 해보는 것이 좋다. 위의 증상 중 한 가지라도 식물에게서 관찰되면 화분에서 식물을 빼내 뿌리의 상태를 살펴본다. 화분 바닥에 뿌리만 가득하고 흙이 별로 없을 때는 분갈이를 해주도록 하자. 반대로 뿌리가 자랄 공간이 충분해 보이면 괜히 식물에게 스트레스를 주지 않도록 분갈이를 하지 않는다.

식물이 분갈이하기 가장 좋은 때는 새로이 성장하기 위한 가장 활동적인 계절에 접어들었을 때이다. 대부분의 식물에게 이 계절은 봄이지만, 어떤 식물은 일 년 내내 자라고, 어떤 식물은 가을과 겨울에 왕성하게 자라기도 한다.

때때로 계절에 상관없이 분갈이해야 할 일이 갑자기 생기기도 한다(예를 들면 화분이 바닥에 넘어지거나 애완동물이 망쳐놓았을 때 같은 경우다). 계획에 없던 분갈이를 해야 할 때는 뿌리를 되도록 적게 건드려야 하는데, 이는 분갈이 후 뿌리가 상하면 완전히 회복하는 데 수주 혹은 수개월이 걸리기 때문이다.

병으로 고통받고 있거나 자라나는 환경이 열악한 식물은 분갈이로 살리기 힘든데, 분갈이가 식물에게 너무나 큰 스트레스를 주기 때문이다. 때때로 건강한 식물은 분갈이 후에 빠르게 새로운 활력을 보여줄 때도 있지만, 새로운 화분에 적응할 때까지 시들시들한 것이 일반적이다. 분갈이 후 몇 주 뒤에 잎이 조금 떨어진다고 놀라지는 말아라. 이것은 셀프 가지치기로 식물이 스스로 뿌리와 잎이 적절한 균형 상태에 도달할 수 있도록 돕기 때문이다. 잘 보살피면 분갈이 된 식물은 두 달 내에 완벽하게 회복될 것이다.

① 한 단계씩 차근차근 분갈이 하기

1. 분갈이하기 하루나 이틀 전에 충분히 물을 준다. 이는 뿌리가 화분 안에 빽빽하게 심어졌을 때 물이 윤활유 역할을 하기 때문이다.

2. 식물이 느슨해지도록 화분을 두드린다. 식물을 손으로 잡을 수 있으면 테이블 모서리나 다른 딱딱한 표면에 대고 세게 두드린다. 매우 큰 화분일 때는 나무망치나 칼자루 혹은 다른 뭉툭한 물체로 위쪽을 두드린다. 화분 크기에는 상관없이 화분의 모든 부분을 반복해서 두드린다. 이렇게 하면 뿌리와 오래된 화분흙과 화분 안쪽에 서로 들러 붙어있는 것을 떼어 낼 수 있다. 플라스틱 화분은 휘어지기 쉬운 성질이 있으므로 꽉 쥐면 떼어진다.

3. 식물을 옆으로 눕히고 줄기를 세게 잡아당기지 않고도 가볍게 흔들리는지 본다(어느 경우에도 세게 잡아당기면 안 된다). 여전히 딱 달라붙어 있으면 칼을 사용하여 화분 안쪽을 따라서 잘라낸다. 다음에는 배수구멍을 연필이나 드라이버로 아래에서 위로 찔러 식물을

바닥에서 위로 잡아당겨 본다. 그래도 여전히 움직이지 않으면 남은 방법은 화분을 부수는 것이다. 토분이나 세라믹화분을 깨뜨리면 잘게 부수어질 때까지 망치로 두들겨라.(배수구멍을 막는 데 사용할 조각들을 모아둔다) 플라스틱 화분은 큰 부엌용 가위나 칼로 잘라낸다.

4. 식물이 어떤 모습이길 원하는지 생각해 둔다. 만약 뿌리가 단단한 덩어리를 이루고 있으면 잡아빼서 나선형으로 단단히 감쌀 수 있는지 살펴보고, 깨끗한 칼이나 가지치기용 가위로 화분의 크기에 맞추어 잘라낸다. 이 과정을 물통 속에서 하면 쉽고, 아니면 수도호스나 흐르는 물을 이용한다. 작업할 때 긴 가닥은 쭉 펴주고 검거나 죽은 뿌리는 잘라낸다. 예외는 있지만 대부분의 식물은 분갈이 되면 뿌리의 3/4 정도만 살아남는다. 뿌리를 잘라낸다고 걱정할 필요는 없다. 뿌리를 가지치기 하더라도 깨끗한 새 화분흙에 정착하게 되면 극적으로 회복되기 때문이다.

5. 엉킨 뿌리를 풀려고 애쓰지 말고 식물을 화분에서 빼내 튼튼한 곳에 세운다. 톱니모양의 날카로운 칼을 사용하여 주사위 모양으로 화분을 잘라낸다. 같은 크기의 화분이나 좀 더 큰 화분으로 분갈이하여 준다.

6. 화분 바닥에 최소한 2.5cm 두께로 신선하고 촉촉한 화분흙을 깔아주거나 혹은 깨진 화분 조각이나 자갈을 넣어준다. 그런 후 손질된 식물을 전에 자라던 것과 같은 깊이로 심는다. 뿌리와 화분 가장자리 사이 공간을 화분흙으로 채우고 나무젓가락을 사용하여 흙을 뿌리 쪽으로 살살 눌러 준다.

7. 흙을 더 넣어주어 작은 입자까지 제자리를 잡을 수 있도록 흙 표면을 단단히 다져준다. 식물을 분갈이할 때 화분의 흙이 수분을 충분히 가지고 있으면 며칠 후에 물주기를 한다. 물주기를 며칠 후에 하는 것은 상처 입은 뿌리에게 상처를 치유할 수 있는 기회를 주고, 건강한 뿌리에게는 물을 찾아서 뻗어 나갈 시간을 주기 위해서다.

8. 분갈이하고 몇 주 뒤에 손가락을 화분흙에 찔러넣어 화분 가장자리와 흙 사이에 식물이 자랄 수 있는 공간이 있는지 확인해 본다. 필요하다면 화분 위에 흙을 더 채워 넣는다. 그러나 화분 가장자리 끝에서 흙 표면까지 최소한 1.25cm의 여유 공간은 있어야 한다.

렉스베고니아 분갈이

② 배수층에 대한 논의

예전에는 화분 바닥에 깔기 위해 자갈이나 토분, 도자기 화분의 깨진 조각들을 사용해왔다. 이렇게 하는 첫 번째 목적은 화분의 배수구멍 외에 또 다른 배수수단을 만들어 주기 위해서인데, 화분 위에 자갈을 깔아주면 똑같은 배수효과가 있으므로 그렇게 할 필요가 없다. 만약 자동 물 공급 플라스틱 화분을 사용하고 있어 배수판에 물이 있는지 없는지 알 수 없다면 도자기 조각을 화분 밑바닥에 얇게 깔아주는 것이 좋다. 배수층은 식물을 배수판 없이 단단한 바닥 위에 놓을 때 좋은 방법이다. 선인장처럼 배수가 잘 되어야 하는 식물은 화분 바닥에 자갈을 넣어주는 것이 도움이 된다. 배수층은 뿌리가 물에 잠겨있지 않도록 하기 위해서 필요하기도 하지만, 화분 구멍으로 흙이 빠져나가지 못하도록 막아주는 역할도 한다. 선택은 본인의 몫이다.

③ 배양토 넣어주기

식물이 너무 크게 자라 분갈이하는 것이 불가능하거나, 취급하다가 망가져 버리기 쉬운 덩굴식물들은 분갈이하는 것보다 화분에 추가로 배양토를 넣어주는 것이 좋다. 이것은 보통 큰 나무 종류인 아라우카리아나 벤자민고무나무 같은 식물에게 분갈이보다 더 실용적인 방법이고, 크고 둥근 모양의 선인장이나 큰 야자나무에게도 효과가 좋은 방법이다. 배양토를 추가로 넣어주기 위해서는 흙 표면이 말라 있어야 한다. 방법은 간단하다. 포크를 사용해서 기존 배양토를 3cm정도 파서 제거 한다. 뿌리가 없다면 화분 가장자리 부분을 좀 더 깊게 파낸다. 파낸 곳 아래에 있는 흙과 뿌리 사이에 얕은 골을 만들고 그곳에 배양토를 채워준다. 분갈이하지 않는 식물은 보통 일 년에 한 번, 봄에 배양토 넣어주기를 하면 좋다.

2. 실내식물 키우기

식물을 기르는 재능이 있는 사람과 없는 사람의 차이점은 간단하다. 실내식물이든 혹은 다른 식물이든 기르기에 성공하려면 식물이 잘 자랄 수 있는 환경에 대한 이해가 필요하다. 또한 자신들이 식물 키우기에 있어서 가진 재능이나 한계가 무엇인지도 알아야 한다. 만약 많은 식물을 자신의 보살핌 아래서 훌륭하게 키워낸 경험이 있는 사람이라면 이제 식물이 어떻게 자라는지에 대한 실제적인 지식만 조금 더 습득하면 된다.

어려운 식물에 도전하기에 앞서 스킨답서스, 접란, 아이비같이 쉽게 기를 수 있는 식물부터 시작하는 것이 좋다. 그러나 이처럼 키우기 쉬운 식물이라도 식물이 필요로 하는 것에 대한 이해를 바탕으로 적절하게 보살펴 주어야 한다. 이 책은 그 이해를 돕기 위해 만들어졌다. 이제부터는 본격적으로 식물을 가꾸는 방법에 대해 알려주고자 한다. 화분을 선택하는 첫 단계부터 각종 병충해로부터 식물을 보호하는 방법에 이르기까지 최대한 많은 정보를 압축해 적을 것이다. 이 책을 읽는 사람들이 실내식물이 필요로 하는 환경과 가꾸기에 대한 정보를 잘 활용해 자신의 반려식물을 훌륭하게 키울 수 있기를 바란다.

1) 순화

순화(Acclimatization)란 식물이 빛, 온도, 바람 같은 환경적 요인들에 점진적으로 적응해가는 과정이다. 식물은 갑작스러운 변화보다는 점진적인 변화에 더 잘 적응하게 되어 있다. 봄에는 실외에 두고 가을에는 실내로 들여 환경이 변하게 되는 식물은 빛, 온도, 바람의 변화에 적응하는 과정이 필요하다.

2) 닦아주기

규칙적으로 손질해주는 것 말고도 식물의 모양새를 좋게 하는 가장 좋은 방법은 식물의 깨끗한 상태를 유지해 주는 것이다. 식물이 증산작용을 통해 공기 중의 먼지를 여과하는 기능을 하고 있지만 스스로 움직이는 힘이 없기 때문에 다른 실내 물건들처럼 잎에 먼지가 쌓일 수밖에 없다. 먼지를 제거해 주는 것만으로도 식물의 광합성과 증산작용에 도움이 된다. 상품화된 식물용 왁스는 잎이 아주 반짝반짝하게 닦이기는 하지만 식물의 기공을 막아 증산작용을 방해하기도 한다. 때문에 상품화된 왁스를 사용하기보다는 물과 우유를 반반씩 섞어 닦아주면 자연스럽게 빛나는 광을 유지할 수 있다.

식물을 닦아준 후에는 마를 때까지 기다려 비눗물을 묻힌 천으로 화분의 더러움과 손자국을 닦아내 준다. 이때 배수판도 함께 닦아 주는 것이 마지막 단계이다.

3) 손질하기

식물이 항상 보기 좋은 모습을 유지하려면 일반적인 상황도 점검하면서 2~3주에 한 번씩 오래된 잎들을 떼어 주어야 한다. 이런 식물 손질하기는 식물이 더 보기 좋게 보이도록 하면서 동시에 식물의 건강에 해로운 것들을 예방하는 역할도 수행한다. 떨어지는 잎을 손가락으로 떼어 낼 수도 있지만 조그만 가위를 사용하면 보다 깨끗하게 잘라낼 수 있고 잎을 떼어내다가 줄기가 비틀어지는 것도 방지할 수 있다.

4) 건강 예찰

시들거나 노랗게 변한 잎을 떼어낼 때에는 혹시 병충해에 걸리지 않았는지 주의 깊게 살펴보아야 한다. 둥글거나 후광 모양인 잎의 반점은 곰팡이병 때문이지만 해충은 잎의 뒷면에 숨어있는 경우가 많다. 가지 전체에 해충 문제가 있다고 판단되면 서둘러 잘라내는 것이 좋다. 해충에 감염된 잎은 결코 다시 활기를 되찾을 수 없으므로 남겨둘 경우 다른 잎까지 감염시킬 우려가 있다. 화분 흙 위에 떨어진 시든 잎은 해충의 은신처가 될 수 있으므로 없애도록 한다.

시든 잎을 잘라내기 위해 절대로 식물을 강하게 잡아당기지 말고 작은 가위를 사용하는 것이 좋다.

5) 예방 조치

식물에서 잎이 떨어지는 것은 대부분 해충 때문이 아니다. 오래된 잎을 보내고 새로운 잎을 만들어 내기 위한 자연스러운 성장의 과정인 경우가 많다. 공기순환, 햇빛 노출 등의 환경적 요인을 통해 이러한 과정을 도와줄 수 있다. 새 잎이 돋은 식물은 건강할 뿐만 아니라 겉모습 또한 한결 보기 좋아질 것이다. 밑둥의 잎을 대부분 떨궈내 모습이 흉해진 식물은 번식을 준비하거나 나중에 폐기한다.

6) 실내식물 옮기기

집으로 식물을 옮기면서 식물에 깊은 상처를 입힐 수 있으므로 새로 들여놓은 식물은 세심하게 보살펴야 한다. 이동하기 몇 주 전에 트럭으로 온실에서 화원으로 옮겨지며 이미 급격한 온도와 습도의 변화로 인한 스트레스에 노출되어 있는 상태다. 가능하다면 팔기 위해 전시된 장소에 잘 적응하고 있는 것으로 보이는 식물을 선택하도록 한다. 이런 식물은 보통 겉으로만 봐도 표가 난다. 식물이 전시되어 적응하고 있던 곳의 빛과 온도를 확인해서 자신의 집이나 사무실에 비슷한 장소가 있는지 찾아보는 것이 좋다. 새로 들인 식물은 2~3주 정도 다른 식물들과 격리해야 한다. 그 정도 기간이면 잎 뒤에 숨어있던 해충이 모습을 드러내기에 충분한 시간이기 때문이다. 마음이 급해 서둘러 새로운 자리로 옮기고 싶다면 해충이 있는지 자세하게 검사해야 한다.

시트러스나 히비스커스처럼 매우 큰 식물을 옮길 때는 엄청난 무게 때문에 조심해야 한다. 아주 조금만 이동한다면 화분을 비스듬하게 기울여서 새로운 장소까지 굴릴 수도 있다. 그러나 조금 멀리 옮겨야 할 때, 특히 위층·아래층으로 옮길 때는 카트나 작은 손수레를 이용해야만 한다. 흙이 말라 있으면 옮길 때 무게를 약간 줄일 수 있다. 폭이 넓은 식물을 좁은 출입구로 옮겨야 할 때는 기울여서 바닥을 통해서 옮기면 가지가 덜 상한다.

7) 실내-야외 실내식물

그늘진 돌담 위는 여름을 야외에서 보내는 식물에게 여름 리조트다. 많은 실내식물이 여름에는 실외에서 보내는 것을 좋아하는데, 따뜻한 온도와 풍부한 빛이 계절에 따른 성장을 하는데 도움이 되기 때문이다. 실내에서 실외로 식물을 이동할 때는 빛이 증가하는 것에 점진적으로 순응하도록 만드는 것이 중요하다. 부분적으로 햇빛이 드는 장소로 옮기기 전에 적어도 일주일은 아주 그늘진 곳에 식물을 놓아둔다. 여름에는 식물을 그늘에 두어야 하는 경우가 많은데, 이는 실외에 있는 그늘조차도 실내 공간보다 더 밝기 때문이다. 그러나 꽃이 피는 식물(예를 들어 히비스커스와 미니장미)은 매우 강한 여름 햇빛이 있어야 꽃을 활짝 피운다. 이런 식물을 실내에서 야외로 옮길 때는 최대한 서서히 점진적으로 진행해야 한다. 손수레나 바퀴 달린 카트를 이용하면 시간과 노력을 절약할 수 있다.

실외에 식물이 있을 곳을 정하려면 바람을 피할 수 있는 장소를 찾는 것이 좋다. 실내식물은 잔잔한 공기에 익숙해져 있어서 강하게 휘감기는 바람은 식물에 심각한 피해를 가져올 수 있기 때문이다. 위에 차양막이 있는 데크나 파티오는 사방이 개방된 곳보다 실내식물을 두기에 적합한 장소이다. 비를 맞는 곳에 식물을 놓아둔다면 폭우에 대비하여 배수 트레이를 확인하고 고여있는 물을 모두 쏟아버려야 한다.

실외로 옮겨뒀던 식물을 다시 집안으로 들여놓기 전에도 반대의 경우와 마찬가지로 매우 그늘진 장소에 일주일 정도 놓아두어야 한다.

식물마다 좋아하는 계절이 다르다. 열대식물은 밤 기온이 13C 이하로 내려가기 전에 집안으로 들여놓는 것이 좋다. 반대로 아잘레아, 게발선인장, 칼랑코에 같은 식물은 낮이 짧은 찬 가을에 실외에 두는 것이 도움이 된다. 구근식물은 꽃을 피우기 위해 찬 겨울에 실외에 내보내야 하는 유일한 실내식물이다.

갑자기 날씨가 추워져 식물을 급히 실내로 들여놓을 때도 잘 대비하고 있어야 한다. 어떤 식물들은 실외의 따뜻함과 습기로 급성장하여 분갈이가 필요할 수도 있다.

식물을 실내로 옮겨 놓거나, 아니면 단지 한 장소에서 다른 장소로 위치만 바꾸었어도 물주기를 조정해야 한다. 식물을 이동시킨 다음에는 물주기를 줄여야 하는데, 이는 뿌리가 너무 많은 물에 젖어있는 것보다는 약간 말라있는 것이 식물에 더 좋기 때문이다. 잎 색깔이 좋고 다시 성장하는 모습을 보이면 식물이 필요한 조치를 다 받고 새 장소에 잘 적응하고 있다는 증거다.

8) 식물을 실내로 옮기기 전에 해야 할일
① 뿌리 살피기
뿌리 근처에 지렁이, 집게벌레, 쥐며느리, 개미 등의 은신처를 찾아본다. 육안으로 살펴보기 위해 식물을 화분에서 빼낼 수 없다면 화분 통째로 약한 살충제 액을 채운 통에 2시간 정도 뿌리가 잠기도록 한다.

② 잎과 줄기 살피기
진드기나 진딧물, 깍지벌레나 다른 작은 해충이 있는지 찾아본다. 식물을 실내로 옮기기 전에 살충제를 처리하면 좋다.

③ 화분 가장자리와 흙 표면 살피기
화분 가장자리 안쪽과 흙 표면에 하얀 소금 얼룩 자국을 찾아본다. 만약 한 달 이상 염류를 침출시키는 과정을 시행하지 않았다면 실내로 옮기기 전에 시행해야 한다.

④ 세척
화분 바깥쪽을 문지르고 닦아서 먼지나 얼룩을 제거하고 배수 트레이도 씻어낸다.

9) 실내식물 세척
관엽식물은 물을 부드럽게 분무해 주는 것만으로도 깨끗해진다. 여름에는 식물을 실외의 그늘진 곳으로 옮기고 스프레이로 구석구석 고르게 분무해 주는 것이 손쉬운 방법이다(만약 많은 염류를 걸러내야 한다면 두 가지 작업이 동시에 이루어져야 한다). 흙이 묻어 많이 더럽다면 부드럽게 하여 떼어내기 위해 처음 물을 뿌리고 10분쯤 지나서 다시 한번 분무해 주는 것이 좋다. 물에 살살 흔들어 세척한 후 원래 있던 장소로 다시 가져다 놓기 전에 직사광선을 피할 수 있는 곳에서 건조하는 작업이 필요하다.

식물을 집안에서 세척해야 할 때는 샤워실이나, 욕조, 싱크대에 두고 분무해 준다. 샤워기로 바로 물을 뿌리는 것은 식물을 상하게 할 수도 있으므로 분무기를 사용하는 것이 좋다.

1ℓ의 물에 몇 방울의 주방세제를 넣어 뿌리면 진흙이 부드러워져 쉽게 씻어낼 수 있다. 작은 물방울도 털어내고 본래 있던 자리로 돌려놓기 전에 미온수로 식물을 잘 닦아 주어야 한다.

잎이 무성한 관엽식물을 세척할 때는 화분과 흙을 비닐봉지로 밀봉 후 따뜻한 물이 담긴 그릇 안에서 흔들어 주면 좋다. 이때 물에 몇 방울의 주방세제를 떨어뜨리면 더러움을 쉽게 제거할 수 있다.

양치류나 잎에 털이 난 다른 식물은 먼지가 많이 달라붙어서 따뜻한 비눗물에 담그고 싶을 수도 있다. 이때 주위가 더러워지는 것을 피하려면 화기와 식물의 밑둥을 비닐봉지로 단단히 봉한다. 약간의 주방세제를 떨어뜨린 미지근한 물에 깊숙이 담근 후 식물의 위와 아래를 단단히 잡고 흔든다. 밝은 곳으로 옮기기 전에 물방울이 떨어지지 않게 식물을 건조시켜 주어야 한다.

① 잎에 털이 많은 식물

아프리칸 바이올렛 등의 털이 많은 잎을 가진 식물은 먼지나 부스러기들을 털어내기 위해 물에 담그거나 부드러운 미술붓을 사용한다. 그런 식물들은 잎의 물방울을 털어내지 않아 잎이 젖어있는 상태에서 직사광선 아래 두면 잎에 반점이 생긴다. 세척 후 여분의 물기를 털어내고 선풍기를 약하게 틀어주면 공기가 순환되어 빨리 건조시킬 수 있다.

② 선인장

선인장을 세척할 때는 일단 물을 분무하고 그래도 남아있는 진흙이나 먼지는 면봉을 이용해서 제거해 주어야 한다.

③ 잎이 큰 식물

비록 시간이 좀 걸리더라도 잎이 큰 식물을 세척할 때는 한 번에 잎 하나씩을 일일이 손으로 닦아주는 것이 가장 좋은 방법이다. 한 손으로는 잎의 밑부분을 받치고 다른 손으로는 부드러운 천이나 스펀지를 쥔 채 따뜻한 비눗물 한 양동이를 사용하여 잎의 표면을 닦아 준다. 잎의 양쪽 면을 모두 닦아야 한다. 진흙이나 먼지뿐 아니라 잎의 뒷면에서 작은 거미나 작은 벌레들을 찾아낼 수도 있다. 서두르지 마라. 이것은 허드렛일이지만 놀라운 결과를 가져다줄 수 있는 재미있는 일이다. 과학자들에 따르면 식물과 식물주인 사이의 친밀한 접촉은 양쪽 모두에게 이득이 되는 일이다. 벌레 없애는 일을 부드럽고 꼼꼼하게 하다 보면 내뱉는 숨 때문에 식물에 필요한 이산화탄소도 풍부해진다.

10) 지주대 설치와 정지

심은 지 얼마 되지 않는 식물은 뿌리가 튼튼하게 받쳐질 수 있을 때까지 똑바로 식물을 잡아줄 수 있는 지주대가 필요하다. 지주대는 식물이 넘어지지 않도록 지지해주는 일시적인 버팀대로 사용할 수도 있지만, 덩굴식물에게는 영구적인 부착물이다. 또한 식물의 모양을 바꾸고 싶을 때에도 지주대와 정지를 사용할 수 있다. 예를 들면 토피어리는 지주대의 모양대로 만들기 위해 식물을 정지하는데, 지주대는 보통 이끼로 가득 채워진 와이어 형태이다. 몇몇 식물은 스텐다드라고 하는 나무 형태로 자라도록 정지되는데, 이 식물들은 공통적으로 꼭대기에 잎이 무성하고 아래가 가늘고 위로 향하는 원줄기를 가지고 있다.

일상적인 가지치기와 손질만으로도 식물을 충분히 훌륭한 모습으로 유지할 수 있으므로 굳이 정지하지 않아도 된다. 그러나 어저귀나 포도나무같이 기둥을 타고 자라는 것을 좋아하는 식물은 정지하는 것이 강하고 똑바른 모양을 가지게 만드는 가장 좋은 방법이다. 인테리어적인 측면에서도 다른 식물 모양과 아름답게 어우러져 다방면으로 유용하다.

① 간단한 지주대 설치

식물이 쓰러지는 경우는 빛이 너무 많거나 너무 적어서 일 경우도 있고, 식물을 위로 단단히 받쳐줄 만한 충분한 뿌리가 없는 상태에서 분갈이가 이루어졌을 경우도 있다. 어떤 경우든 수 주 동안 지주대에 잡아매어 놓으면 좋아질 것이다. 어느 종류의 지주대이든 그 기능을 할 수 있을 것이다. 조금만 지지해주어도 될 경우에는 하나의 지주대만으로 충분하다. 지주대를 사용할 경우에는 부드러운 줄이나 트위스트 타이, 혹은 커다란 종이 클립을 사용하여 지주대와 식물 주위를 S자 고리 모양으로 되도록 느슨하게 묶어 식물이 상하지 않도록 한다. 꽉 붙잡아 매면 줄기를 조이므로 느슨하게 묶는 것이 단단히 매는 것보다 좋다. 식물에 느슨하게 묶어 지주대를 하나 세워주면 식물이 빠르게 자세를 바꿀 것이다. 가능하다면 분갈이할 때 과정 중 하나로 지주대를 세워주는 것이 좋다.

흐느적거리는 몇 개의 줄기를 가진 식물은 화분의 가장자리 안쪽에 몇 개의 가느다란 지주대를 꽂아 놓고 이것들을 줄, 실, 철사 등으로 함께 엮어 우리 모양으로 만들어서 식물을 붙잡아 매면 좋다. 그러나 분갈이 후 몇 주 정도 이런 지주대면 충분했던 식물을 계속해서 지지해주어야만 하는 경우가 생길 수도 있다. 행잉 바스켓에 폭포처럼 늘어지도록 하면 보기 좋을 수도 있다.

흐느적거리는 식물은 분갈이 후 화분 가장자리 안쪽에 몇 개의 지주를 밀어 넣고 함께 묶어 임시로 우리처럼 만들어 지지해줄 수도 있다.

자스민같은 식물은 위쪽에 황마나 철사로 묶은 간단한 대나무 삼각지주를 만들어 주면 이것들 주위를 휘감아 잘 자란다. 또는 굵은 철사로 후프를 만들어 철사의 양쪽 끝을 화분 안으로 밀어 넣거나, 지름이 1.5cm 보다 작은 휘기 쉬운 어린나무를 사용하여 감겨 자라는 식물을 위한 격자 구조물을 만들어 주면 좋다.

감겨 자라는 식물은 지주대를 기어오르거나 이끼로 채운 토피어리 폼에 감기 위해 약간의 도움이 필요하다.

스킨답서스, 필로데드론, 아이비, 팻츠헤데라 같은 식물은 습기를 품고 있는 보조물질을 제공하면 튼튼한 기근으로 천천히 자신을 고정시킬 수가 있다. 이는 이런 식물들이 습기를 품고 있는 보조물질에 반응하여 왕성하게 기근을 만들어 내기 때문이다. 습기를 품고 있는 오스먼다 포스트나 이끼를 채운 철사 포스트가 화원에서 많이 사용된다.

기근을 포스트에 부착시키는 식물들은 종종 도움이 필요한 경우도 있다. 테이프나 와이어로 고정하고 뿌리가 포스트에 부착될 수 있도록 습기를 제공한다.

지주대, 격자 구조물, 포스트는 덩굴식물에게는 영원히 한 부분이 될 것이므로 정지를 되도록 빨리 시작하는 것이 좋다. 화분 중앙에서 약간 옆으로 포스트를 설치하고 철사나 플로랄 테잎을 사용하여 식물과 부착시킨다. 30cm 이상 큰 식물은 몇 군데 붙여야 한다. 기근은 마디에서 나오기 쉽기 때문에 줄기와 포스트를 밀착하도록 붙이는 것이 좋다. 며칠에 한 번씩 붙인 부분에 물을 주면 기근이 더 잘 자랄 수 있다.

원줄기에 처음 부착한 것이 완성되면, 새로운 옆 줄기가 나타날 것이다. 이것들을 끝에서 가지치기해서 짧게 할 수도 있고, 포스트에서 안전하게 보호할 수도 있다. 식물 꼭대기에서 나오는 옆 줄기는 식물 윗부분이 무거워지는 원인이 될 수 있다. 식물이 넘어지지 않게 하려면 꼭대기를 자르거나 옆 줄기를 전부 잘라내야 한다. 일반적으로 덩굴식물이나 감아 자라는 식물은 식물의 모든 부분이 골고루 풍부한 햇빛을 받을 수 있도록 피라미드 모양으로 가지치기하고 정지한다.

② **가지다듬기**

식물을 보기 좋게 하거나 새로운 성장을 통해 활기를 띠게 하려면 죽거나 볼품없는 가지를 없애서 가지다듬기를 해주는 것이 좋다. 가벼운 가지다듬기는 일 년 중 언제라도 할 수 있지만, 식물이 활발하게 성장하고 있을 때가 가지다듬기에 가장 좋은 시기이다.

가지다듬기는 가위(혹은 그밖에 같은 역할을 하는 도구)를 사용하기 전에 식물의 모양에 대해 생각해 보고, 어디에서 어떻게 새롭게 자라면 좋을지 결정할 시간을 가져야 한다. 많은 식물이 줄기나 가지 끝에서 새로운 성장이 일어난다. 줄기 끝에 있는 것은 정아라 한다. 좀 더 아래쪽 줄기의 마디에 위치한 것은 측아이다. 특별한 상황이 아니면 정아는 줄기 아래의 측아에게 휴식상태로 있으라는 화학신호를 보낸다. 그러나 가지치기를 하게 되면 정아의 신호가 끊어지게 되고 곧바로 측아가 정아를 대신해 행동에 들어가 자라기 시작한다. 가지다듬기를 할 때는 측아에서 새로운 줄기가 나올 수 있도록 마디 바로 위를 잘라야 한다. 이것을 염두에 두고 마디나 가지 교차점으로부터 1~1.5cm 위를 잘라준다.

가지다듬기

식물이 수풀을 이루고 풍성해 보이도록 하려면 어떤 가지는 되도록 줄기에 가깝게 자르고, 다른 가지들은 좀 길게 자르는 것이 좋다. 제라늄이나 아이비는 봄에 다소 과감한 가지다듬기를 해도 잘 견디지만 그렇다고 해서 너무 심하게 가지다듬기를 하면 견뎌내기 힘들다.

그보다는 멋진 모습을 유지할 수 있도록 가볍게 자주 가지다듬기를 하고, 꽃이 피는 식물이라면 오래된 꽃도 가볍게 잘라 준다. 식물은 꽃이 지기 시작하면 바로 꽃을 잘라주어야 새롭게 다시 꽃이 핀다. 새롭게 꽃을 피우는 것이 어렵다면 손질된 식물은 새로운 잎을 만들어내는 쪽으로 방향을 바꿀 것이다.

아라우카리아나 대부분의 야자나무는 측아가 없어서 꼭대기 부분을 가지다듬기를 할 수 없다. 이런 식물은 따로 가지치기할 필요 없이 화기를 작게 유지해 식물의 크기를 조절해주면서 보기 싫은 오래된 잎만 제거해 주면 된다. 식물이 너무 크게 자라면 식물에 충분한 공간을 제공해 줄 수 있는 새로운 장소를 찾아 주도록 한다.

많은 사람들이 분갈이하기 바로 직전이나 세척하기 전에 가지다듬기를 한다. 가지다듬기를 한 식물은 적어진 잎 때문에 물도 적게 필요로 하므로 물주기를 할 때 조심해야 한다. 필요할 때 다시 쓸 수 있도록 가지다듬기용 큰 가위나 식물용 가위를 깨끗이 씻어두는 것으로 가지다듬기를 마무리한다.

③ 가지다듬기에서 번식까지

중간 정도에서 심한 가지다듬기까지 잘 버텨내는 식물들은 줄기꽂이를 통해 쉽게 번식된다. 이런 식물들은 줄기꽂이를 할 경우 두 가지 이익을 얻게 된다. 모양 좋게 다시 살아난 원래의 식물과 몇 개의 건강한 새끼 식물을 모두 얻을 수 있게 되는 것이다.

실내식물 키우기

7
실내식물 즐기기

1. 실내정원

식물을 사용하여 실내를 좀 더 기분 좋게 보이고 느끼도록 하는 것을 실내정원이라 한다. 실내정원을 꾸밀 때는 식물을 식물의 필요에 가장 적합한 장소에 놓아둘지 아니면 디자인적인 욕구를 만족시키는 장소에 놓을지 선택하는 것은 항상 갈등되는 일이다. 식물을 특정 인테리어 스타일에 맞추어 이용하려 할 수도 있다. 선인장과 다육식물은 건조한 환경에 잘 어울리고, 아프리칸 바이올렛 꽃은 빅토리안 스타일처럼 화려한 매력이 있다. 관엽식물은 현대의 딱딱한 인테리어에 따뜻함을 불러온다. 어떤 스타일의 인테리어이든지 식물은 놓여 있는 장소에서 자연스럽게 주목을 끌어 공간에 편안함을 불어넣어 주는 중심이 된다. 또한 방에 배치된 식물은 날카로운 귀퉁이를 부드럽게 보이도록 만들어줘 방이 갑갑한 박스처럼 보이는 것을 막아준다. 다소 차갑고 메마르게 보이는 집과 사무실에 살아있는 식물로 인테리어를 하면 기분 좋은 따뜻함을 느낄 수 있을 것이다. 인테리어 장식을 보완할 수 있는 용기는 색깔과 스타일이 너무나 다양하기 때문에 우선은 공간의 전체적인 분위기를 잘 살펴야 한다.

아이디어를 구체화할 때는 어떻게 방과 연결시킬지에 대해서 생각해보는 것이 좋다. 빛이 들어오는 반대편에 식물이 보이도록 하는 것도 고려해 보자. 방향마다 드는 빛의 분위기나 종류도 다르다. 남쪽이나 서쪽에 있는 창문 근처는 빛이 항상 풍부하고 북쪽이나 동쪽 창문으로는 부드러운 빛이 들어온다. 최선의 실내정원은 약간의 유연성이 필요하다. 식물의 위치를 여기저기로 바꾸어보며 식물에게 필요한 빛을 쏘일 수 있는 기회를 주어야 한다. 꽃이 피는 식물은 한창 꽃이 필때 가장 빛이 잘 드는 곳에 놓아 둔다.

창문이나 머리 위에 매달린 조명의 빛이 닿는 범위 내에서 식물의 위치를 결정할 수 있다. 가구의 위치 역시 식물의 위치를 결정하는 중요한 요소다. 어떤 가구는 식물의 모양과 특히 잘 어울린다. 위에서 바라보면 매력적으로 보이는 작은 식물은 탁자 위가 가장 좋고, 폭포 모양의 식물이나 덩굴식물은 큰 벽로 선반, 벽장, 파일 캐비넷 위에 두는 것이 좋다. 긴 소파 옆에 큰 수직의 식물을 두면 좀 더 안정적으로 보인다. 바닥 면이 한정되어 있으므로 벽에 선반을 설치하거나, 빛이 잘 드는 장소에 식물을 매다는 것도 좋은 방법이다. 보조등을 설치한 선반을 달면, 어두운 방에 오아시스가 만들어질 것이다. 인테리어 관점에서 보면, 빛이 밝게 비추는 예쁜 식물이 놓인 선반은 하나의 예술작품이다.

밝은 창문은 다양한 색과 질감을 가진 식물을 전시하는 무대가 된다.   스킨답서스

잉글리쉬 아이비, 스킨답서스, 필로덴드론 같이 폭포 모양으로 자라는 식물은 테이블, 벽난로, 큰 찬장, 파일 캐비넷의 끝에 걸쳐놓고 키운다.

1) 실내정원의 기본

실외정원과 마찬가지로 모든 실내정원은 유일한 것이다. 식물이 놓인 자리에 어울려 보이도록 실내식물을 배치하고 정돈하는 몇 가지 방법이 있다.

① 출입구

식물이 놓일 가장 좋은 장소 중 하나는 바로 빛이 들어오는 입구에서 가장 가까운 곳이다. 입구에 식물을 두면 식물이 자연스럽게 실외에서 실내로 들어오는 길의 안내자가 되어준다. 사람들의 왕래가 잦은 곳이니만큼 생명력이 강한 식물을 키우는 것이 좋다.

출입구

② 잘 어울리는 배치

여러 종류의 식물을 배치할 때는 한 번에 세 개나 다섯 개씩 모아서 가장 큰 식물은 작은 식물의 뒤나 옆에 두어 정렬하면 가장 보기 좋다. 이것이 각기 다른 색과 질감을 가진 여러 식물을 가장 잘 이용하는 방법이다.

③ 작은 풍경

공간 속에서 하나의 식물만 덩그러니 있을 경우에는 눈에 띄지 않을 확률이 높기 때문에 여러 개를 모아서 놓아둔다. 예를 들자면, 같은 장소에 서로 어울리는 두세 개의 식물을 함께 심어두면 강한 인상을 줄 수 있다. 종류는 다르지만 크기가 비슷한 식물들로 창가의 화단을 채우면 숲에 온 것 같은 느낌을 줄 수 있다. 이때 식물은 하나의 화분이 아니라 각각의 화분에 심겨 있어야 한다.

④ 반복

식물을 두는 일에 정답은 없지만, 대부분의 경우 세 개나 그 이상의 식물이 균형 있게 잘 배치되어 있으면 가장 안정적으로 보인다. 이렇게 서로 다른 식물 여러 개를 한 곳에 모아 놓을 때는 한 종류의 용기로 통일하는 것이 도움이 된다. 색이나 질감을 통일하는 것이다.

⑤ 프레임

식물을 창문으로부터 보이는 하나의 프레임으로 이용할 수도 있고 방 안에 있는 안락의자나 다른 가구를 강조하기 위해 이용할 수도 있다. 사무실에서 앉은 자리 뒤에 매력적인 식물을 두어 자신이 프레임이 될 수도 있다. 그러면 맞은편에 앉은 사람의 입장에서도 작은 풍경을 즐길 수 있게 된다. 식물은 항상 온몸을 푸르게 물들여 부드럽게 자신을 좀 보라고 말을 건네고 있다.

⑥ 초점

꽃이 피는 식물, 다채로운 잎을 가진 식물은 가깝게 보이는 곳에 두어 돋보이게 한다. 같은 방법으로 싱싱한 꽃을 꽂은 화병을 이용할 수도 있다. 그러나 도를 넘는 것은 언제나 주의해야 한다. 한 번에 보여지는 식물의 수를 제한하고 밋밋한 화기를 사용해 색이나 잎이 너무 복잡해 보이지 않도록 한다.

⑦ 장식

탁자 위 식물들은 작은 조각상, 초, 과일 그릇 등과 함께 놓아두면 좀 더 정성 들여 꾸민 것으로 보인다. 색이나 질감을 좀 더 다양하게 하면 장식적인 효과가 완벽해질 수 있다. 좁은 통로에서는 거울을 사용하면 식물의 존재감을 최대화할 수 있다.

⑧ 시야 넓히기

식물이 예술적으로 전시되고 있는 장소에 가보면 좀 더 많은 인테리어 아이디어를 얻을 수 있다. 사실 시야를 넓히는 과정은 자동적으로 이루어진다. 일단 실내식물에 관심을 갖게 된 사람은 쇼핑몰, 공항, 호텔 로비, 화원, 카페, 다른 사람의 집이나 사무실 등 어디에 가더라도 자연스럽게 식물에 주목하기 때문이다. 흔히 우리는 식물이 어디에서 어떻게 자랄지 결정할 수 있기 때문에 식물을 지배하고 있다고 착각한다. 그러나 식물 역시 아름답고 건강하게 자라는 과정에서 항상 우리의 시선을 끌어 행동을 통제하고 관리하는 것이다. 실내정원의 가장 놀라운 점은 식물이 스스로 필요로 하는 것을 온몸으로 표현해 자신에게 관심이 있는 사람으로부터 받아낸다는 것이다. 반대로 식물은 우리에게 신선한 공기를 주고, 기운을 북돋워 주고, 행복한 마음을 준다. 그러므로 식물을 키우는 일은 누군가가 지배권을 갖고 있는 관계가 아니라 공정한 거래인 셈이다.

삼각형은 언제나 식물의 위치를 정할 때 좋은 가이드라인이다. 디시가든에 장식물을 조금 더하면 디시가든의 주제를 보다 명확하게 보여 줄 수 있다. 꽃이 피는 식물은 함께 모아두면 미니 실내정원이 된다.

2) 회사에서 식물 활용하기

마케팅 조사에 따르면 건강한 식물은 사람들로 하여금 사업이 훌륭하고 번창하고 있다고 느끼게 만들어 준다고 한다. 점점 더 많은 회사에서 사무공간을 식물로 장식하고 있다. 대도시에서는 상업적으로 실내정원을 디자인하고 설치하고 유지하는 전문적인 회사를 쉽게 찾을 수 있고 아니면 본인 스스로 시도해볼 수도 있다. 예산이 한정되어 있다면 전체 사무실을 새로 설비하는 것보다 적은 비용으로 식물을 이용하여 사무실을 다시 꾸며보는 것도 좋다. 이때 염두에 두어야 할 몇 가지 사항이 있다.

① 밝은 가게 전면창

가게 전면의 창에는 많은 햇빛을 받고 자란 식물이 좋다. 대형 관엽식물로 분류되어 팔리는 많은 식물은 빛을 적게 받는데 순응해 왔기 때문에 종류가 양지식물이더라도 증가된 빛의 밝기에 적응하려면 수 주 이상 걸릴 수 있다.

② 책임감
식물을 돌보는 것은 귀중한 시간을 필요로 하므로 식물 돌보기에 책임을 가지는 사람을 담당자로 정해 두는 것이 좋다.

③ 건강해 보이는 모습
힘들어 보이는 식물은 건강해 보이는 식물로 대체해라. 스트레스 받거나 아파 보이는 식물은 차라리 없는 것이 낫다. 원하는 사람이 있거든 줘버리도록 한다.

④ 실내정원 전문 회사
식물로 꾸며야 하는 공간이 넓다면 전문적인 회사의 서비스를 받을 수 있도록 최소한의 예산을 확보하도록 한다.

2. 실내식물 가꾸기
식물생육에 적합한 장소

대부분의 실내공간은 온대나 한대지방의 식물을 기르기에는 적합하지 않아 보통은 열대지방이나 아열대 지방이 원산지인 식물들을 기르고 있다. 이러한 식물들은 높은 온도와 공중습도를 좋아하고 빛이 부족한 곳에서도 잘 견디는 특징을 가지고 있다. 또한 종류가 매우 많고 자라는 환경도 다양하기 때문에 식물 종류별로 알맞은 환경에서 기르는 것이 필요하다. 원산지가 외국인 실내식물을 잘 기르려면 식물의 생육조건에 가장 적합한 장소를 찾아 주는 것이 가장 중요하다고 할 수 있다. 식물들은 오랜 세월 자생지의 환경에 적응하면서 살아왔기 때문에 원산지가 아닌 다른 기후 조건에서 건강하게 자라기는 쉽지 않다. 따라서 우리가 실내에서 식물을 기를 때 식물의 원산지 생육환경을 알고 그 환경과 가장 알맞은 환경을 찾아서 가꾸는 것이 가장 좋은 방법이다.

1) 빛의 세기에 따른 관엽식물 종류

① 햇빛이 잘 드는 곳(3000~5000Lux) : 벤자민고무나무, 켄차야자, 유카 등

보통명	벤자민고무나무	과명	뽕나무과
학명	*Ficus benjamina*		

생육특성 : 대표적인 관엽식물로 실내 환경에서 잘 자라고 실내 분위기를 부드럽게 해준다. 비옥한 토양에 심고 토양이 말랐을 때 물을 준다.

F. benjamina 'Star Light'

보통명	켄차야자	과명	야자과
학명	*Howea forsterana*		

생육특성 : 원래는 대형 야자식물로 자생지에서는 상가나 빌딩의 실내용 식물로 식재하여 이용하였으나, 근래에는 중대형 화분에 식재하여 실내용 관엽식물로 이용하고 있다. 생장이 느리고 어두운 실내에서 잘 자란다. 배수가 잘되는 토양에 식재하고, 너무 건조하거나 과습하지 않게 관리해 준다.

보통명	유카	과명	용설란과
학명	*Yucca elephantipes*		

생육특성 : 환경이 좋지 않은 곳에서도 잘 자란다. 노지의 양지에서 재배하면 좋지만 어두운 실내에서도 잘 견딘다.

7. 실내식물 즐기기

② **밝은 곳(2000Lux 이상) :** 알로카시아, 칼라디움, 드라세나, 공작야자, 크로톤, 소철, 네프롤네피스 등

보통명	알로카시아	과명	천남성과
학명	*Alocasia x amazonica*		

생육특성 : 열대 아시아 원산의 실내 관엽식물이다. 20℃ 이상에서 재배하여야 생육이 정상적으로 되고 아름다운 잎을 유지할 수 있다. 저온에 약한 식물로 온도만 유지해 주면 유지관리에 어려운 점은 없는 식물이다.

보통명	칼라디움	과명	천남성과
학명	*Caladium* spp.		

생육특성 : 열대 아메리카 자생종의 교잡 품종으로 잎의 색이 화려하고 아름다운 관엽식물이다. 추위에 약하므로 겨울철 온도관리에 주의한다. 아름다운 잎색을 유지하기 위해서는 밝은 곳에서 재배한다.

보통명	드라세나	과명	용설란과
학명	*Dracaena concinna* 'Tricolor rainbow'		

생육특성 : 드라세나 속은 품종이 다양하고 많다. 환경이 좋지 않은 곳에서도 잘 자라서 실내 관엽식물로 많이 사랑받고 있다. 소형종으로 잎 전체에 붉은색과 노란색 띠가 퍼져 있어 녹색 부분이 거의 없는 품종이다. 소형 분화식물로 많이 이용되고 있다.

보통명	공작야자	과명	야자과
학명	*Caryota mitis*		

생육특성 : 동남아시아 원산의 관엽식물로 비교적 큰 실내에 이용되고 있다. 햇빛이 잘 드는 밝은 장소에서 잘 자라고 온도와 습도가 높은 곳을 좋아한다. 음지이거나 건조한 곳에서는 잎끝이 마르기도 한다.

보통명	크로톤	과명	대극과
학명	*Codiaeum variegatum* var. *pictum*		

생육특성 : 남부인도, 실론, 말레이시아 원산의 잎이 아름다운 관엽식물이다. 빛이 충분한 곳에서 재배해야 엽색이 선명해진다. 배수가 잘되는 혼합토가 좋으며, 높은 광도와 온도, 습도를 요구한다.

보통명	소철	과명	소철과
학명	*Cycas revoluta*		

생육특성 : 중국 및 일본 남부 원산의 겉씨식물이다. 식물체가 아주 강건해서 별다른 관리 없이도 잘 자란다. 유기질이 많은 양토가 좋으며, 토양이 너무 과습하지 않게 관리해 준다. 잎끝이 뾰족하여 찔릴 수 있어서 통로 부근보다 안쪽으로 식재하는 것이 좋다.

7. 실내식물 즐기기

보통명	네프롤네피스(보스톤 고사리)	과명	천남성과
학명	*Nephrolepis exaltata*		

생육특성 : 열대지방 원산의 소형 실내 관엽식물이다. 주로 공중걸이분으로 많이 이용한다. 습한 곳을 좋아하므로 건조하지 않게 관리해야 한다. 물관리만 잘해주면 실내에서 손쉽게 기를 수 있는 식물이다.

③ **반쯤 그늘진 곳(1000~2000Lux)** : 테이블야자, 군자란, 디펜바키아, 몬스테라, 안스리움, 싱고니움, 쉐프레라 등

보통명	테이블야자	과명	야자과
학명	*Chamaedorea elegans*		

생육특성 : 멕시코, 과테말라 원산의 소형 야자식물이다. 실내에서 잘 자라는 소형 관엽식물로 처음 식물을 기르는 사람이 기르기 좋은 식물이다. 배수가 잘되는 사질토양에 식재한다. 어두운 곳에서도 잘 자라지만 모양을 유지하기 위해서는 어느 정도 밝은 곳에서 기르는 것이 좋다.

보통명	군자란	과명	수선화과
학명	*Clivia miniata*		

생육특성 : 원산지는 남아프리카다. 꽃과 포기 전체의 자태가 아름다운 실내식물이다. 군자란이라는 이름 때문에 난과 식물로 오해하는 경우가 많으나 그렇지 않다. 겨울철 10℃ 이상 되는 온도에서 재배하고, 다소 건조하게 관리해 준다.

보통명	디펜바키아	과명	천남성과
학명	*Dieffenbachia amoena*		

생육특성 : 열대 아메리카 원산으로 대표적인 중형 관엽식물이다. 관리가 비교적 용이하지만 겨울철 온도관리에 주의해야 한다. 체내에 칼슘옥살레이트 결정이 있어 씹으면 일시적으로 심한 통증을 일으키기 때문에 어린이가 있는 장소에서는 주의한다.

보통명	몬스테라	과명	천남성과
학명	*Monstera deliciosa*		

생육특성 : 멕시코, 중앙아메리카 원산의 이국적인 큰 잎을 가진 덩굴성 관엽식물이다. 수변이나 넓은 실내에 시원한 경관을 연출할 수 있는 대형 식물로 겨울철 저온과 건조에만 주의하면 실내에서 재배하기 용이한 식물이다.

보통명	안스리움	과명	천남성과
학명	*Anthurium andraeanum*		

생육특성 : 열대아메리카 원산의 교잡 품종으로 포엽을 관상하는 실내 분화식물이다. 습도 유지가 가장 중요한 생육환경으로 항상 축축하게 유지하는 것이 좋다. 통기성과 보습성이 좋은 수태에 식재하고 건조하면 분무기로 잎에 자주 분무해 주는 것이 좋다.

7. 실내식물 즐기기

보통명	싱고니움	과명	천남성과
학명	*Syngonium podophyllum*		

생육특성 : 열대 아메리카 원산으로 화살촉 같은 모양의 잎이 아름다운 덩굴성 관엽식물이다. 토양을 건조하지 않고 습하게 관리하여 주고 겨울철 온도관리에 주의한다. 18°C 이상의 야간온도가 최적의 생육 온도이다.

보통명	쉐프레라	과명	두릅나무과
학명	*Schefflera arboricola* 'Hong Kong'		

생육특성 : 동남아시아 자생종의 원예품종으로 실내에서 많이 이용하는 관엽식물이다. 햇빛을 좋아하므로 밝은 곳에 두고, 겨울철 10°C 이상 유지해 주어야 한다. 관리할 때 고온다습한 환경을 유지해주는 것이 좋다.

④ **그늘진 곳(1000Lux 정도)** : 헤데라, 스파티필럼, 접란, 필로덴드론, 엽란, 팔손이 등

보통명	스파티필럼	과명	천남성과
학명	*Spathiphyllum* spp.		

생육특성 : 열대 아메리카 원산으로 실내정원에 많이 이용하는 관엽식물이다. 하얀 포엽을 오랫동안 관상할 수 있고, 낮은 습도와 음지에서도 잘 자란다. 배수가 잘되는 배양토에 식재하고 항상 수분을 유지해 주어야 한다. 겨울철에는 실내 온도를 12°C 이상으로 유지해야 한다.

보통명	헤데라(아이비)	과명	두릅나무과
학명	*Hedera helix*		

생육특성 : 유럽, 서아시아, 북아프리카 원산의 덩굴성 관엽식물이다. 다양한 모양과 무늬가 있는 품종들이 많이 개발되어 실내식물로 이용하고 있다. 유기물이 풍부한 배양토에 식재하는 것이 좋다. 통풍이 잘되고 시원한 곳을 좋아한다. 남부지방에서는 실외 정원용 지피식물로 이용된다.

보통명	접란	과명	백합과
학명	*Chlorophytum comosum* 'Vittatum'		

생육특성 : 남아프리카 원산. 잎이 부드러운 곡선으로 아름다워 실내에서 많이 기르는 관엽식물이다. 실내에서 기르기 쉬운 식물로 특별한 관리가 요구 되지 않는다. 겨울철 10℃ 정도의 온도에서도 잘 자라나 여름철 고온다습한 환경에서 잎이 시들고 생육이 좋지 않는 경우가 있으므로 여름철 관리에 주의한다.

보통명	필로덴드론	과명	천남성과
학명	*Philodendron selloum*		

생육특성 : 브라질 남부 원산의 실내 관엽식물이다. 배수가 잘되는 배양토와 따뜻하고 습한 환경에서 잘 자란다. 내한성도 비교적 강해 2℃ 정도의 저온까지 견딘다.

보통명	엽란	과명	백합과
학명	*Aspidistra elatior*		

생육특성 : 중국, 일본 원산으로 실내에서 잘 자라는 관엽식물이다. 유기물이 들어간 배양토에서 잘 자란다. 실내에서 특별한 관리 없이도 잘 자라는 실내식물로 쉽게 기를 수 있다.

보통명	팔손이	과명	두릅나무과
학명	*Fatsia japonica*		

생육특성 : 우리나라 남부지방 섬에 자생하는 상록관목류이다. 생장이 빠르고 추위에도 강해 베란다나 겨울철 난방을 하지 않는 실내에서도 재배할 수 있는 실내식물이다. 적당한 습윤상태를 유지해주는 것이 좋아 물을 충분히 주고 그런데도 건조하면 잎에 스프레이 해주는 것이 필요하다.

2) 온도에 따른 관엽식물 종류

① 높은 온도(10~15℃ 이상)에서 월동하는 종류 : 아글라오네마, 알로카시아, 안스리움, 아펠란드라, 고에프페르티아, 크로톤, 콜럼네아, 핏토니아, 네펜데스, 스킨답서스 등

아글라오네마 실버킹   알로카시아   안스리움

| 아펠란드라 | 고에프페르티아 마코야나 | 크로톤 |
| 콜럼네아 | 피토니아 | 스킨답서스 |

② 비교적 낮은 온도(5~10℃)에서 월동할 수 있는 종류 : 아디안텀, 에스키난더스, 아나나스, 공작야자, 테이블야자, 디펜바키아, 디지코데카, 드라세나, 고무나무, 구즈마니아, 켄차야자, 호야, 몬스테라, 네프롤네피스, 파키라, 페페로미아, 필로덴드론, 산세베리아, 스파티필럼, 싱고니움, 틸란디시아, 제브리나 등

아디안텀	에스키난더스	아나나스
공작야자	테이블야자	디펜바키아
디지코데카	드라세나 맛상게아나	수박 페페로미아

벤자민고무나무	 구즈마니아	 켄차야자
 호야	 몬스테라	 네프롤네피스
 파키라	 필로덴드론 라임	 산세베리아
 스파티필럼	 싱고니움	 틸란디시아

③ **낮은 온도(0~5℃)에서 월동 할 수 있는 종류 :** 아라우카리아, 알로에, 접란, 코르딜리네, 푸밀라, 고무나무, 헤데라, 훼닉스야자, 관음죽, 쉐프레라, 팔손이, 산호수 등

| 아라우카리아 | 알로에 | 접란 |

코르딜리네	푸미라	고무나무
쉐프레라	팔손이	산호수
헤데라	훼닉스야자	관음죽

3. 테라리움

1) 테라리움의 의의

　　테라리움(Terrarium)이란 라틴어의 Terra와 Arium의 합성어로, 'Tarra'는 land, soil, ground, earth를 뜻하며 'Arium'은 어항과 같은 유리 용기를 부르는 말이다. 다시 말하자면 오늘날의 테라리움은 어항과 같은 유리 용기 속에 흙을 넣고 화훼식물이나 관상이 될만한 식물을 심어서 아름답게 단장하여 관상할 수 있는 것을 말한다. 어렵게 생각할 것 없이 어원이 되는 단어 그대로 유리 용기 속의 정원이다. 테라리움은 그 디자인에 있어 무궁무진한 수법을 자아낼 수 있으며 분재나 축경식 정원 또는 분경(盆景 : dish garden) 등과 유사한 점이 있다. 단지 여기에 유리 용기를 사용하였다는 것이 테라리움의 특징이라 하겠다. 오늘날과 같이 현대문명이 발달하여 정서가 메마른 이 시대에 신선한 공기와 맑은 물, 푸른 들과 숲 같은 대자연을 갈망하는 도시민이 늘고 있다. 테라리움은 그런 욕구나 갈망을 시각적으로 다소나마 해결할 수 있는 하나의 좋은 취미가 될 수 있을 것이다.

테라리움의 기원은 19세기경으로 거슬러 올라간다. 산업혁명 이후 급속하게 진행된 공업화로 인해 영국 런던의 토지와 대기가 심각하게 오염되었고 이는 곧 정원의 화초나 식물들에게 상당한 피해를 주었다. 런던의 많은 시민들은 자연의 고갈과 식물의 죽음을 안타깝게 생각하게 되었다. 당시 영국왕립학회 회원이며 Linne학회 회원인 나다니엘 워드(Dr. Nathaniel Bagshaw Ward; 1791~1868)박사 역시 그 시민들 중 하나였다. 1829년 당시에는 나방이나 나비의 유충을 연구하는 것이 학계의 추세였고 워드박사 역시 번데기로부터 우화되는 상태를 흥미롭게 관찰하고 있었다. 그러던 중 그는 우연히 번데기를 유리 용기(desiccator) 속에 넣고 흙을 덮은 다음 금속덮개로 봉한 후 번데기의 우화상태를 관찰하였다. 관찰 결과, 워드박사 본인조차도 전혀 예상하지 못했던 일이 발생하게 되었다. 작은 식물이 종자로부터 발아되어 성장하고 있는 것이 발견된 것이다. 그 식물은 워드박사가 여러 번 정원에 재배를 시도하다 실패했던 식물이었다. 그는 그 실패의 원인이 대기오염이라는 확신을 갖게 되었다. 이후에도 그 식물은 아무런 관리도 받지 않고 4년간이나 잘 자랐다. 이 연구를 바탕으로 워드박사는 유리 용기 속에 종려와 양치식물, 이끼, 선인장 같은 관상식물을 심어서 관찰하게 된다. 그중에서도 종려는 15년간이나 밀봉된 유리항아리 속에서 생육할 수 있다는 사실을 알아냈다. 또한 적당한 수분이 공급된 밀폐 용기에 양치류와 이끼류 식물을 심으면 물을 주지 않고도 완전한 생육상태로 18년 동안이나 유지할 수 있다는 연구결과를 발표하기도 했다. 워드박사는 이후 1842년 "밀봉한 유리 상자 속에 든 식물성장에 관하여"라는 저서를 출간하여 테라리움의 최초문헌을 남기게 되었다. 그는 유리 용기를 제작하기도 했는데 제작된 용기는 Wardian case라고 불렸다.

2) 테라리움의 필요성과 이점

대지와 대기의 오염으로 자연의 녹색식물이 고갈되어가고 있다. 문화 수준은 점점 높아져 가지만 그와 반비례해 정서가 메말라버린 현대인의 도시 생활에서 실내장식용으로 적합한 처리방법으로 다음과 같은 테라리움의 장점을 생각할 수 있다.

① 아파트나 호텔의 로비(lobby), 백화점 코너 등의 실내장식이나 옥외 주변 공간 장식에 새로운 컨디션을 조성할 수 있다.
② 다른 지방 또는 지역의 특이한 기후 조건 하에서만 생육하던 식물을 외부환경의 영향을 받지 않고 나와 가까운 곳에서 재배, 감상할 수 있다.
③ 좁은 공간이나 실내의 어두운 곳에서도 광선 없이 전등 조명처리로 아름다운 식물을 감상할 수 있다.
④ 식물이 생육할 수 없을 정도로 환경이 오염된 도시에서도 외부와 차단되어 작은 환경 생태계를 형성하므로 싱싱한 식물을 관상할 수 있다.
⑤ 습도가 건조한 아파트에서도 잘 생육된 식물을 깨끗하게 감상할 수 있다.
⑥ 어느 지역이나 지방의 특성을 살려서 향토미를 감상할 수 있다.
⑦ 관수, 시비 등에 신경을 쓰지 않아도 되며 현대인의 바쁜 생활에 적합하다.
⑧ 외국의 희귀한 식물을 기후 환경이 급변하는 지역으로 장거리 수송시킬 때도 이용한다.
⑨ 외부와 차단되어 있으므로 곤충의 침해나 식물의 병균 전염을 막아준다.
⑩ 병든 식물을 테라리움 처리로 회복시킬 수 있다.
⑪ 용기 속의 식물이 불량해졌을 때는 갈아 심을 수도 있고 빈약할 때는 더 심을 수도 있다.
⑫ 대자인이 무궁무진하므로 실내에서 자연미와 인공미를 마음대로 구상하여 감상할 수 있다.
⑬ 밀폐된 유리 용기 속에 개화된 절화를 넣어두면 오랜 기간 동안 싱싱한 잎과 꽃을 감상할 수 있다.

3) 테라리움 제작을 위한 기구와 재료 및 용기

① 테라리움 제작용 기구

테라리움 제작용 기구는 용기에 따라 그 크기가 다르겠으나, 입구가 좁은 병 같은 것을 활용할 때는 용기 안에 식물을 깔끔하고 편리하게 식재하기 위해 여러 가지 도구들이 필요하다. 만약 잘못하면 식물이 상처를 입거나 어떻게 심었다 하더라도 지저분해질 우려가 있으므로 신중해야 한다. 물론 유리 용기의 입구가 손이 들어갈 수 있을 정도로 넓은 경우에는 쉽게 심을 수 있지만 좁은 것은 작업상 약간의 문제점이 있다.

그러므로 편리하게 작업하기 위해서는 알맞게 기구를 만들어 쓰거나 이미 만들어진 기성품을 사용해야 한다. 기구를 만드는 재료에는 14~16번 철사와 긴 나무막대, 고무, 스펀지 같은 것들이 있다. 또 흙을 깨끗이 넣기 위해 꼭지가 긴 깔대기가 필요할 수도 있고 넣은 흙을 파내기 위해 삽 대신 찻숟가락을 이용하기도 한다. 뿐만 아니라 식물을 넣기 위한 핀셋이 있어야 하며 식물의 균형과 위치를 잡아주기 위해 철사로 안착기를 만들어야 한다. 작업 도중 잎이 상처를 받거나 부러지면 잘라낼 수 있는 전정기구들도 필요하다. 각 기구의 길이는 병이나 용기의 깊이에 따라 길게 혹은 짧게 만들면 된다.

흙을 다지는 데는 나무막대기나 가는 유리관 끝에 코르크 병마개나 고무를 끼워서 이용하면 식물에 상처를 주지 않아 효과적이다. 이 외에도 유리 용기 속을 청소할 때는 부드러운 붓이나 솜을 붙인 긴 막대를 이용하며, 잎에 앉은 먼지는 공기 펌프(air pump)로 불어서 털어내면 된다. 물을 줄 수 있는 주입기도 있어야 한다.

② 테라리움 제작용 재료
㉮ 배양토
배양토의 재료는 숯과 자갈, 모래, 가는모래, 질석(蛭石 : Vermiculite), 유기질 비료 등이 있으며 지표면을 장식할 수 있는 하얀 잔돌이나 이끼가 필요하다.

심을 때는 절대로 배양토가 젖은 상태에서 작업하지 않아야 하며 만약 젖었을 때는 수분기가 없도록 어느 정도 말려서 소재 식물이나 용기 내부에 붙지 않게 사용하는 것이 작업상 효과적이다. 또한 배양토의 지층을 명확하게 보이게 하는 것도 미적으로 아름답다. 배양토의 특성을 보면 다음과 같다.

· 숯
수분의 침적 및 정화 또는 제독, 악취를 제거한다.

· 모래
배수, 통기, 보수력을 지닌다.

· 가는모래
다소간의 무기물을 함유하고 있어 그 자체로 식물의 영양공급원이 될 수 있는 토양으로 배수력과 보수력이 있다.

· 질석(蛭石 : Vermiculite)
보수력과 통기성이 있으며, 식물생육에 좋다.

· 펄라이트(Perlite)
다공성이며 통풍이 양호하고 백색토로 지층의 색깔을 내는 데 이용한다.

· 피트모스(Peat moss)
수태(水苔 : Sphagnum)나 이탄이 오랜 세월을 두고 퇴적되어 분해 생성된 것으로 고급 실내원에 용토로 적합하다. 질석이나 펄라이트에 피트모스를 혼합하여 이용하면 가벼워서 테라리움 용토로도 훌륭하다.

피트모스는 토양을 성글고 부드럽게 해주고 흡비력을 높여 비옥하게 만들며 발근을 촉진시켜주기도 한다. 또한 분해가 완만하여 지효성이 크다. 실내 원예용토로 적합하여 앞으로가 더 기대되는 용토이다. 그러나 수입에 의존하므로 값이 비싼 것이 결점이다.

· 경석

우리나라에서는 제주도에서 생산되는 가벼운 돌이다. 색채는 붉은 벽돌색과 비슷하고, 구멍이 뽕뽕 뚫린 다공질 돌로 가볍고 보수력이 강하며 통기성이 좋다. 잘게 부숴서 난초의 배양토로도 사용되고, 더 잘게 부숴서 선인장이나 다육식물의 용토로도 이용한다.

테라리움에서는 붉은색 토양 지층을 만들 때 사용해도 좋고, 배수층토로 이용해도 좋으며 또한 지면 장식용으로 이용해도 좋다. 그러나 원예용으로 이용하기에는 값이 비싼 것이 결점이다.

(테라리움 제작에는 나무껍질이나 돌, 흰 자갈, 흰 모래, 건물 외장용으로 이용되는 빤짝이 등을 사용하기도 한다.)

이외에도 이탄토(Peat)나 수태, 오스만다 루우트(Osmanda root), 바크 등이 있으며, 이들은 모두 다공성이어서 통기, 배수, 보수력이 있다. 유기질 비료와 혼합하여 사용하면 더욱 좋다. 배양토의 배합비는 식물의 종류에 따라 각기 다른데, 필자의 경험으로 보아 다음과 같이 하는 것이 좋았다.

식물유형	배양토배합비
열대식물	perlite 2 : 피트모스 2 : 질석 4 : 숯 2
다육식물	perlite 4 : 피트모스 1 : 질석 4 : 숯 1
습생식물	perlite 3 : 점토 3 : 피트모스 2 : 숯 2
야생식물	피트모스 1 : 펄라이트 4 : 질석 1 : 점토 4
난 초 류	바크 또는 해고, 수태, 경석

식물별 배양토 배합비

배양토를 배합하는 작업이 미숙할때는 질석과 피트모스를 적당히 혼합하여 사용하는 것이 가장 무난하다. 또한 배양토로 모래를 사용할 때 모래가 지저분한 경우에는 물에 잘 씻어서 신선한 토양을 이용하는 것이 효과적이다. 숯이나 자갈, 왕모래의 배수층은 용기의 크기에 따라 다르겠으나 대형일 경우 3~5cm정도로 하는 것이 좋겠고, 여기에는 수분이 배수되어 저장되며 증발 순환되는 동시에 식물이 생육한다. 용기가 너무 작을 때는 배수층을 아주 약간의 모래만 이용해 만들거나 생략해도 좋다.

㉯ 테라리움 용기에 용토 넣기

맨 처음 용기를 소독한 다음 바닥에 숯을 전체적으로 펴 넣고 굵은 모래나 고운 자갈을 그 위에 깔아서 배수층을 만든다. 다시 그 위에 용기 밖에서 보일 정도로 펄라이트를 넣어서 토양층을 숯(흑색)과 펄라이트(백색)와 질석(Vermiculite : 갈색)의 3색으로 번갈아 쌓아 아름다운 지층을 만들어 준다. 그런 후 용기 내부에 질석과 피트모스를 7:3으로 혼합하여 집어넣고 거기에 식물을 심는다.

③ **식물 소재와 기타 부재**

테라리움의 식물 소재 선택은 식물의 습성과 특성을 알아야 하며 오랜 경험을 갖지 않고서는 어렵다. 가장 중요한 사실은 원산지가 같은 지역인 것끼리, 또는 습성이나 특성이 같은 것끼리 식재해야 관리하기가 용이하다는 점이다.

예를 들면 엽육이 두꺼운 다육식물끼리 심는다면 약간 건조하게 관리하여도 오래 견딜 수 있을 것이다. 마찬가지로 습생식물은 습생식물대로, 음지식물은 음지식물대로, 양치식물은 양치식물대로, 고온을 요하는 식물은 고온식물대로, 저온을 요구하는 식물들은 저온식물대로 식재하면 관리가 쉽다.

또한 색채에 있어서도 어두운색이나 진한 녹색보다는 밝고 명랑한 계통의 색채를 가진 식물들이 효과적이다. 코르딜리네(Cordyline)처럼 검붉은색 계통의 식물은 테라리움의 싱싱한 맛을 감소시키므로 주의하여 이용해야 한다. 돌이나 자갈, 기타 모조품 또는 장난감 같은 것을 요소요소에 배치하여 축경식으로 감상해도 좋다. 혹은 청개구리나 도마뱀, 메뚜기, 악어 등 애완할 수 있는 소동물을 넣어서 비바리움(Vivarium)으로 감상하면 더 효과적이다.

④ **테라리움의 용기**

테라리움 용기는 외부와 내부가 구분되는 투명한 용기면 된다. 그러나 플라스틱 제품일 경우에는 용기 자체에서 유독성 화학물질이 분비되므로 식물 생육에 좋지 않다. 최근 미국의 경우 여러 가지 합성수지제품들이 나와서 이용되기는 하지만 무엇보다도 좋은 것은 유리로 만들어진 용기다. 유리 용기 가운데에서도 무색투명한 것이 좋으며 기포나 무늬가 들어간 것은 유리 용기 속의 식물 재료를 관상하기에 좋지 않기 때문에 삼가는 것이 좋겠다. 이와 같은 용기는 우리 생활 주변에서 쓰이고 있는 기존 상품 가운데에서도 손쉽게 구할 수 있는 것들이 많이 있다.

예를 들면 입구가 좋고 투명한 용기로서 양주병이나 약병, 이화학약품의 용기, 실험실용 증류수 병, Desiccator, 원통형 수조, 어항 등을 이용할 수 있다. 아니면 시계방의 유리 덮개나 조명가게에서 구할 수 있는 조명등 용기, 유리컵, 유리 식기 등도 잘 활용할 경우 좋은 용기가 된다. 그러나 이런 디자인을 그대로 활용하는 것만으로는 만족할만한 디자인을 얻을 수 없으므로 여러 가지 형태로 개발할 필요가 있다. 용기는 평면을 이용한 것과 곡면을 이용한 것으로 나눌 수 있으며 곡면 용기는 초자공장에서 주문하면 다양하게 만들 수 있다. 접착제(Silicone : 미국 또는 일본제품)를 이용하여 장방형 용기, 기둥 모양의 3각, 4각, 5각 등의 용기를 만드는 때도 있고 만든 용기를 동판이나 목재를 활용하여 장식하기도 한다.

유리의 두께는 소용기일 경우 2mm 정도도 가능하며 용기가 클수록 내용물의 부피와 무게도 무거워지므로 두꺼워져야 한다. 일반적으로 1m 내외의 장방형 면적을 가진 용기라면 5mm 정도의 두께면 되며 면적이 그 이상이라면 더 두꺼워야 한다. 그러나 유리가 너무 두꺼우면 깨지기 쉬우므로 두께 5mm 정도 유리가 가장 적합하다. 또한 습기를 많이 요구하는 식물은 밀폐시킬 수 있는 용기나 아가리가 좁은 것을 이용하면 된다. 용기의 종류를 살펴보면 다음의 그림과 같다.

테라리움 용기

4) 테라리움의 구상과 만들기

테라리움의 구상과 만드는 방법은 다음과 같다.

① 테라리움의 내부 조경을 구상하며 소재들을 연구한다.
② 용기의 크기와 비율이 맞고 조화가 될 수 있는 식물을 선택한다.
③ 내부조경은 외부환경과 조화될 수 있게 예술적으로 배치하여야 한다.
④ 구상이 끝나면 재료를 모두 준비하여 작업장소를 선택한 후 한 장소에 놓는다.

테라리움 만들기

⑤ 구입된 식물은 그 환경에 맞도록 며칠간 적응시킨다.
⑥ 각종 병균이 침투하지 못하도록 테라리움 용기 내부를 세척제(락스)로 청결하게 소독하고 말린 다음 사용한다.
⑦ 입구가 좁은 용기일 때는 소재 식물들이 어떻게 들어갈 것인가를 연구하며 너무 큰 것은 잎을 따버리고 심는다. 식물 선택은 잎과 키가 작으며 강한 잎과 줄기를 가진 식물체를 선택한다.
⑧ 토양층은 모두 용기 높이의 1/4 높이로 유지하며 토양층은 맨 먼저 숯을 놓고 그 위에 자갈, 그 위에 배양토를 용기 높이에 비례하여 넣는다.
⑨ 식물소재를 심을 때는 큰 것은 후단에 작은 것은 전면에 식재하며, 큰 것부터 심고 차례로 작은 식물을 심으며, 지표면의 공간은 작은 식물을 심거나 이끼류를 심은 다음 자갈이나 나무껍질 등을 넣고 악세사리를 넣는다. 식물의 뿌리는 되도록 얇게 처리하며 긴 뿌리가 있을 때는 잘라서 심는다.
⑩ 돌을 놓을 때는 밑부분이 노출되지 않게 흙속에 살짝 묻어 보이지 않게 한다.
⑪ 작업이 완료된 것은 죽은 잎이나 색깔이 변한 것을 따주고 잎의 먼지를 붓으로 털어내고, 용기 내부를 스폰지나 깨끗한 천으로 먼지나 흙, 잡티를 닦아주며 물을 뿜어 청결하고 싱싱하게 보이도록 닦아준다.
⑫ 관수는 식물의 종류에 따라 토양지층과 배수층에 알맞게 젖도록 주고 물을 너무 많이 주었다고 생각할 때는 용기 뚜껑을 열어놓거나 유리용기 내부에 서린 물방울을 닦아낸다.
⑬ 내부작업이 끝나면 뚜껑이나 반원형 덮개를 씌운다.
⑭ 빛을 요구하는 식물은 식물 생육용 전등을 달아준다.(형광등 또는 적색전구)

⑮ 선인장류는 완전 개방하고 최대한의 공기를 환기시키게 한다.
⑯ 허술한 테라리움의 공간은 더 채운다.
⑰ 테라리움의 디자인에 있어서 식물소재는 복잡한 것보다는 단순하게 식재하는 것이 더욱더 효과적이다.

5) 테라리움의 관리

테라리움(Terrarium)의 관리는 식물이 필요로 하는 관수와 온도, 광선, 병충해 등 테라리움 자체에 관심을 가지고 흥미있게 관찰하면서 관리하여야 한다.

테라리움을 관리할 때 제일 먼저 신경을 써야 하는 것은 관수를 어떻게, 얼마나 해야 되는가 이다. 그러기 위해서는 식물 자체의 특성을 파악해야 하며 거기에 따라서 관수의 양과 회수 등이 결정되어야 한다. 관수에 대해서는 문헌상으로 여러 가지 의견들이 있다. 어떤 사람은 관수는 전혀 안 해도 된다고 하며, 어떤 사람은 1주일에 1회씩 혹은 10일에 1회씩 관수하며, 또는 2~3일에 1회씩 분무기(噴霧器 : Sprayer)로 분무하여 주어서 관리하는 것이 좋다고 각기 주장하고 있다. 그러나 그와 같은 것을 주장하기 이전에 테라리움이 배치된 장소가 어떤 환경이며, 선택된 소재는 어떤 식물이며, 배양토는 어떤 종류를 선택하여 사용하였느냐에 따라 관수와 관수량, 관수 횟수 등의 관리상태가 다르게 나타날 것이다. 이와 같은 것을 원만히 해결하려면 테라리움에 세심한 관심과 흥미를 가지고 관찰하여야 하며 식물상태가 수분이 부족한 듯하면 적시에 관수하는 것이 가장 좋을 것이다.

물론 테라리움의 이점 가운데는 자주 물을 줄 필요가 없다는 점이 장점인 것만은 사실이다. 그러나 물을 너무 과다하게 관수했을 때는 배수공이 없으므로 공기가 유통이 되지 않아 토양이 부패하고 뿌리가 썩을 우려가 있다. 그러므로 관수는 상당히 고차원적인 관심과 기술을 요한다. 따라서 관수는 10일에 1회 관수하는 것부터 1개월에 한 번씩 또는 3개월, 6개월 또는 1년, 2년에 1회씩 관수하는 것 등이 있으며, 식물의 종류와 용기의 구조에 따라서 각기 다르게 나타난다.

6) 관수의 유의사항 및 주지사항

① 관수는 일주일 또는 1개월, 3개월, 6개월, 1년, 2년마다 1회씩 식물의 종류에 따라, 용기의 크기에 비례하여 찻숟가락 내지 한 컵 정도의 범위에서 관수한다.
② 밀폐된 용기나 입구가 좁은 용기는 최초에 수분을 공급한 이외에는 물을 줄 필요가 없다.
③ 용기 안의 공중습도가 건조할 때(잎끝이 마를 때)는 분무기로 잎에 뿌려준다.
④ 덮개가 있는 테라리움은 6개월 이상, 2년 정도에서 1회씩 주면 된다.

⑤ 수분의 여부상태는 외부기온이 용기 안보다 낮을 때 용기 내부나 식물잎에 이슬이나 물방울이 맺히는데 이때는 수분이 충분히 있으므로 관수하지 않아도 된다. 또한 용기 밑부분을 두들겨 봐서 소리가 가볍게 통통 울리면 수분이 용기에 없다는 것으로 이때 관수하여야 한다.
⑥ 토양이나 덮어놓은 이끼에 물기가 없이 건조한 듯하여 식물이 수분이 필요한 듯할 때는 용기의 크기에 따라 기본적인 물의 양을 결정하여 관수한다.
⑦ 토양 채취검사를 통하여 토양 표면의 색이 마른 듯하거나 토양의 무게가 가벼운 듯하면 관수한다.
⑧ 수분의 온도는 실내온도와 같은 수온으로 관수한다.

7) 테라리움의 개폐 관리

개폐관리는 테라리움에서 대단히 중요한 몫을 차지한다. 성공적인 관리는 테라리움을 처음부터 오랫동안 관찰한 당사자만이 자신 있게 할 수 있는 것이다. 내부식물들의 특성과 관수 후 수분 증발 상태, 주위환경의 공기건조상태 등등을 고려하여 적당한 시기에 주기적으로 개방 조절 관리하면 효과적으로 관상할 수 있다. 효과적인 개폐 관리는 다음과 같은 때에 행한다.

① 적당히 습도를 제공한 것은 뚜껑을 밀폐하여도 좋다.
② 유리 용기 내면에 이슬이나 물방울이 맺힐 때는 외부온도가 낮기 때문에 생기므로 뚜껑을 개방하거나 실내온도를 높여준다.
③ 되도록 용기의 뚜껑은 식물에 먼지가 앉지 않게 닫아놓는다.
④ 용기 저면에 많은 양의 물이 고여 있을 때 개방한다.
⑤ 선인장은 약간의 습도를 유지하는 외에는 건조한 상태로 공기유통이 잘되게 개방시켜 놓는다.
⑥ 토양 표면이나 덮어놓은 이끼 또는 식물이 부패하거나 곰팡이에 의해 피해를 받을 때 용기를 개방하여 환기시킨다.

8) 테라리움의 광선과 온도

테라리움은 용기 자체가 유리이므로 태양광선을 받으면 곧 그 안에서 온도가 상승하여 식물이 죽게 된다. 물론 선인장과 같은 사막식물 계통은 많은 광선을 요구할 것이지만 심은 후 며칠간은 음지에서 뿌리를 활착시켜야 한다. 활착된 테라리움은 창가의 자연광선을 이용하거나 전등 또는 형광등의 인공적인 광선을 이용한다. 광선은 평균 1일 12시간 이상 조사 시켜 주면 된다.

온도는 높은 온도보다는 생육 최저온도에서 오래 유지되며, 실내온도가 20℃의 상태가 테라리움을 가장 좋은 상태로 오래 유지할 수 있는 온도가 될 것이다. 외부온도가 높으면 용기 내부에 있는 식물이 도장하여 보기 흉하게 자라기도 한다.

9) 테라리움 소재 식물의 손질과 관리

테라리움을 얼마동안 관상하노라면 죽거나 잎이 마르고 시들게 된다. 또한 너무 자라서 용기 내부면에 잎이나 줄기가 닿는 것은 미관상 자연미가 파괴되므로, 잘라서 닿지 않게 하여 마른 잎과 시들은 것은 칼이나 전정가위로 모두 제거한다.

비배관리는 식물이 황화현상을 일으키거나 생기가 없을 때 언제든지 비료를 시비하여야 하며 1년 정도 되면 영양분을 공급시켜 줘야 한다. 시비 방법은 물에 비료를 녹여서 시비하며 하이포넥스나 복합비료를 엷게 물에 타서 잎에 닿지 않게 주면 된다. 그러나 비료를 줬을 때 식물은 생장을 계속하며 따라서 테라리움의 균형을 깨뜨릴 수가 있다. 그러므로 근본적인 치료는 토양을 1년에 1회씩 갈아주든지 식물 자체를 갈아 심든지, 전정을 하여 손질하는 편이 훨씬 효과적인 방법이라 생각한다.

10) 테라리움의 병충해 관리

병충해에 있어서는 실외식물과 같으나 토양과 식물 자체에 전염된 균이나 충해가 용기 안에서 조건이 좋으면 서식하게 된다. 특히 과습은 곰팡이(Mold)나 흰곰팡이(Mildew) 발생을 초래하게 된다. 이때에는 덮개나 뚜껑을 개방하여 환기시키면 되며, 진딧물이 발생했을 때는 진딧물 살충제를 살포하면 된다. 또한 달팽이가 발생 되었다면 토양을 소독하지 않았거나, 식물의 잎 뒷면에 붙어서 용기 안에 들어간 것으로 생각하고 잡아내는 것이 간단하다. 또한 깍지벌레 역시 심하면 줄기나 잎에 모두 기생 되는데 포살하거나 용기를 열어놓고 깍지벌레 살충제 같은 농약을 사용하면 효과적이다. 기타 사항은 일반식물의 재배에 준하면 된다.

11) 테라리움의 환경과 조화

테라리움 용기의 형태에 따라 식물 소재가 결정되며 장소와도 조화가 연결되어 통일미를 나타내야 할 것이다. 예를 들면 선의 통일로서 직선은 직선의 소재와 직선을 가진 용기로서 직선의 환경과 조화시킬 때 아름다움을 유발시키며, 곡선은 곡선을 가진 줄기와 잎을 가진 소재 식물과 곡선의 용기와 곡선의 테이블 등이 아름답게 조화되는 것이다. 큰 용기는 큰 식물을, 작은 용기는 작은 잎과 줄기를 가진 식물을 비례하여 배치하여야 한다. 또한 색채미는 어떤 색채든지 용기가 투명하기 때문에 어디에서나 배경과 잘 조화가 된다. 그러나 흰색은 용기가 안정되지 못하며, 잘 나타나지 않으므로 진한 색 계통에 배치하는 것이 훨씬 더 품위가 있다. 테라리움을 놓을 때는 주변의 장식용 물품과도 조화가 고려되어져야 하며, 전체적인 분위기를 잘 살려야 될 줄로 생각한다. 배치장소는 천정에 전등처럼 원형의 테라리움을 매달아도 보기 좋으며 응접실의 탁자 자체를 테라리움으로 만들어 이용하여도 좋다. 현관이나 서재, 목욕탕, 복도의 코너, 창가, 나아가서는 호텔의 로비, 백화점의 코너에서 잘 어울리며 사무실의 책상 위 등에서 이용하면 대단히 아름답다. 특히 만찬회의 탁자에서 이용하면 훨씬 품위 있고 싱싱한 생동감을 던져줄 것이다. 양주잔이나 양주병, 유리식기는 테이블과 관계가 있는 용기이므로 거기에 잘 조화될 것이다. 또한 테라리움을 한층 더 돋보이게 하기 위해 동판에 띠를 두르거나 받침을 장식해 주면 더욱 무게 있는 멋이 난다. 마란타나 양치류 또는 이끼류, 헤데라(Ivy), 바위취 등은 음지에서도 잘 생육하며 창가 같은 곳에서는 선인장이나 다육식물이 적합하다.

12) 테라리움 소재식물의 특성별 분류

테라리움이라고 해서 무조건 어떤 식물도 모두 적합하다고 생각할 수는 없다. 바쁜 생활 속에서 우리는 좀 더 효율적인 시간의 활용을 하기 위해서는 같은 조건이라면 보기에 아름답고 관리하기 쉽고 누구나 경험 없는 사람도 할 수 있는 식물을 선택하여야 할 것이다. 그러므로 필자는 다음과 같이 분류하여 보았다.

(1) 잎이 아름답고 밝은 색채를 가지고 있으며 선명하고 싱싱하며 무늬가 있어 청초한 맛을 주는 소재 식물들

아펠란드라(Aphelandra), 코레우스(Coleus), 복륜산세베리아(Sansevieria Lourentii), 호야(Hoya), 크로톤류(Croton), 복륜용설란, 페페로미아류(Peperomia), 천문동, 베고니아류(Begonia), 드라세나속(Dracaena), 마란타속(Maranta), 고에프페르티아속(Goeppertia), 무늬석창, 선인장류, 제라늄, 아나나스류(Ananas), 반입엽란, 싱고니움(Syngonium) 등이 있다.

※ 밑줄친 것은 초보자도 쉽게 관리할 수 있는 식물들임.

(2) 관엽을 대상으로 하는 테라리움용 소재 식물들

보스톤 고사리(Nephrolepis), 파초일엽(Asplenium antiquum), 박쥐란(Platycerium), 아디안텀(Adiantum), 달개비류, 맥문동, 꽃기린, 산세베리아(Sansevieria), 헤데라(Ivy), 베고니아류(Begonia), 호랑가시나무류, 만년청, 드라세나속(Dracaena), 유카(Yucca), 야

자류, 필로덴드론류(Philodendron), 엽란, 디펜바키아(Dieffenbachia), 난초류, 무화과나무속, 비짜루속(Asparagus), 관음죽(Rhapis), 코르딜리네(Cordyline), <u>스킨답서스</u>, 마란타(Maranta), 고에프페르티아속(Goeppertia) 등이 있다.

※ 밑줄친 것은 관리가 용이하며 테라리움으로 오래 유지될 수 있는 식물들임.

(3) 꽃을 관상할 수 있는 테라리움용 소재 식물들

<u>안스리움(Anthurium)</u>, 아게라텀(Ageratum), 세인트폴리아(Saintpaulia 또는 African violet), <u>제라늄(Geranium)</u>, 패랭이꽃(Dianthus), 오랑캐꽃, 크로커스(Crocus), 튜울립(Tulip), 히야신스(Hyacinth), 글록시니아,(Gloxinia), <u>시클라멘(Cyclamen)</u> 등이 있다.

※ 밑줄 친 것은 테라리움용으로 관리가 용이하며 오래 유지될 수 있는 것임.

(4) 흙과 물을 배양토 재료로 테라리움에 이용할 수 있는 수생식물들

수련, 시페루스(Cyperus ; 왕골, 방동사니 등), 창포류, 부들, 마름, Water canna, 붕어마름 등이 있다.

(5) 건조에 잘 견디는 테라리움용 소재 식물들

선인장류, 다육식물류, 아게라텀, 세인트폴리아(African violet), 엽란, 제라늄, 시클라멘(Cyclamen), 산세베리아속(Sansevieria), 용설란속, 페페로미아류, 바위취 등이 있다.

(6) 저온에 강한 테라리움용 소재 식물들

헤데라(Ivy), 호랑가시나무류, 유카, 엽란, 관음죽, 안스리움, 시클라멘, 용설란속, 천문동, 석창류, 보스톤 고사리, 맥문동 등이 있다.

(7) 음지에 잘 견디는 테라리움용 소재 식물들

산세베리아, 호야, 마란타속, 고에프페르티아속, 석창포, 선인장류, 엽란류, 보스톤 고사리, 박쥐란, 파초일엽, 아디안텀, 맥문동, 헤데라(Ivy), 만년청, 난초류, 관음죽, 안스리움, 은방울꽃, 페페로미아류, 스킨답서스 등이 있다.

(8) 광선을 요하는 테라리움용 소재 식물들

산세베리아, 꽃기린, 베고니아류, 드라세나속, 야자류, 필로덴드론류, 무화과나무속, 관음죽, 코르딜리네, 안스리움, 아게라텀, 세인트폴리아, 제라늄, 패랭이꽃, 시클라멘, 수련, 시페루스류, Water canna, 선인장류 등이 있다.

(9) 습도를 요구하는 테라리움용 소재 식물들

아펠란드라, 크로톤류, 베고니아류, 드라세나속, 마란타속, 고에프페르티아속, 석창포, 아나나스류, 보스톤 고사리, 파초일엽, 박쥐란, 아디안텀, 야자류, 필로덴드론, 난초류, 디펜바키아, 무화과나무속, 관음죽 등이 있다.

13) 유리 용기 제작용 기구 및 재료

유리 용기 제작용으로는 크게 구형과 각형으로 대별하며 구형은 유리 공장에서 주문에 의존하며, 각형은 유리칼과 모래페이퍼나 그라인더, 테이프, 접착제(silicone), 접착제를 사용하는 권총 비슷한 기구만 있으면 된다. 물론 유리칼로 유리를 자르는 것은 기술적인 문제이지만 일단 종이로 만들고자 하는 작품을 재단하여 재단지에 의해 자르면 된다. 재단에서 주의할 것은 반드시 5mm 유리는 5mm의 두께를 가감하여 재단하여야 붙일 때에 좋다. 유리칼을 사용할 때는 각도와 힘주기에 달려 있으며 그었을 때 흰줄이 보이게 그으면 안되며, 예리한 소리와 함께 그어져야 잘 잘라진다.

잘라진 것은 손이 다치지 않게 그라인더나 페이퍼로 모서리를 갈아서 원하는 모형대로 세우고 넓은 강력한 비닐테이프로 붙인 다음 고정시켜 놓고 유리접착면 양옆에 비닐테이프를 세로로 붙여 놓고 접착제를 적당히 위에서부터 아래로 쏘아서 손끝으로 문질러서 고르게 한 후에 굳은 다음 테이프를 떼어내면 깨끗하게 붙이게 된다. 지저분하게 되면 면도칼로 후에 긁어내며, 2시간 이상이면 대강 굳으며 24시간이 지나야 완전히 굳어서 이용할 수 있다.

실내식물 키우기

8
실내식물의 분류

Classification of indoor plants

1. 양치식물 Ferns

양치식물의 특징은 잎의 가장자리가 톱니같은 것인데, 양의 이빨을 닮았다고 하여 "양치식물(羊齒植物)"이라고 불린다. 양치식물은 키우기가 어렵지는 않지만, 사람이 편안하다고 생각하는 것보다 더 높은 수준의 습도를 필요로 한다. 아디안텀과 같은 식물은 인기가 높지만, 매우 높은 습도를 필요로 하기 때문에 실내에서 키우기 까다롭다 생각할 수 있다.

양치류는 잎이 얇을수록 높은 습도를 필요로 하는데, 도깨비쇠고비(Holly Ferns), 아스플레니움(Bird's Nest Ferns), 봉의꼬리(Brake Ferns) 등 잎이 가죽 같은 식물이 동일한 환경의 실내에서 더 키우기 쉽다.

양치식물은 내음성이 강해 광이 부족한 실내에서 키우기 좋으며, 또 호흡과 증산작용이 왕성해 실내 공기정화 및 습도 조절에 좋은 식물이다.

꼬리고사리속	*Asplenium* spp.
박쥐란속	*Platycerium* spp.
줄고사리속	*Nephrolepis* spp.
공작고사리속	*Adiantum* spp.
봉의 꼬리속	*Pteris* spp.

1) 꼬리고사리속 *Asplenium* spp.
- Bird's-Nest Fern(버드네스트펀)

고란초과는 양치식물과 중 하나이다. 약 65속 1,000여 종의 착생식물, 육서식물 등 다양한 종이 포함되어 있다. 열대지방과 아열대 지방에 분포하고 있고, 우리나라에도 22종 정도가 자생 중이다. 고란초과 아스플레니움은 길고 부드러운 느낌의 커다란 잎을 가진 양치식물로 기후요인, 묘목 거래를 위한 과도한 착취 등으로 인해 멸종 위기에 처한 관상용 식물이다. 나무의 그늘 속에서 자생하는 종으로, 그늘지고 따뜻한 습한 지역을 선호하며 풍부한 유기물 토양에서 잘 자란다. 해를 너무 많이 보면 잎이 두꺼워질 수 있으므로 은은한 빛이 드는 곳에 두어 감상하면 좋다. 아스플레니움의 잎은 밝은 녹색에 길다란 형태이고 흙에서 바로 나며 로제트(rosette)형태

(원형의 방사상 배열을 갖는 구조)이다. 잎은 식물의 기저부 근처에서 초콜렛 갈색으로 어두워지는 도톰한 잎맥을 가지고 있다.

야생에서 나무에 착생하여 자라기 때문에 벽에 걸거나, 나무판자에 부착해서 이국적인 분위기를 낼 수 있다. 아스플레니움은 착생식물로 뿌리가 발달하는 식물이 아니기 때문에 잦은 분갈이를 해주지 않도록 한다.

Did you Know?
전체적인 생김새가 새의 둥지 모양을 하고 있어서 영명으로 bird's nest fern이라고 불리기도 한다.

나무에 착생해서 자라는 아스플레니움

양치류는 잎이 발달하면서 가운데 연약한 생장점을 보호하기 위해 말려올라오는데, 이를 피들헤드(Fiddle Head)라고 한다. 잎은 자라면서 점점 펴지고 단단해진다.

Caring for Asplenium

Light : 대부분의 양치식물들은 자연 서식지가 그늘진 숲 바닥인 반음지식물로 광을 크게 필요로 하지 않는다. 봄, 여름철 강한 직사광선에 두면 잎이 타기 쉬우므로 주의한다.

Temperature : 생육하기 좋은 온도는 16~21℃이고, 낮밤의 기온차이를 10℃정도로 두면 자생지 환경과 비슷하여 잘 자란다. 온도가 낮아지면 잎이 갈변할 수 있으므로 생육적정 온도를 맞춰준다. 다소 시원하게 관리해주는 것이 좋다.

Water : 다른양치류에 비해 건조에 강하지만, 잎이 갈변할 수 있으므로 토양을 촉촉하게 유지하고 공중 습도를 높여준다. 실내에서 키울 때 물이 잎 중앙의 왕관 모양에 모이면 과습할 수 있으므로 관수 시 주의한다. 잎에 먼지나 물 얼룩을 닦아주며 관리해주면 좋다. 잎이 얇을수록 높은 습도를 필요로 하며, 공중 습도를 높게 유지하기 위해 분무기로 물을 뿌려주면 좋다.

Soil : 배수력과 보수력이 좋은 일반 배양토에 식재하면 된다. 건조해지기 쉬운 장소에 두게 되면 바크로 멀칭을 해서 상토가 쉽게 마르지 않게 관리해준다. 근계가 약하기 때문에 얕은 화분에 식재해주는 것이 좋다.

Propagation : 대량으로 번식할 때는 포자를 이용하여 번식하지만 일반적으로 집에서 하기에 쉽지 않다. 4~5월경 분주하여 분주한 식물 뿌리를 건조하지 않게 수태로 감싼 후 분에 식재하면 된다.

양치식물 잎 뒷면에 있는 포자

파초일엽 포자

파초일엽
Asplenium antiquum

파초일엽이라고도 불리는 아스플레니움 안티쿰은 제주도에서 자생하는 상록다년생으로 현재 멸종위기야생식물 2급으로 지정되어 있다. 중부지방에서는 실내식물로 인기가 높다. 잎은 긴 타원형의 창처럼 생겼으며, 잎 가운데에 검은빛을 띤 자주색 주맥이 있다. 새로 나오는 잎은 근경에서 돌돌 말려있다가 점점 펴지며 생장한다. 잎 가장자리가 밋밋하고 주맥이 뚜렷하게 튀어나온 모습이다. 고온다습의 반음지에서 잘 자라며 내한성이 강한 종이다.

둥지파초일엽 '아비스'의 원예품종으로 [*Asplenium nidus* 'avis']의 니두스에 비해 잎이 짧고 둥근편이다.

둥지파초일엽 *Asplenium nidus*

아스플레니움 안티쿰과 매우 유사하게 생긴 종이다. 줄기는 검은빛을 띄고 짧거나 거의 없는 편이다. 잎에 광택이 나고 좁은 타원형 모양의 잎이 시원하고 싱그러운 느낌이다.
생육적온은 20°C 정도로, 최저 8°C까지도 견디지만, 겨울철에는 실내에서 관리해주는 것이 좋다.

둥지파초일엽 '코브라'
Asplenium nidus 'Cobra'

둥지파초일엽 '바리에가타'
Asplenium nidus 'Variegata'

뻣뻣하고 독특한 굴곡을 가진 잎을 보면 '코브라'로 불리는 이유를 알 수 있다. 다른 아스플레니움과 마찬가지로 저광에서 높은 습도를 유지해주면 잘 자란다. 힘있게 위로 뻗어 있는 잎이 매우 이국적이고 관상 가치가 높다.

잎에 하얀색 빗살무늬가 있어 싱그러운 느낌을 주는 품종이다.

파초일엽 '크리시'
Asplenium antiquum 'Crissie'

사자골 고사리라고도 불리는 니두스 크리시는 얇고 길쭉한 잎 끝이 여러갈래로 갈라져 레이스처럼 꼬불거리는 특징을 가진 품종이다. 잎도 만져보면 뻣뻣하여 조화같은 느낌도 든다.

아비스 비너스 *Asplenium venus*

긴 타원형의 잎 가장자리에 불규칙한 갈퀴모양을 하고 있다. 잎 뒤의 엽맥은 검자주색을 띄고 있다.

8. 실내식물의 분류

Display Tip's

잎이 사방으로 넓게 펼쳐지는 형태로, 어느 정도 공간이 있는 곳에 두는 것이 좋다.

뿌리가 얕아서 바위나 나무에서 착생형으로 생육가능하다.

수태볼에 감아 행잉으로 식재한 아스플레니움

2) 박쥐란속 *Platycerium* spp.
- Elk horns(엘크 뿔), Common staghorn fern(사슴 뿔)

Did you Know?
박쥐란은 영양엽과 생식엽 두가지 잎을 가지고 있다. 일반적으로 푸릇하게 뻗어 있는 잎이 생식엽이고 줄기를 덮고 있는 듯한 잎이 영양엽이다.

박쥐란이란 이름으로 친숙한 이 식물은 오스트레일리아, 열대 아메리카, 열대아시아 원산의 상록양치식물이다. 전 세계에 17종이 있는 대형 착생양치식물이다.

나무나 바위에 붙어 서식하는 착생식물로 실내에서 흔히 행잉플랜트로 이용하다보니 잎이 거꾸로 매달려 있는 박쥐와 흡사하여 박쥐란이란 이름으로 불리지만 잎의 모양은 사슴뿔의 형태와 더 가깝다. 박쥐란은 속명 플라티케리움(Platycerium)에 넓다, 평평하다(Platys)와 뿔(Keros)이라는 의미를 가지고 있는 것처럼 회녹색의 사슴뿔 모양이 인상적인 관엽식물이다. 잎은 영양엽과 포자엽 두 가지로 나뉘는데, 나무에 밀착되어있는 것이 영양엽으로, 내부에 저수조직이 있다. 시간이 지나면 갈색으로 변하여 시든 잎 같아 보이지만 탈락하지는 않는다. 영양엽은 변색하면서 부드러웠던 잎이 딱딱하게 변한다. 포자엽은 직립 또는 쐐기 형태로 아래로 늘어지고 박쥐란의 특징이 보이는 잎을 말한다. 뿌리를 보호하는 영양엽의 형태나 생식엽이 품종에 따라 다른 형태를 하고 있다. 영양엽이 줄기를 둥글게 감싸는 듯한 형태, 생식엽이 위나 아래로 성장하는 형태 등 품종에 따라 다양하다.

수태나 나무판에 부착하여 행잉하거나 화분에 식재해도 잘 자라기 때문에 다양한 형태로 식재가 가능하다. 여러 갈래로 시원하게 뻗어 있는 수형으로 식물 한 개만으로도 존재감이 크다. 건조에 강하고 내한성도 좋아 온습도 조절을 적절하게 유지해주면 키우기 까다롭지는 않다.

Caring for Platycerium

Light : 밝은 곳을 선호하지만 강한 직사광선은 피하는 것이 좋다. 양치류 중 햇빛을 좋아하는 편으로, 하루 6~8시간 이상은 밝은 곳에 두는 것이 좋다.

Temperature : 내한성이 강한 편으로 10℃ 이하에서도 생육이 가능하나 16~25℃이 생육하기 좋은 온도이다. 겨울에도 12℃ 이상 유지해주는 것이 좋으므로 온도관리에 주의한다.

Caring for Platycerium

Water : 건조에 강한 편이지만, 뿌리 쪽 공중 습도를 다습하게 유지해주면 잘 자란다. 주 1회 정도 줄기 뿌리 부분을 상온의 물에 30분 이상 담가둔 후 통풍이 잘 되는 곳에 걸어놓는다. 잎을 만져보면 뻣뻣하고 힘이 있다가 수분이 부족할 때쯤엔 부드럽고 처지는 느낌이 드는데 이때 물을 주는 것이 좋다. 화분에 식재했을 경우에는 저면관수로 물을 주는 것도 좋은데, 관수 후에는 통풍이 잘 되는 곳에 두어 뿌리가 과습하지 않게 주의한다.

Soil : 흙에 심을 경우 통풍이 잘 되는 곳에 부식토를 섞어 심어주는 것이 좋다.

Propagation : 박쥐란은 양치식물로 번식은 근경을 통하거나 포자를 통해 번식하기 때문에 꽃을 피우지 않는다. 품종에 따라 포자주머니를 만들거나, 잎 뒷면에 갈색의 포자를 만드는 등 차이가 있다. 포자로 번식하려면 3년 이상은 돼야 포자를 만들기 시작한다. 분주도 가능한데, 생장점에서 나온 잎이 어느 정도 커지면 칼로 분리하여 옮겨 심으면 된다.

박쥐란
Platycerium bifuracatum

플라티세리움 슈퍼붐
Platycerium superbum

일반적으로 *Platycerium bifurcatum*과 *Platycerium superbum*이 관상용식물로 재배되고, 많은 교잡종들이 판매되고 있다.

종명 bifuracatum은 두 개의 가지로 갈라지는 것을 의미하는 것처럼 생식엽 끝이 크게 갈라져 사슴뿔과 같다. 비푸르카툼은 비교적 단정한 수형으로 일반 토분이나, 행잉 화분에 심어 걸어두기 좋다. 뿌리 부분을 감싸는 영양엽이 있어 물과 양분을 저장하는데, 과습하고 통풍이 좋지 않으면 검게 변하며 썩을 수 있다.

슈퍼붐은 퀸즐랜드와 뉴 사우스 웨일즈 북부의 저지대 우림이 원산인 종이다. 종명 superbum은 라틴어로 '최고'를 뜻한다. 크면 1m까지도 자라며 생식엽은 낙엽과 곤충을 수집하는 형태로 설계되어 있는데, 이것은 박쥐란의 칼륨과 칼슘의 공급원이고, 큰 잎사귀를 생산하는 데 필요한 영양소를 생성한다. 슈퍼붐은 번식을 하려면 포자번식이 유일한 방법이다.

플라티세리움 리들리
Platycerium Ridleyi

대왕박쥐란
Platycerium grande

종명 Ridleyi는 1880년대 싱가포르 식물원의 첫 번째 책임자인 Henry Nicholas Ridley 경의 이름을 따서 명명하였다. 다른 종과 달리 사슴의 뿔을 닮은 독특한 직립성 생식엽이 매력적이다. 영양엽에 깊은 윤곽이 아름답고 위로 뻗은 생식엽이 관상 가치가 매우 높은 종이다.

성장이 빠른 품종으로, 종명에서 알 수 있듯이 대형종이다. 성장을 할 수록 공간에 강한 존재감을 줄 수 있다. 높은 습도를 좋아하지만 과습하면 생육저하가 되어 키우기 쉽지 않다.

왕관박쥐란
Platycerium coronarium

플라티세리움 홀투미
Platycerium holttumii

플라티세리움 코로나리움은 생식옆이 아래로 길게 늘어지는 특징이 있다. 종명 코로나리움은 "왕관"이란 뜻을 가지고 있는데, 영양엽이 왕관처럼 단단하고 높게 갈라져 있기 때문이다.

커다란 생식엽이 늘어지는 형태의 품종이다.

Display Tip's

습도가 높고 밝은 곳에 두고 키워야 한다.

착생식물로 나무나 바위에 부착하여 식재하면 조형미가 돋보인다. 수태나 코코넛 분쇄한 것을 이용해 통기성 좋은 화분에 심기도 한다.

3) 줄고사리속 *Nephrolepis* spp.
- **Boston fern(보스턴 펀), Sword fern(스워드 펀), Feather fern(페더 펀), Lace fern(레이스 펀)**

보스톤 고사리(Boston fern)는 양치식물 중에서 상대적으로 적게 분포된 줄고사리과(Nephrolepi-daceae)의 줄고사리속 식물이다. 보스톤 고사리는 1890년경에 보스턴의 팔러에서 돌연변이 형태로 발견되었다. 이 지역에서는 줄고사리속 식물들이 많이 분포되어 있어 잡초로 여겨지기도 한다. 뿌리에서 바로 나와 방사상으로 퍼지며 늘어지는 잎은 재배환경에 따라 30~90cm 길이로 자란다.

Did you Know?
길쭉한 잎이 검을 닮았다 하여 sword fern이라고 하는데, 빽빽하게 자라기 때문에 열대지방에서는 경계를 하기 위해 심기도 한다.

보스톤 고사리는 밝은 곳과 그늘진 곳을 가리지 않고 잘 자라기 때문에 여름철 직사광선이 비추는 곳만 아니면 야외에 두어도 좋다. 양치식물 중에서 가장 대표적인 원예품종 중 하나이고, 일반적으로 행잉바스켓에 심어 많이 이용한다. 레이스처럼 곱슬곱슬한 녹색잎이 상큼하고 시원한 이미지여서 현관이나 베란다에 배치하면 좋다. 공기정화능력 중 포름알데히드 제거 능력이 매우 높고, 실내의 습도를 높이는 효과까지 있어 새집증후군 제거에 좋다.

보스톤 고사리는 여름에 야외에 두어도 좋지만, 밝은 빛과 높은 습도를 필요로 하기 때문에 겨울 동안에는 실내에 두어야 한다. 오래된 잎이 일부 떨어져 나가고 잎끝이 갈색으로 변하는 것은 정상이지만, 낙엽이 지면 지저분해 보이니 갈색으로 변하거나 부러진 잎은 바로바로 잘라내며 관리하는 것이 좋다.

Caring for Nephrolepis

Light : 보스톤 고사리는 밝은 곳을 좋아하므로 밝은 간접광에서 키우는 것이 좋다. 한여름철 직사광선만 피하면 야외에 두어도 잘 자란다. 어두운 곳에 오래 두면 잎이 연해지고 색이 진해진다.

Temperature : 생육하기 좋은 온도는 16~20℃으로, 시원하게 키우는 것이 좋다. 일반적으로 사람이 쾌적하다고 느끼는 온도와 유사하기 때문에 실내에서 키우기 좋다. 10℃ 이하에서는 하엽이 지기 시작하므로 겨울철에 관리에 주의해야 한다.

Water : 물은 흠뻑 주되 통풍에 신경써 토양은 과습하지 않게 해준다. 토양이 항상 젖어있으면 뿌리가 과습하여 죽기 쉬우므로 잎에 자주 분무를 하여 공중습도를 높게 유지해주는 것이 좋다. 습도가 낮으면 잎이 누렇게 변하고 낙엽이 지므로, 물을 오래 못 주게 되는 상황이면 화분받침에 자갈을 깔고 물을 부어 그 위에 화분을 놓아 저면관수로 관리해주는 것도 방법이다.

Soil : 배수력, 보수력이 좋은 일반 배양토면 충분하다.

Propagation : 보스톤 고사리는 다른 양치식물처럼 포자번식을 하지않고 포기나누기를 하거나 뿌리 런너를 통해 번식을 한다. 런너를 물에 닿게 두거나 흙에 덮어두면 뿌리가 나고 새 개체가 생긴다. 뿌리가 가득차면 봄에 분주나, 분갈이를 해주는 것이 좋다.

보스톤고사리 '보스톤엔시스'
Nephrolepis exalata 'Bostoniensis'

보스톤고사리 '바리에가타'
Nephrolepis exaltata 'Variegata'

보스톤 고사리는 엑살타타(*N.exaltata*) 중에 55종이 있는데, 흔히 접하는 품종은 보스톤 고사리 엑살타타 보스토니엔시스다. 잎의 길이는 80~100cm 정도로 행잉으로 많이 이용한다.

밝은 녹색의 무늬가 있는 무늬보스톤고사리로 관상 가치가 높다.

보스톤고사리 '플루피 루플스'
Nephrolepis exalata 'Fluffy Ruffles'

보스톤고사리에 비해 잎이 더욱 촘촘하고 물결치는 형태이다.

보스톤 고사리 필카타 '푸르칸스' *Nephrolepis falcata* 'Furcans'

물고기 꼬리 고사리라고도 불리는 네프롤레피스 필카타는 생장이 빠르며 60~90cm 크기의 식물이다. 주름이 잡힌 질감의 잎과 진갈색의 줄기가 멋스럽다.

Display Tip's

크게 키운 보스톤고사리를 행잉으로 두면 굉장히 이국적이고 시원한 분위기를 줄 수 있다.

시원한 느낌을 주는 보스톤 고사리

일반적으로 행잉형태로 많이 식재한다. 행잉플랜트로 식재 시 토양 통풍에도 좋고 방사형으로 뻗은 잎이 이국적이고 시원한 느낌을 준다.

늘어지는 형태이기 때문에 높은 화분에 식재해도 좋다.

난과 함께 행잉으로 식재한 보스톤 고사리

4) 공작고사리속 *Adiantum* spp.
- Maidenhair fern(메이든헤어 펀)

양치식물 중에서 많이 보급되고 있는 공작고사리속으로 고사리과이다. 열대에서 온대에 걸쳐 약 200여 종이 있으며 대부분 열대아메리카 원산식물이다. 아디안텀의 속명은 그리스어로 "젖지 않은"이라는 의미인데, 은행나무 잎과 비슷한 앙증맞은 작은 잎은 물에 잘 젖지 않는다. 잎자루는 철사처럼 단단한데, 광택이 도는 갈색으로 속이 비어있다.

전체적인 수형이 시원하고 부드러운 느낌을 주는데다 실내처럼 광도가 낮은 곳에서 잘 자라서 실내식물로 인기가 높다. 하지만 높은 공중습도를 필요로 하기 때문에 건조피해를 받는 경우가 있어, 관리요구도가 낮지 않다.

Did you Know?
영명 Maiden(아가씨)hair는 잎이 작고 귀여운 소녀의 머리카락을 닮았다 하여 붙여진 이름이다.

Caring for Adiantum

Light : 아디안텀은 개울 옆의 습한 지역, 틈새 및 산림 가장자리에서 자라는 반음지식물로 광을 크게 필요로 하지 않는다. 하지만 너무 어두운 곳에서 키우면 가늘고 길게 자라며 수형이 엉성하니 광조절을 잘해주어야 한다. 봄, 여름철 강한 직사광선에 두면 잎이 타기 쉬우므로 주의한다.

Temperature : 생육하기 좋은 온도는 16~21℃이고, 내한성이 약해 겨울에 15℃ 이상 유지해주어야 한다.

Water : 높은 공중습도를 필요로 하고, 조금만 건조해도 생육 저해가 온다. 한번 건조피해를 받은 식물은 다시 살리기 힘드므로 수분관리를 잘해주어야 한다. 여름철에도 매일 분무를 해주어 공중습도를 높여준다.

Soil : 배수력과 보수력이 좋은 일반 배양토에 식재하면 된다. 수분 요구도가 높지만 토양이 과습하면 뿌리가 숨을 쉬지 못하므로 토양 배수력도 신경 써준다. 바크로 멀칭을 하여 상토가 쉽게 마르지 않도록 관리해주는 것이 좋다.

Propagation : 아디안텀도 포자번식을 한다. 잎 뒷면에 가장자리에 하얀포자가 생기다가 검게 변하면 성숙하다가 떨어진다. 분갈이 시 분주를 통해서도 개체수를 늘릴 수 있다.

아디안텀 라디아늄
Adiantum raddianum

남아메리카 원산의 약 50cm정도까지 크는 종이다. 숲의 하층부, 바위틈, 강둑, 해안절벽, 개울같은 곳에서 자생하고 삼각형의 잎은 처음에는 직립형태로 자라다가 쳐진다. 잎은 작은 은행잎같은 모양으로 앙증맞은 느낌을 준다.

Display Tip's

아디안텀은 뿌리를 항상 촉촉하게 유지해주는 것이 좋아 토분에 식재할 경우 일반 화분에 식재한 것에 비해 관수 횟수를 늘려준다.

화분에 하얀자갈을 이용해 멀칭을 하면 싱싱한 초록색을 감상할 수 있다.

5) 봉의 꼬리속 *Pteris* spp.
- Brake Fern, Ribbon fern, Table fern

봉의 꼬리속은 전 세계적으로 열대 및 아열대 지방이 원산지인 약 300종을 포함하는 속으로 고사리과다. 이 속은 상록, 반상록, 낙엽성으로 구성되어 있고 일반적으로 관엽식물로 재배되며, 일반적인 이름 Brake 또는 Brake fern으로 불린다. 우리나라에는 큰봉의 꼬리 등 4종이 제주도와 남해에서 자생한다. 이 속의 양치류는 키우기 어렵다고 생각할 수 있지만 초보자에게 훌륭한 양치류이다. 많은 품종이 있는데, 특이한 주름과 크림색이 섞여 있는 품종이 가장 일반적이다.

Did you Know?
잎의 색이 밝은 편으로 실내정원에 지피식물로 식재하여 이용하기 좋다.

주름이 있는 잎이 매력적인데, 물리적 접촉에 의해 쉽게 손상되기 때문에 활동이 많은 장소에 두지 않는 것이 좋다. 대부분은 키가 15~30cm 정도 자라는 소형종이지만, 일부는 90cm까지 자라기도 한다. 프테리스도 영양엽과 생식엽이 있는데, 우리가 흔히 감상하는 무늬가 있고 넓은 잎이 영양엽으로 생식엽에 비해 아래쪽에서 나온다. 생식엽은 포자를 잘 퍼트리기 위해 위쪽에서 나오는 편으로 영양엽에 비해 얇다. 생식엽의 뒷면을 보면 줄지어 있는 포자를 찾을 수 있다.

Caring for Pteris

Light : 다소 어두운 곳에서도 잘 자라는 편으로, 봄부터 가을까지는 낮은 광 아래나 실내의 북쪽에 둬도 잘 자란다. 겨울철 낮은 온도에서는 동쪽이나 남쪽으로 옮겨 주도록 하되, 직사광선은 피한다.

Temperature : 16~21℃가 생육하기 좋은 온도로, 여름에도 밤 온도를 서늘하게 해주면 잘자란다.

Water : 건조에 강한 편이지만, 뿌리 쪽 공중습도를 다습하게 유지해주면 잘 자란다. 주1회 정도 줄기 뿌리 부분을 상온의 물에 30분 이상 담가둔 후 통풍이 잘되는 곳에 걸어놓는다. 잎을 만져보면 뻣뻣하고 힘이 있다가 수분이 부족할 때쯤엔 부드럽고 처지는 느낌이 드는데 이때 물을 주는 것이 좋다. 화분에 식재했을 경우에는 저면관수로 물을 주는 것도 좋은데, 관수 후에는 통풍이 잘되는 곳에 두어 뿌리가 과습하지 않게 주의한다.

Soil : 토양은 항상 촉촉하게 유지하되, 수분이 과하지 않게 주의한다. 뿌리가 깊은 편이 아니므로 흙을 깊게 심지 않아도 되고, 암석이나 나무판 등에 부착하듯이 식재해도 좋다. 매일매일 분무기를 통해 공중습도를 높여주는 것이 좋다.

Propagation : 양치식물로 삽목은 힘들다. 분주를 할 경우 봄에 해주는 것이 좋은데, 분주를 할 필요가 없을 만큼 생장속도가 느리다.

프테리스 크레티카 *Pteris cretica*

동부아시아, 말레이반도, 오스트레일리아 원산의 상록성 다년생 식물이다. 우리나라에서는 '큰봉의 꼬리'라고 불리는데, 잎의 주맥을 따라 있는 흰무늬가 화사하고 아름답다. 크게 자라는 종이 아닌데, 높이 75cm, 너비 60cm정도로 자라고 성장이 느린 편이라 처음 심을 때 맞는 화분에 심는 것이 좋다.

프테리스 엔시포르미스 '빅토리아' *Pteris ensiformis* 'Victoriae'

가늘고 직립형태의 양치류로 30~50cm까지 자라며 잎 중앙은 은백색이고 잎 길이가 20~30cm까지 자란다.

Display Tip's

크지 않은 수종으로 넓은 실내 정원의 하층부에 식재해줘도 좋다. 밝은 크림색의 무늬가 어두운 실내를 화사하게 해준다.

8. 실내식물의 분류

2. 닭의장풀과 Commelinaceae

닭의장풀과는 전 세계에 38속 600여 종이 있으며 대부분 열대, 아열대 및 온대 지방에 분포하고 있다. 우리나라에는 4속 6종이 분포한다. 모두 초본식물로 마디가 있고 생육이 왕성하다. 닭의장풀 같은 경우 정원에서 흔히 잡초로 취급되고, 자주달개비는 양달개비라고도 불리는데 북아메리카 원산으로 관상용으로 많이 식재한다. 자주달개비 같은 경우 수술털의 선단세포가 분열 능력이 있어 발생, 분열과정 중에 돌연변이원에 노출이 되면 쉽게 돌연변이를 일으켜, 생물학적 Biomonitoring 시스템에 흔히 이용된다.

자주색달개비(*Setcreasea pallida*)는 높이 40~50cm정도의 다년생 초본인데 줄기와 잎이 모두 붉은 보라색을 하고 있어 정원에서 계절 초화류들과 매우 잘 어울리고 관상 가치가 높다. 관엽으로 심는 달개비는 열대원산으로 노지에서 키우기 힘들다.

노지에 식재하는 다년생 초화류 자주색달개비와 실내에서 관엽식물로 식재하는 얼룩자주달개비

Did you Know?
달개비꽃은 한나절 피었다가 지지만 계속해서 다른 꽃을 피워내며 여름 내내 꽃을 피우는 식물이다.

1) 자주달개비속 *Tradescantia* spp.
- Silvery wandering jew, Zebrina inch plant

얼룩자주달개비는 브라질 원산의 식물로 키우기 쉽고 빠르게 자라는 관엽식물이다. 잎 끝이 뾰족한 난형이고 길이는 5~7cm 정도 된다. 앞뒷면은 자주색이고 앞면의 은백색 무늬가 아름답다. 꽃은 연보라색으로 포 사이에서 나오는데, 대략 1cm 정도 되는 크기로 크지 않다. 줄기 마디에서 뿌리를 내어 사방으로 뻗는 성질이 있으며 흔히 행잉으로 연출한다. 여러 가지 식물과 같이 식재할 경우 하층부에 지피 식물로 식재해줘도 좋다.

생육이 왕성해 금방 무성해지는 경향이 있는데, 봄에 줄기 끝을 잘라서 토양에 심으면 쉽게 번식시킬 수 있다.

Caring for Tradescantia

Light : 중간이상 높은 광도를 요구하므로 밝은 창가에 두는 것이 좋다. 광이 부족할 경우 무늬가 약해지거나 아랫잎부터 떨구며 수형이 엉성해진다. 수형이 엉성해지면 줄기를 잘라 정리해준다.

Temperature : 생육하기 좋은 온도는 21~25℃ 이고, 최저 10℃이하로 떨어지지 않게 주의한다.

Water : 토양표면이 마르면 충분히 관수해준다. 덩굴성식물로 행잉플랜트로 이용할 때 화분에 두는 것보다 쉽게 건조해지므로 관리에 주의한다. 겨울철에는 관수 횟수를 줄여주되 한번 관수할 때 흠뻑 준다.

Soil : 배수력과 보수력이 좋은 일반 배양토에 식재하면 된다. 건조에 강한 편이며, 풍성하게 자라 식물 내부에서 과습하기 쉬우니 통풍이 잘되도록 수형을 조절해준다.

Propagation : 생육이 왕성하여 뻗어 나간 줄기가 토양에다가 뿌리를 내린다. 길게 자란 줄기를 잘라 물꽂이를 하거나 토양에 심으면 쉽게 뿌리를 내린다. 화분이 꽉 차면 분갈이를 하며 분주를 해줘도 좋다.

흰줄무늬달개비 *Tradescantia albiflora* 'Albovittata'

멕시코 원산의 재배품종으로 녹색과 흰색의 줄무늬 무늬가 화사한 품종이다. 봄에 흰색 꽃이 피는데, 빛이 부족하면 무늬가 흐려지므로 직사광선이 아닌 밝은 곳에서 키운다. 꽃은 봄에 피는데 흰색으로 피며 노란색 수술을 가지고 있다.

브라질달개비
Tradescantia fluminensis

브라질무늬달개비
Tradescantia fluminensis 'Variegata'

청엽종의 달개비로 무늬가 거의 없다.

브라질달개비의 원예품종인 브라질무늬달개비(Tra-descantia fluminensis 'Variegata')는 잎의 앞뒷면에 황백색 무늬가 들어가 있으며 광선이 약하면 무늬가 희미해진다.

Display Tip's

덩굴성식물로 벽면이나 울타리에 식재한 화분을 걸어두어도 좋다.

바구니에 식재하여 걸어두기 좋은 수종이다.

3. 대극과 Euphorbiaceae

대극과는 대부분 인도-말라야 지역과 열대 아메리카에 분포하고 있으며, 지중해 분지, 중동, 남아프리카 및 미국 남부와 같은 비열대 지역에도 많은 종이 있다. 초본, 관목, 교목으로 구성된 커다란 과로 280속 약 8,000여 종 가량이 있는데, 한국에는 10속 20여 종이 분포하고 있다. 그중 *Euphorbia canariensis*와 같은 식물은 건조지대에서 자라는 것과 같이 즙이 많고 선인장과 비슷한 특징을 가지고 있다. 이 식물들의 줄기 속에는 흰색 유액이 들어 있기도 하는데, 이 독성 수액은 초식 동물이 접근하지 못하도록 한다.

대극과 식물의 포엽은 꽃처럼 보이는데, 실제 꽃들은 배상꽃차례(Cyathium)이고 그룹으로 뭉쳐서 핀다. 꽃기린 같은 다육성 종류와 포인세티아가 대표적인 대극과의 실내식물이다.

아칼리파 레프탄스	*Acalypha reptans*
코디아애움속	*Codiaeum* spp.
포인세티아	*Euphorbia pulcherrima*

1) 아칼리파 레프탄스(여우꼬리풀) *Acalypha reptans*
- Dwarf Chenille, Firetail, Cat tail, Bastard Copperleaf, Everglades Copperleaf

인도, 동남아시아 원산의 아킬라파 렙탄스는 흔히 여우꼬리(혹은 붉은여우꼬리)라고 불리는 깨풀속 식물로, 강아지풀 같은 통통한 꽃이 여우꼬리 같아서 붙은 이름이다. 상록 관목으로 생육환경만 맞으면 일 년 내내 개화한다. 짙은 녹색의 난형 잎은 덥고 습한 여름 기후에 풍성해지고, 높이와 너비가 최대 30~45cm까지 자란다. 다소 늘어지게 자라는 형태로 화분이나 바구니에 걸어두는 것이 좋다.

Did you Know?
꽃이 물에 닿거나 과습하게 관리하면 검은색으로 변색되기 쉬우니 주의한다.

아칼리파(여우꼬리풀)의 개화하는 모습

Caring for Acalypha

Light : 다소 어두운 곳에서도 잘 자라지만 밝은 곳에서 키우면 꽃의 색이 선명해진다. 한여름 직사광선에서도 잘 자라기 때문에 여름철 야외에 두어도 좋지만, 과습에 주의해야 한다.
Temperature : 생육하기 좋은 온도는 21~25℃이고, 내한성이 약해 13℃ 이상 유지해줘야 한다.
Water : 수분요구도가 높지 않으므로 과습하지 않도록 통풍과 배수에 신경 써준다. 겨울철에는 흙이 촉촉하지 않은 상태로 유지할 수 있도록 한다.
Soil : 비옥하고 배수가 잘되는 토양에서 키워야 한다. 실내에 광이 부족한 환경에서 키울 경우 양분이 없는 토양에 식재해주는 것이 좋다.
Propagation : 줄기 삽목을 통해서 번식이 가능하다. 삽목을 할 경우 이른 봄에 해주는 것이 좋다.

Display Tip's

야외에 식재한 여우꼬리. 월동을 못하기 때문에 서리가 내리기 전에 실내로 이동시킨다.

2) 코디아애움속 *Codiaeum* spp.
- Croton(크로톤), Joseph's Coat

크로톤은 약 16종의 상록수 다년생 관목 종을 포함하는 속으로 인도네시아, 말레이시아, 호주 및 서태평양 섬이 원산으로 강우량이 많으며 토양이 산성인 곳에서 자생한다. 크로톤은 열대성 관목으로 1.8m 정도로 자라며, 크고 두껍고 가죽 같은 광택이 나는 상록수 잎이 인상적이다. 크로톤은 변이종이 많은 식물로 잎의 다양한 모양과 잎의 착색 및 색상 패턴 또한 각 품종을 구별하는 두드러진 특징이다. 식물의 잎은 필요한 빛의 요구도나, 수분의 증발, 비바람 등의 피해를 견디기 위해 최적의 형태를 가지는데 크로톤은 사실상 모든 종류의 잎 형태가 한 종에서 볼 수 있을 만큼 다양해서 인기가 높고 다양하게 디스플레이하기 좋다.

노란색, 주황색, 연두색, 초록색 조합을 포함하는 대담한 잎 색상은 크로톤의 특징이다. 잎 색깔은 식물이 빛을 충분히 받았을 때 가장 선명하며, 일반적으로 늙은 잎일수록 주황색과 빨간색이 많다.

크로톤은 공기정화능력이 우수한 실내식물 중 하나로 미세먼지와 각종 실내 유해물질 제거에 탁월한 능력을 가지고 있다. 다른 대극과 식물과 마찬가지로 자른 부위에서 나오는 수액은 일부 사람들에게 습진을 유발할 수 있으므로, 분갈이나 잎을 정리할 때 주의한다. 수액은 치명적이지 않으나 씨앗이나 씨방은 유독하므로 아이와 반려동물이 있는 집은 주의한다.

야외에 식재되어 있는 크로톤(태국)

Did you Know?
어두운 곳에 두면 잎의 크기가 작아지거나 노란색이나 주황색 등 잎의 색이 사라져 초록색으로 변하기도하고, 잎을 떨구기도 한다.

크로톤의 꽃으로, 실내에서는 꽃을 잘 피우지 않는다.

> **Caring for Codiaeum**
>
> **Light** : 실내에서 가장 밝은 곳에 두어야 한다. 자리 이동을 좋아하지 않으므로 여름철 외부에 두었다가 실내로 들이는 경우 3주에 걸쳐 서서히 들여놓는 것이 좋다. 크로톤은 어두운 곳에서 키우면 잎이 낙엽 질 수 있으므로 주의해야 한다.
>
> **Temperature** : 생육하기 좋은 온도는 16~29℃이고, 내한성이 약해 13℃ 이상 유지해줘야 한다. 저온에서의 생육은 잎 손실이 생길 수도 있다.
>
> **Water** : 크로톤은 두툼한 잎에 비해 증산율이 높아 5~9월에는 겉흙이 말랐을 때 물을 듬뿍 주고, 여름철에는 분무를 자주 해주어 공중습도를 유지해주는 것이 좋다.
>
> **Soil** : 비옥하고 배수가 잘되는 토양에서 키워야 한다. 실내에 광이 부족한 환경에서 키울 경우 양분이 없는 토양에 식재해주는 것이 좋다.
>
> **Propagation** : 크로톤의 키가 크고 가늘어지면 꼭지를 잘라내고 줄기 끝을 자르듯이 삽목하여 번식이 가능하다. 삽목을 할 경우 이른 봄에 해주는 것이 좋다. 흙에 바로 해주는 것보다 물꽂이를 통해 번식을 하는 것이 성공률이 더 높다.

일반적으로 시중에서 많이 볼 수 있는 품종은 코디아애움 바리에가텀(*Codiaeum variegatum*)의 원예품종으로, 잎의 모양에 따라 광엽계, 비엽계, 나선계 등 7계통으로 나누어진다.

크로톤 '바나나' *Codiaeum variegatum* var. pictum 'Banana'

잎의 가장자리와 중앙에 노란색 선형 줄무늬가 바나나 같다 해서 붙은 이름이다. 잎이 트위스트로 말리는 종류로 크기가 전체적으로 작은 소형종이다.

크로톤 아펜디큘라텀 *Codiaeum variegatum* var. pictum 'Appendiculatum'

나선엽계 크로톤으로 잎이 가늘고 길며 주맥의 노란색을 제외하곤 잎의 색이 많지 않은 품종이다.

크로톤 '골드 더스트' *Codiaeum variegatum* var. pictum 'Gold dust'

얇고 긴 잎에 노란색 무늬가 불규칙하게 있는 품종으로 마치 페인트를 뿌린거 같은 모양이다. 시중에서 흔히 볼 수 있는 품종으로 건조에 약하기 때문에 관수를 잘해주고 통풍에 신경써준다.

크로톤 '아케보노'
Codiaeum variegatum var. pictum 'Akebono'

엽육이 얇은 편으로 앞 길이는 10cm정도 되는 중간 크기의 크로톤이다.

8. 실내식물의 분류

Display Tip's

다양한 잎의 모양이 매력적인 크로톤

중부지방에서 늦봄~초가을까지는 야외에 두면 선명한 잎의 크로톤을 감상할 수 있다.

테이블 장식으로도 가능한 소형종의 크로톤

크로톤은 소형부터 대형까지 다양한 크기가 있으므로 품종에 맞는 화분을 선택하여 심어주는 것이 좋다.

3) 포인세티아 *Euphorbia pulcherrima*

포인세티아는 단일조건에서 화아 분화하여 크리스마스 시기에 포엽이 붉어져 흔히 크리스마스꽃이라고 불린다. 남부 멕시코와 북부 과테말라 원산의 관목으로 꽃잎과 꽃받침이 없으며, 꽃잎을 닮은 화사하고 다양한 색의 포엽은 잎이 변형된 부분이다. 진한 색의 포엽과 녹색의 잎이 강렬한 대비를 이뤄 아름답고 실내 분위기를 따뜻하게 해준다. 크리스마스 시즌에 성탄절 장식으로 특히 많이 이용된다. 뿌리가 약해 분갈이를 좋아하지 않기 때문에 하게 되면 꽃이 진 후 하도록 한다. 멕시코 남부 원산지의 낙엽관목식물로, 가운데에 작은 노란색 꽃은 크고 화려한 포엽에 둘러싸여 있다.

주로 관상하게 되는 포엽은 9월 하순부터 하루 14시간 이상 어두운 곳에 두어야 크리스마스 시즌에 맞게 붉게 물든다. 포인세티아는 겨울철 대표적인 분화식물이지만 내한성이 약하기 때문에 실내에서 키우도록 해야 한다. 겨울 시즌에 관상 가치가 매우 높고 공기정화 능력도 좋아 인기가 많지만 관리가 까다로운 편에 속하므로 주의해서 키우도록 한다.

포인세티아의 노란색 꽃

Caring for Euphorbia

Light : 밝은 곳을 좋아하기 때문에 햇빛이 잘 들어오는 곳에 두어 포엽색을 아름답게 오래 유지할 수 있다.

Temperature : 추위에 약해 온도가 낮으면 잎이 떨어진다. 21~25℃ 정도 온도로 맞춰주고 13℃ 이상 내려가는 곳에 두지 않는다. 열대성 식물로 추위를 매우 싫어해 찬바람을 잠깐만 쐐도 잎이 시들 수 있으니 주의해야 한다.

Water : 과습에 취약하기 때문에 과습하지 않도록 겉흙이 마르면 물을 흠뻑 주거나 저면관수를 하도록 한다.

Soil : 비옥하고 배수가 잘되는 토양에서 키워야 한다. 실내에 광이 부족한 환경에서 키울 경우 양분이 없는 토양에 식재해주는 것이 좋다.

Propagation : 꺾꽂이로 삽목이 가능하다. 뿌리가 약해 분갈이를 좋아하지 않기 때문에 하게 되면 꽃이 진 후 하도록 한다.

포인세티아는 수입 품종이 많아 우리나라에서도 활발히 품종육성이 이루어지고 있다. 품종에 따라 포엽색, 엽색, 포엽 및 엽의 모양, 수형, 수세 등이 다르다. 유전적인 특성은 유사하고 포엽색만 다른 품종들이 개발되기도 하여 많은 품종이 있다.

포인세티아 '미스메이플'
Euphorbia pulcherrima 'Miss Maple'

포엽과 잎에 깊은 결각이 있는 밝은 적색 포엽의 품종이다. 엽맥 사이의 주름이 거의 없다.

포인세티아 '페이퍼민트 핑크'
Euphorbia pulcherrima 'Pepermint Pink'

난형 잎모양의 포인세티아로 분홍색 포엽 엽맥 사이의 노란색 주름이 뚜렷하여 무늬감이 느껴진다.

포인세티아 '다빈치'
Euphorbia pulcherrima 'Davinch'

복숭아색 넓은 포엽에 결각이 있고 노란색 엽맥과 붉은색 점무늬가 조화롭다.

포인세티아 '마블벨'
Euphorbia pulcherrima 'Marble Bell'

연노란색 가운데 분홍색 무늬가 있는 덮개잎이 아름답다.

포인세티아 '이찌방'
Euphorbia pulcherrima 'Ichibang'

결각이 있는 붉은 포엽이 아름답다.

포인세티아 '후리덤 레드'
Euphorbia pulcherrima 'Freedom Red'

끝이 뾰족하고 난형이 넓은 잎을 가지고 있는 품종이다.

최근 국내에서 다양한 국산 품종이 개발 육종되고 있다. 소형, 중소형, 중대형 등 크기부터 분홍색, 형광빛의 황록색, 복숭아색 등 다양한 포엽의 색과 둥글거나 뾰족한 여러 가지 잎의 형태가 특징이다.

그 외 포인세티아 품종들 (*Euphorbia pulcherrima* cv.)

Display Tip's

포인세티아는 크리스마스 시즌에 붉게 포엽이 물든다.

4. 두릅나무과 Araliaceae

주로 열대에 55속 700여 종이 있고 우리나라에 8속 14종이 분포하고 있다. 대부분이 교목, 관목류로 경제적으로 중요한 식물이 많다. 두릅나무과 식물의 형태는 매우 다양한데, 많은 연구에서 과(family)로 분류할 수 있는 통일된 특성이 특별히 없다. 대부분은 열대지역에 분포하고, 일부 온대기후에도 분포한다. 외래종으로 쉐프렐라속이 실내 공기정화 식물로 인기가 많다.

송악속	*Hedera* spp.
쉐프렐라속	*Schefflera* spp.

1) 송악속 *Hedera* spp.
- Common ivy, English Ivy, European ivy, ivy

아이비는 유럽, 북아프리카에 널리 분포하는 대표적인 관엽식물이며, 두릅나무과 송악속 상록덩굴식물로, 우리나라 자생종으로는 송악이 있다. 짙은 녹색의 잎은 빽빽하게 나는 편으로, 키가 큰 식물 밑이나 넓은 면적을 지피할 때 식재하기 좋다. 헤데라 속 중 일반적으로 흔히 유통되는 종은 헤데라 헤릭스(*Hedera helix*)의 원예품종인 잉글리시아이비(English ivy)로, 실내식물로 많이 이용되며 영국 이주민들이 미국으로 이주할 때 가져간 것이라 해서 붙은 이름이다.

아이비류는 대부분 덩굴성으로, 착생용 공중 뿌리가 있어 흡착형 벽면녹화형태로 연출할 수 있지만 시간과 관리가 필요하므로 빠른 인테리어 효과를 원할 때는 행잉으로 식재한다.

유럽에서는 벽면녹화로 많이 심으며, 식물을 이용한 벽면녹화는 건물 내부를 시원하게 하고 토양 수분, 온도변화로부터 건물을 보호하기 때문에 식재를 권장한다.

아이비는 수액을 만지면 약간의 피부염이 생길 수 있고 특히 잎을 먹으면 유독하니 주의해야 한다. 줄기를 잘라 물에 꽂아두면 잘 자라 수경재배로 키우기도 좋지만, 분으로 식재할 때 공기정화 능력이 더 높다. 아이비는 저온과 건조에 강하지만 고온에서는 생육이 불량해지므로 여름철에 관리요구도가 올라간다.

성장이 빠른 편으로 2년마다 분갈이를 해주면 크게 키울 수 있다. 잎 모양, 크기 및 품종이 다양하여 수백 가지의 품종이 있어 실내녹화 식물로서의 활용가치가 높다.

Did you Know?
제주도와 울릉도 등 남부지방에서 자생하는 송악(*Hedera rhombea*)도 헤데라속 상록덩굴식물이다.

> **Caring for Hedera**
>
> **Light** : 반음지식물로 광을 크게 필요로 하지 않는다. 봄, 여름철 강한 직사광선에 두면 잎이 타기 쉬우므로 주의한다.
> **Temperature** : 지중해성 기후 원산으로 따뜻하고 낮은 습도에서 잘 생육한다. 생육하기 좋은 온도는 16~20℃이고, 뿌리를 내리면 건조에도 잘 견디고 내한성도 좋다. 낮이 따뜻하고 밤이 시원한 봄과 가을에는 야외에서도 생육이 가능하다.
> **Water** : 토양을 촉촉하게 유지하되 통풍에 신경을 써서 과습하지 않도록 관리한다. 과습하면 잎이 시들고 생육이 나빠지므로 통풍이 잘되는 곳에 둔다. 잎에 분무를 자주해주며 공중습도를 높여 관리해주면 좋다.
> **Soil** : 고온건조하면 응애가 생겨 잎끝이 누렇게 되므로 건조에 주의한다. 통풍이 잘되는 곳에 부식토를 섞어 심어주는 것이 좋다. 건조피해를 받으면 생육이 급격하게 나빠지므로 보수력이 좋은 흙에 심는 것이 좋다.
> **Propagation** : 경삽으로 번식을 할 수 있다. 물꽂이를 한 뒤 화분에 식재해도 좋다.

아이비는 성년기와 어린잎의 모양이 다르며 어린잎일 때 줄기의 변이가 잘 일어나 수백 가지의 품종이 있다.

아이비 '지브라'
Hedera helix 'Zebra'

아이비 '실버 버터플라이스'
Hedera helix 'Silver Butterflies'

두툼한 질감의 잎에 크림색의 무늬와 쨍한 초록색 잎의 조화가 관상가치가 높다. 그늘에서 키우면 낙엽이 지고 무늬색이 사라지는 경향이 있다.

잎이 얇고 뾰족하며 짙은 초록색 바탕에 크림색 무늬가 드문드문 있는 품종이다.

아이비 '로만체'
Hedera helix 'Romanze'

덩굴로 3~5개의 광택이 있는 잎이 물결처럼 말려 있고 밝은 초록색 잎을 가진 품종이다.

아이비 '미스티'
Hedera helix 'Misty'

넓고 뾰족한 형태의 잎은 회녹색 바탕에 흰색 얇은 무늬가 있다.

아이비 '페르케오'
Hedera helix 'Perkeo'

연한 초록색 잎은 전체적으로 물결치듯 구불거려 화려해보이며, 성장이 다소 빠른 품종이다.

아이비 '루지'
Hedera helix 'Luzii'

생육이 매우 왕성하고 가지가 많은 중형 사이즈의 품종으로, 삼각형 모양으로 얕게 갈라진 짙은 녹색 잎과 연한 녹색이 많이 얼룩진 품종이다.

아이비 '골든걸'
Hedera helix 'Golden Girl'

밝은 노란색 무늬가 있는 중간 크기의 광택있는 회녹색 잎을 가진 품종으로 고온에서 키우면 노란색이 탁해질 수 있다. 생장속도가 빠른 편이다.

8. 실내식물의 분류

아이비 '민티'
Hedera helix 'Minty'

진한 초록색과 회색, 크림색, 밝은 초록색이 섞여 있는 품종으로 잎의 성숙함에 따라 짙은 녹색으로 변한다. 분화식물 및 관엽식물로 이상적인 품종이다.

아이비 '마틸데'
Hedera helix 'Mathilde'

넓은 중간 크기의 잎을 가진 품종으로 짙은 회녹색 바탕에 가장자리가 크림색으로 잎이 뾰족하고 긴 형태이다.

아이비 '체스터'
Hedera helix 'Chester'

중간 크기의 회녹색 잎과 가장자리에 크림색 무늬가 있는 품종으로 전체적인 모양이 하트형태에 가깝다.

아이비 '어슬러'
Hedera helix 'Ursula'

아이비 '캘리포니아골드'
Hedera helix 'Califonia Gold'

아이비 '플래시백'
Hedera helix 'Flashback'

아이비 '커바세우스'
Hedera helix 'Curvaceous'

아이비 '덴마크'
Hedera helix 'Denmark'

아이비 '트라이컬러'
Hedera helix 'Tricolor'

아이비 '리틀 루지아이'
Hedera helix 'Little luzia'

아이비 '헬레나'
Hedera helix 'Helena'

Display Tip's

아이비는 지피로 식재하기 좋은 관엽식물로 하층부 식재하기에 좋다.

흰색 무늬가 섞인 아이비는 관리에 좀 더 신경을 써야 한다.

2) 쉐프렐라속 *Schefflera* spp.
- Umberella tree, Umbrella plant

동남아시아 자생종의 원예품종으로 관엽식물로 많이 이용되는 상록수이다. 줄기와 잎이 우산 모양을 하고 있다 해서 우산나무라고 불리고, 홍콩야자, 쉐프렐라 라고도 불린다. 둥글둥글한 형태의 잎은 두껍고 광택이 있는 편으로 공기정화능력이 좋고 증산작용이 뛰어난 편으로 실내식물로 좋다. 자생지에서 10m까지 자라고 실내에서도 공간이 크면 크게 자라는 편으로 가지치기를 해주어 크기를 조절해주는 것이 좋다. 가지치는 방법에 따라 다양한 수형을 만들 수 있어 실내에서 여러형태로 연출하기 좋다.

초반에 받침목을 받쳐주어 직립으로 자라게 수형을 잘 잡아주는 것이 좋다. 관리요구도가 낮아 식물을 처음 키우는 사람이나, 사무실에서 키우기 좋은 식물이다.

Did you Know?
쉐프렐라에는 독성 성분인 옥살산칼슘 성분이 있으므로 분갈이나 가지치기 시 피부에 닿지 않게 주의한다.

잎의 끝이 둥글어서 부드러운 분위기를 느낄 수 있다.

Caring for Schefflera

Light : 밝은 그늘과 반그늘 환경에서 무난하게 잘 자란다. 밝은 곳에 두고 키우면 잎을 광택감 있고 건강하게 키울 수 있다. 어두운 곳에서도 잘 자라지만 잎의 광택감이 사라질 수 있다. 한여름에 직사광을 받으면 잎이 누렇게 변할 수 있으므로 주의한다.

Temperature : 생육하기 좋은 온도는 21~25°C 이고, 겨울철 13°C 이상 유지해주어야 잘 자라므로, 따뜻한 곳에서 키우는 것이 좋다.

Water : 건조한 환경에서 잘 자라며, 과습에 주의한다. 과습 시 잎의 색깔이 옅어지고 잎이 쳐지다가 낙엽 질 수 있다. 불규칙적으로 관수를 하면 식물 수형이 고르지 않게 자랄 수 있으므로, 적어도 주 1회 관수하도록 한다.

Soil : 환경적응력이 좋은 식물로 건조에 잘 견디는 편이다. 과습하지 않고 배수력이 좋은 토양에 심고 통풍이 잘되도록 신경 쓰는 것이 좋다. 토양에 영양분이 부족일 때 잎이 노랗게 변색될 수 있으므로, 1년에 1~2회 비료를 주거나 분갈이를 해준다.

Propagation : 삽목으로 번식이 잘 된다. 생장점을 포함한 줄기를 잘라 버미큘라이트나 배양토에 꽂아두어도 뿌리가 잘 내리고, 물꽂이를 해서 뿌리를 내린 후에 옮겨 심어도 좋다.

대엽 쉐프렐라
Schefflera actinophylla

원산지에서는 30m까지도 자라지만, 실내에서는 1~2m정도 크기로 키운다. 광택이 있는 잎과 줄기가 시원하게 뻗어있다.

쉐프렐라 '홍콩'
Schefflera arboricola 'Hong Kong'

쉐프렐라 아르보리콜라 홍콩은 높이 3~5m 크기의 상록식물로, 가장 흔하게 볼 수 있는 쉐프렐라이다. 잎자루가 단단해서 전체적으로 강건한 느낌의 식물이다. 줄기가 나올 때 적절하게 가지치기를 해주면 풍성하고 작게 수형을 만들 수 있다. 무늬종으로 *Schefflera arboricola* 'Hong Kong Variegata'가 있다.

8. 실내식물의 분류

쉐프렐라 아르보리콜라 '홍콩 바리에가타'
Schefflera arboricola 'Hong Kong Variegata'

쉐프렐라 '골드 홍콩'
Schefflera arboricola 'Gold Hong Kong'

잎의 넓은 면적에 하얀빛이 도는 아이보리와 흰색의 무늬가 특징이다. 잎은 다른 쉐프렐라에 비해 비교적 널찍하고 둥근편이다.

무늬홍콩야자는 관리환경에 따라 무늬가 진하게 나오기도 하고 연하게 나오기도 한다.

Display Tip's

다양한 크기의 쉐프렐라

5. 마란타과 Marantaceae

마란타과는 31개의 속 약 570여 종이 있는 과로 대부분 열대지방에 자생하는 초본성 다년생의 식물이다. 대부분은 아메리카 열대지방에서 자생하며, 아시아와 아프리카 열대 우림에서도 자생한다. 이 과의 식물은 일반적으로 기도하는 식물이라고 하며 가늘고 갈대 모양의 줄기가 있고, 초록색의 잎에 흰색, 분홍색, 검은색 등의 무늬가 있는 크고 아름다운 잎을 가지고 있다. 몇몇 종은 꽃과 괴경을 식용하기도 하고, 잎은 지붕을 덮거나 바구니를 만드는데 쓰이며, 그 외에 온실의 원예식물로 이용된다.

고에프페르티아속	*Goeppertia* spp.
마란타속	*Maranta* spp.

1) 고에프페르티아속 *Goeppertia* spp.
- Peacock plant

일반적으로 흔히 접하는 칼라데아는 칼라데아속(Calathe)에 속하는 식물로 최근 고에프페르티아(Goeppertia)로 속명이 변경되었다. 칼레데아의 속명 Calathea는 그리스어의 'Kalothes(손바구니)'에서 유래된 것으로 잎에 독성이 없어, 칼라데아의 잎을 바구니로 만들어 그릇이나 바구니 같이 사용하였기 때문이다. 원산지는 열대 아메

Did you Know?
고에프페르티아는 낮은 습도에 두면 잎끝이 갈색으로 변하기 쉽다.

리카 및 아프리카이며, 100여 종이 있다. 칼라데아(신 고에프레프디아)는 마란타과의 마란타와 마찬가지로 Prayer plant라는 독특한 이름을 가지고 있는데, 밤에 잎을 위로 접어올린 모양이 기도하기 위해 손을 모은 모양과 닮아서 붙은 이름이다. 이런 식물의 움직임은 수면운동(Nyctinasty)이라고 하는데, 이 운동은 하루를 주기로 나타나는 잎의 상하운동 또는 꽃의 개폐운동이라고 할 수 있다. 밤과 낮에 따라 달라지기 때문에 주야운동이라고도 한다. 밤에는 잎이 위로 솟으며 접히고, 아침에 잎이 펼쳐진다.

칼라데아의 특징인 화려한 무늬의 잎사귀를 최상의 상태로 유지하려면 물에 적신 천으로 주기적으로 닦아주며 관리하는 것이 좋다. 칼라데아는 다년초 근출엽(뿌리나 땅속줄기에서 돋아 땅 위로 나온 잎)으로 줄기로 보이는 것은 사실 잎을 지탱하는 부분인 엽신이다.

칼라데아 란시폴리아의 낮의 잎 모양   칼라데아 란시폴리아의 저녁의 잎 모양

잎의 앞면에는 독특한 무늬가 있고 화살깃 같은 잎모양이 관상 가치가 높다. 고에프레프디아는 작고 흰색의 관 모양 꽃을 피우기도 하지만, 일반적인 가정 환경에서는 꽃을 보기 힘들다.

잎의 앞면에는 독특한 무늬가 있고 화살깃 같은 잎모양이 관상 가치가 높다. 고에프페르티아는 작고 흰색의 관 모양 꽃을 피우기도 하지만, 일반적인 가정 환경에서는 꽃을 보기 힘들다.

Caring for Goeppertia

Light : 봄, 여름철 강한 직사광선에 두면 잎이 타기 쉬우므로 주의한다. 반음지에서 잘 자라며 음지에서는 무늬가 선명하지 않다.

Temperature : 생육하기 좋은 온도는 16~21℃이고, 겨울철엔 최저 10℃ 이상은 유지해줘야 한다. 겨울철 찬바람에 냉해를 입기 쉬우므로 비닐봉지로 잎을 덮어준 뒤 환기를 해주는 것이 좋다.

Water : 생육기인 봄부터 가을까지는 화분의 겉흙이 마르면 물을 충분히 주도록 한다. 겨울에는 관수를 제한하여 흙을 건조하게 관리하여 내한성을 높여주는 것이 좋다. 고에프페르티아는 무엇보다 50~70% 습도를 유지해주는 것이 중요하다. 겨울철 난방을 위해 높아진 온도는 습도를 빠르게 떨어트리는데, 낮은 습도에서 고에프페르티아는 잎끝이 갈색으로 변하기 쉽다.

Soil : 배수력과 보수력이 좋은 토양에 식재하는 것이 좋다. 과습하게 되면 뿌리가 썩어 잎이 전체적으로 노랗게 변할 수 있으므로 물을

흠뻑 주고 난 후 통풍이 잘되는 곳에 두어 흙이 마를 수 있게 해주어야 한다.

Propagation : 고에프페르티아는 엽삽이나 경삽으로 번식하지 않고 뿌리가 화분에 가득 찰 때 분갈이를 하면서 포기나누기를 하는 것이 좋다. 너무 작게 나누면 생육에 어려움이 있으므로 분의 크기를 어느 정도 확보해주는 것이 좋다. 상한 뿌리나 오래된 뿌리는 제거하고 분에 식재하며, 뿌리가 활착하기 전까지는 밝은 광은 피해주는 것이 좋다. 늦은 봄부터 여름까지가 분갈이를 해주기 적절한 시기이다.

고에프페르티아 오르비폴리아
Goeppertia orbifolia

고에프페르티아 마코야나
Goeppertia makoyana

영명 Round-leaf calathea에서 알 수 있듯이 잎이 넓고 크고 둥근형태의 품종이다. 밝은 초록색 바탕의 은백색의 줄무늬가 세련되고 우아한 느낌을 준다. 다른 품종에 비해 관리가 쉽지는 않다.

브라질 원산의 식물로 잎의 무늬가 공작새를 닮았다고 하여 공작나무(peacock plant)라는 영명을 가진 품종이다. 넓은 잎의 앞면에는 초록색의 무늬가 있고 뒷면은 자주색의 무늬가 있다. 매우 이국적인 무늬는 직사광선을 받으면 옅어질 수 있으니 주의한다.

고에프페르티아 인시그니즈 *Goeppertia insignis*

좁고 긴 잎에 점박이 무늬는 흡사 뱀과 같아 서양에서는 Rattlesnake plant으로 불린다. 잎의 밑면은 짙은 자주색으로 다른 품종에 비해 키는 작으나 직립형태로 뻗어나가 시원한 느낌을 준다.

고에프페르티아 퓨전화이트
Goeppertia lietzei 'Fushion white'

잎에 수채화로 무늬를 그려놓은 듯한 무늬가 멋진 품종이다.

8. 실내식물의 분류

고에프페르티아 크로카타
Goeppertia crocata

고에프페르티아 루피바르바
Goeppertia rufibarba

노란색 꽃이 피는 크로카타는 영원의 불꽃(Eternal flame)이라는 영명을 가진 품종으로 화려하고 이국적인 분위기를 띤다.

대부분의 고에프페르티아 품종과 달리 이 품종은 패턴이 더 미묘하다. 연한 초록색을 띠고 길고 가느다란 물결 모양의 잎을 가지고 있다. 잎은 성숙하게 되면 위쪽은 짙은 초록색으로, 뒷면은 적갈색과 자주색으로 바뀌게 된다. 루피바르바의 줄기는 길고 가늘며 자주색을 띤다.

고에프페르티아 워스체위지
Goeppertia warscewiczii

고에프페르티아 레오파르디나
Goeppertia leopardina

Jungle velvet Goeppertia라고 불리는 이 식물은 부드러운 벨벳 잎을 가진 꽃이 피는 품종이다. 무성한 잎의 위쪽에 초록색 패턴이 있고 잎 뒷면은 보라색으로 되어 있다.

남아메리카 특히 브라질의 열대 지역이 원산이며 다른 고에프페르티아 품종과 비교하여 관리가 쉬운 편이다. 긴 타원형의 잎이 특징이고 연한 초록색과 짙은 초록색 점무늬 줄무늬가 매력적이며 잎 아래 적갈색이 없고 전체가 초록색이라 일반적인 고에프페르티아와 조금 다르다.

고에프페르티아 루테아
Goeppertia lutea

고에프페르티아 산데리아나 오르나타
Goeppertia Sanderiana 'ornata'

일반적으로 고에프페르티아는 저성장 식물로 그늘을 좋아하는데, 고에프페르티아 루테아는 약 3~4cm까지 자라는 대형종으로 적당한 양의 광을 좋아한다. 위로 뻗어나가며 자라는 형태로 아름다운 수형을 유지하려면 위쪽에서 광을 받을 수 있도록 배치하는 것이 좋다.

분홍줄무늬 고에프페르티아라고도 불리는 이 품종은 광택이 있는 큰 녹색 잎에 분홍색 줄무늬가 관상 가치가 높고 잎 밑면은 붉은 보라색을 띠고 있다. 약 60cm 정도까지 자라는 종으로 실내에 두기 좋다.

고에프페르티아 로세오픽타 도티
Goeppertia Dottie

짙은 녹색의 넓은 잎에 분홍색 테두리와 중앙의 분홍색 선이 있고 밑면은 눈에 띄는 딥레드 퍼플이다.

고에프페르티아 마제스티카 *Goeppertia majestica*

White star라는 영명을 가진 고에프페르티아 마제스티카는 흰색 선형태의 무늬가 멋진 품종으로 다른 품종에 비해 더 많은 관리가 필요하다.

고에프페르티아 운둘라타
Goeppertia undulata

페루와 브라질의 숲에서 자라는 품종으로 30cm를 넘지 않는 소형종이다. 습하고 그늘진 곳에서 땅을 덮듯이 자란다.

고에프페르티아 실버플레이트
Goeppertia silverplate

고에프페르티아 실버플레이트는 균일하게 광택이 나는 회녹색의 잎을 가지고 있고, 뒷면은 자주색이라 관상가치가 높다.

고에프페르티아 스트로만테 '트리오스타 멀티컬러'
Goeppertia stromanthe 'Triostar Multicolor'

남아메리카 아마존 지역의 정글에서 자생하는 품종으로, 분홍색, 녹색 및 흰색 무늬의 잎이 멋진 품종이다. 직사광선에서 잎의 무늬가 퇴색될 수 있다.

고에프페르티아 바키미아나
Goeppertia bachemiana

관리하기 쉬운 품종으로 실내공간에 밝은 녹색 잎을 제공하여 활기차게 만든다.

고에프페르티아 제브리나
Goeppertia zebrina

높이 1m까지 자라는 품종으로 빛과 습도가 충분하면 키우기 까다롭지 않다.

Display Tip's

고에프페리티아는 품종별로 형태와 크기가 색달라 다양한 디스플레이가 가능하다.

2) 마란타속 *Maranta* spp.
- Herringbone plant(헤링본 플랜트), Zebra plant(지브라 플랜트), Rattlesnake plant(래틀스네이크 플랜트)

마란타는 16세기 이탈리아의 식물학자이자 의사, 문학 이론가인 Bartolomeo Maranta의 이름을 따서 명명하였다. 현재 약 40~50종 존재하고 있는 상록다년초이다. 고에프페르티아와 같은 과로 비슷한 생장군을 가지고 있으며, 고에프페르티아와 마찬가지로 낮에는 잎이 평평하게 누워있고 하루가 끝나는 시간이 오면 잎을 접어 세운다. 고에프페르티아와는 다르게 마란타는 덩굴성이지만, 덩굴손이 없어 타고 올라가는 것에 한계가 있다. 고에프페르티아와 마란타는 잎의 형태나 크기, 무늬가 비슷하여 잎의 외관으로는 구별하기가 힘들다.

Did you Know?
신엽이 아닌 잎이 안으로 말리면 습도가 부족한 것이므로 공중에 분무를 자주 해주는 것이 좋다.

Caring for Maranta

Light: 직사광선이 아닌 밝은 곳에서 키우는 것이 좋다. 직접 광이나 너무 밝은 광에 노출이 되면 잎이 시들거나 타게 되고, 잎의 무늬가 사라지므로 주의한다.

Temperature: 생육하기 좋은 온도는 21~27℃가 좋고 가능하면 15℃ 이하로 떨어지지 않게 유지해주는 것이 좋다. 큰 온도변화를 좋아하지 않으므로 겨울철 환기 시 온도변화에 주의한다.

Water: 물은 흠뻑 주되 토양은 과습하지 않게 주의해야 한다. 토양이 항상 젖어있으면 뿌리가 과습하여 잎이 어둡게 변하거나 줄기가 흐물거리며 시든다. 습도가 낮아 건조하면 잎이 바스락거리고 갈색으로 변한다.

Soil: 배수력, 보수력이 좋은 일반 배양토에 식재하는 것이 좋다.

Propagation: 줄기 마디를 잘라 물에다 꽂아놓으면 뿌리가 내린다. 성장속도가 빠른 편으로 늘어지는 줄기를 가지치기 해주며 개체 수를 늘릴 수 있다.

벨벳 마란타
Maranta leuconeura 'Erythroneura'

류코뉴라의 변종인 에리드로네우라는 빨갛다(erythro)라는 의미를 가지고 있는 중앙아메리카, 브라질 원산의 종이다. 넓은 타원형의 초록색 잎 바탕색에 분홍색 잎맥과 잎 중심의 색 대비가 화려한 느낌의 식물이다. 잎 뒷면도 어두운 자주색이고, 마란타 종류 중에 실내식물로 키우기 가장 좋은 종이며 습도 유지만 잘 해주면 신엽이 잘 발생하고 무성하게 덩굴성으로 자란다.

마란타 바이칼라
Maranta bicolor

브라질이 원산으로 난형의 초록색 잎에 짙은 녹색 반점이 있는 소형종으로 20cm 정도 높이까지 자란다. 신엽은 무늬가 선명하고 아름답지만 오래되면 퇴색한다.

마란타 아룬디나케아 '바리에가타'
Maranta arundinacea 'Variegata'

일반적인 마란타속에 비해 잎은 창 모양으로 길쭉하며 크림색과 밝은 연두색의 무늬가 아름답다.

8. 실내식물의 분류

6. 박주가리과 Asclepiadaceae

박주가리과는 열대지방 식물로 초본 및 관목, 덩굴성 식물이거나 일부는 잎이 작아진 선인장과 같은 다육식물이 포함되어 있고 약 250속 2,400여종이 있다.

케로페기아속	*Ceropegia* spp.
호야속	*Hoya* spp.

1) 케로페기아 *Ceropegia woodii*
- Rosary vine, String of heart

러브체인은 하트 모양의 잎이 줄기에 대칭으로 주렁주렁 달린 식물로, 아프리카원산의 구근식물이다.

철사 같은 느낌의 가는 줄기가 90cm 길이로 길게 자라며, 잎 앞면에 회백색 무늬가 있고, 뒷면은 자주색을 띄는 잎보기 식물이다. 길게 늘어지며 자라 행잉으로 연출하기 좋다.

그늘진 곳에서 잘 자라기 때문에 실내의 어두운 곳에 두어 포인트식물로 연출할 수 있다. 다만 잎이 사방으로 넓게 펼쳐지는 형태로 어느 정도 공간이 있는 곳에 두는 것이 좋다.

러브체인은 이름 그대로의 외관을 가지고 있다. 도톰한 다육질 하트모양 잎이 달린 줄기가 길게 늘어져 자란다.

구근식물이라 건조에도 강해 실내에서 키우기 매우 좋은 식물이다. 식물의 전체적인 색 채도

Did you Know?
물이 충분한 잎은 도톰한 느낌을 갖는다. 잎을 만져보고 얇은 느낌이 들 때 물을 주어도 좋다.

가 낮은 편이라 묵직하게 연출하기 좋다. 성장속도가 빠른 편으로 잘 엉키기 쉽고 뿌리에서 멀어질수록 엉성해져 수형이 망가지기 쉬우므로 자주 가지치기를 해줘서 풍성하게 키운다. 연한 핑크색의 꽃이 피는데 선단의 열편은 흑자색이고 털이 달려있으며 화려하지 않고 자주피지 않는다.

> **Caring for Ceropegia**
>
> **Light** : 밝은 곳에서 잘 자라지만, 강한 직사광선은 피하는 것이 좋다. 어두운 곳에 두면 잎 탈락하며, 수형이 엉성해진다.
> **Temperature** : 내한성이 강한 편으로, 10℃ 이하에서도 생육이 가능하나 16~21℃ 정도가 생육하기 좋은 온도이다.
> **Water** : 잎이 도톰한 편으로 물을 적게 주는 것이 좋다. 토양이 마르면 흠뻑 주되 과습하지 않도록 주의한다. 규칙적으로 환기를 잘 시켜줘야 잎 떨굼 없이 잘 자란다.
> **Soil** : 배수력과 보수력이 좋은 일반 배양토에 식재하면 된다. 잎이 다육질이라 과습하게 키우면 뿌리가 썩을 수 있으니 주의한다. 봄부터 가을까지는 겉흙이 마를 때 한 번씩 흠뻑 주고 겨울에는 더 건조하게 관리해도 좋다.
> **Propagation** : 케로페기아는 삽목과 포기나누기로 번식이 잘된다. 2마디 이상을 남기고 10~15cm길이로 자른 후 모래나 물에 꽂아둔다. 분주는 봄~가을에 하면 되고 케로페기아에 달린 주아를 가지고도 번식이 가능하다. 주아가 달린 줄기를 심으면 된다.

러브체인
Ceropegia linearis subsp. *woodii*

가장 흔하게 접하는 러브체인이다. 채도가 낮은 초록색 잎에 회백색 무늬가 전체적으로 덮여있다. 잎맥의 무늬가 뚜렷하여 도톰하고 볼륨감이 느껴진다.

러브체인 '실버 글로리'
Ceropegia linearis subsp. *woodii* 'Silver Glory'

크림색이 도는 회백색의 잎이 특징이다. 자주색 줄기와 밝은 잎이 대조적으로 아름답다.

러브체인 '핑크'
Ceropegia linearis subsp. *woodii* 'Pink'

분홍색 바탕에 회백색 무늬와 크림색 잎이 혼합되어 있다.

Display Tip's

러브체인은 덩굴성으로 자라는 줄기를 가지치기 해주지 않고 행잉으로 걸어두거나 화분에 심어 선반에 올려두면 아래로 늘어지게 키울 수 있다. 밝은 곳에 두어야 잎을 풍성하게 유지할 수 있다.

2) 호야속 *Hoya* spp.
- Wax flower(왁스 플라워), Wax Vine, Porcelain flower

호야는 다육질의 잎과 별 모양의 꽃송이를 가진 덩굴성 식물로 열대우림에서 자생하는 약 200여 종 이상의 상록 다년생 식물이다. 자생지에서는 해안 절벽, 개울 가장자리, 절벽 및 열대우림 서식지에서 서식한다.

Did you Know?
2년 이상 묵은 잎은 가위로 잘라주며 관리해주는 것이 좋다.

두꺼운 밀랍 같은 잎이 특징으로 서양에서는 왁스플라워라고 흔히 불린다. 별 모양의 꽃송이도 단단하게 오랫동안 피며 초콜렛 향기가 난다. 성장속도가 빠르지 않아서 실내에서 키우기 좋다. 흔히 행잉으로 많이 키우며 수직으로 키우고 싶다면 격자 같은 것에 걸쳐서 키워준다. 물주기는 잊어도 좋을 만큼 관리요구도가 적다. 잎이 쭈글쭈글해지면 토양에 수분이 부족한 것이니 물을 준다. 비료를 많이 요구하지 않지만 꽃을 잘 피우길 원한다면 비료를 주기적으로 주는 것이 좋다.

화려하진 않지만 두툼한 잎에 녹색, 연두색, 금색, 노란색, 흰색, 크림색, 핑크색 등 무늬가 있고 관리요구도가 적어 실내식물을 처음 키우는 사람에게 추천한다.

Caring for Hoya

Light : 낮거나 중간 광에서도 생육이 원활하지만, 지속되면 개화하지 않으므로 하루 6시간 이상의 밝은 광에서 잘 자라고, 빛을 더 많이 받을수록 더 많은 꽃을 생산한다.

Temperature : 생육하기 좋은 온도는 16~20℃로, 최저 13℃를 맞춰주는 것이 좋다.

Water : 두툼한 잎과 줄기에 물을 저장하고 있으므로 건조에 견디는 힘이 강하다. 습한 것보다는 건조한 것이 좋고, 화분에 식재할 경우 과습하면 뿌리가 썩을 수 있으니 주의한다.

Soil : 배수력, 보수력이 좋은 일반 배양토면 충분하다. 수태로 토피아리를 만들어 호야를 식재해도 잘 자란다. 피트모스가 많이 섞여 있는 산성이 강한 토양에서는 호야의 잎 색이 흐려질 수 도 있다.

Propagation : 줄기 삽목이나 잎꽂이로도 번식이 잘 된다. 부드러운 줄기를 잘라서 상토나 물에 꽂아두면 빠르게 뿌리를 내린다. 하트호야 같은 경우 잎꽂이로도 뿌리가 잘 내린다. 뿌리에서 작은 잎이 형성되면서 새로운 개체가 생기는데, 성숙하려면 오래 걸리기 때문에 빠르게 키우길 원한다면 줄기 삽목을 추천한다.

호야 카르노사 '바리에가타'
Hoya carnosa 'Variegata'

호야 리네아리스
Hoya linearis

가장 흔하게 볼 수 있는 품종으로 흰색과 분홍색이 섞인 초록색 잎이 튼튼하여 어디에 두어도 잘 자라기 때문에 키우기 쉽다.

인도 북부의 히말라야 지역과 인근 지역에서 착생하여 자라는 품종이다. 크고 밀랍같은 다른 호야에 비해 잎이 가늘고 약간의 털이 있다.

Display Tip's

수태로 토피아리를 만들고 호야를 심어도 잘 자란다.

7. 비짜루과 Asparagaceae

비짜루과는 153속 2,525종이 속해 있는 과로 거의 전 세계에 분포하는 식물이 포함되어 있다. 초기 분류 체계에서 관련된 종 몇 개는 백합과에 속하기도 했다. 대부분 건생 식물이며 땅속줄기가 있고, 줄기가 짧고 교목 같은 형태의 식물이 많다. 잎은 좁고 두껍거나 육질화된 것도 있다.

용설란속	*Agave* spp.
비짜루속	*Asparagus* spp.
접란속	*Chlorophytum* spp.
코르딜리네속	*Cordyline* spp.
드라세나속	*Draceana* spp.
산세베리아속	*Sansevieria* spp.

Did you Know?
용설란은 선인장이나 잎의 모양이 유사한 알로에와 밀접한 관련이 없다. 아가베 데킬라나 품종은 데킬라 생산에 사용된다.

1) 용설란속 *Agave* spp.

용설란아과에 속하는 여러해살이풀로 멕시코 원산의 열대 아열대의 각지에서 자라며, 약 450종 이상이 있다. 대부분 건생식물로 큰 형태이고 육질의 잎이 특징이다. 풍부한 광을 제공할 수 있으면 관엽식물로 키우기 좋으며, 실내에서는 소형 종이 좋다. 대부분 성숙하고 꽃을 피우는 데 몇 년이 걸리며, 실내에서는 꽃을 피우지 않는다. 대부분의 품종이 잎의 가장자리에 거치가 있고, 말단에는 날카로운 가시가 있다. 줄기가 매우 짧아서 일반적으로 줄기가 없어 보이기도 한다. 모든 용설란의 수액은 피부에 자극을 주므로 주의한다.

용설란(*Agave american*)

알로에(*Aloe vera*)

Caring for Agave

Light : 자연광에서도 잘 자라는 만큼 많은 광을 필요로 한다. 늦봄부터 가을까지는 적어도 하루에 5시간 이상은 햇빛을 쐬주고, 겨울에는 밝은 창가에 두어 광이 부족하지 않게 해준다. 밤에는 다소 낮은 기온인 곳에 두는 것이 좋다.
Temperature : 생육하기 좋은 온도는 21~32℃로 따뜻한 환경을 좋아한다. 겨울에는 10~16℃ 정도까지 유지해주면 잘 자란다.

Water : 봄과 여름에는 미지근한 물을 사용하여 흙이 완전히 말랐을 때 관수해주는 것이 좋다. 가을과 겨울에는 거의 적시듯이 관수를 해주면 잘 자란다.
Soil : 배수력이 좋은 토양에다가 식재를 해주고 봄과 여름에 비료를 조금 주는 것도 좋다.
Propagation : 종자를 이용하거나, 작은 개체가 나오면 잘라서 옮겨 심는다.

테무늬 용설란(*Agave americana* 'Marginata')

용설란
Agave americana

멕시코와 미국 텍사스에서 관상용 식물로 재배되고 있는 식물로 서인도제도의 일부, 남미, 지중해 분지, 아프리카를 포함한 많은 지역에서 자생한다. 영명은 'American aloe'로, 알로에와 유사하게 생겼지만 Aloe속과는 관련이 없다. 흔히 꽃을 피우지 않으면 100년 이상 영양생장을 하여 'Century plant'라고 불리지만, 원예용으로 꽃이 피는 조건에서 키우면 식물의 수명은 10~30년 정도이다. 잎은 1.5m까지 자라고 잎끝에 가시가 있다. 수명이 다할 무렵, 노란색 꽃이 만발한 키가 크고 가지가 있는 줄기를 내보내는데 최대 9m까지 자란다.

여우꼬리 용설란 *Agave attenuata*

다른 용설란과 달리 잎의 끝에 가시가 없는 종으로, 최대 120cm 너비의 은빛이 도는 옅은 초록색 잎의 상록 다년생 식물이다. 두꺼운 줄기에서 자라는 로제트잎은 장미꽃과 같은 형태로 우아하다. 영명은 Fox tail로 여름에 로제트에서 나오는 아치 형태의 긴 꽃줄기가 여우 꼬리와 같다 하여 붙은 이름이다.

트루카타 길상천 용설란 *Agave parryi* var. *truncata*

소형 종의 내한성이 강한 상록성 다년생으로 넓고 짧고 두꺼운 은청색 잎이 단단한 로제트형을 형성하고 있다. 잎끝에 적갈색의 가시가 있다. 드물지만 10년 이상 된 성숙한 식물엔 한 번만 꽃을 피우기도 한다. 꽃을 피운 로제트 잎은 시들지만 새로운 개체가 로제트 기부에 뿌리를 내려 다시 생겨난다.

아가베 토우메야나 *Agave toumeyana*

잎은 가늘고 뻣뻣하고 눈에 띄는 흰색 실로 장식되어 있으며 로제트 형태로 잎이 난다. 중부 애리조나의 암석이 많은 언덕이나 고지대 사막, 떡갈나무나 소나무 숲에서 자갈이 많은 곳에서 자란다. 식물 자체는 높이가 50cm가 넘지 않으나 꽃이 만발한 줄기는 3m에 이른다.

몬타나 용설란
Agave montana

상록성 다년생으로 넓고 곧게 뻗은 초록색의 잎에 가장자리를 따라 큰 거치와 말단의 가시가 있다. 최대 150cm 너비까지 자라는 품종으로 햇볕을 많이 필요로 한다. 잎끝의 바늘처럼 날카로운 가시는 어린 아이나 반려동물에게 위험할 수 있으니 주의한다.

포타토룸 용설란 '바리에가타'
Agave potatorum 'Variegata'

둥글고 조밀한 형태로 두껍고 다육질의 잎은 회녹색이며 가장자리는 크림색이다. 물결 모양의 잎 가장자리는 삼각형의 녹색을 띤 노란색에서 암적색의 가시가 있다.

아가베 팔메리
Agave palmeri

청회색의 가죽 같은 잎을 가진 대형 종의 용설란이다. 잎 가장자리에 붉은 거치가 있고 건조에 잘 견딘다.

2) 비짜루속 *Asparagus* spp.
- Sprengeri fern(스프렝게리 펀), Emerald fern(에메랄드 펀), Foxtail fern(폭스테일 펀), Plumosa fern(플러모사 펀)

식용하는 아스파라거스 오피시날리스

아스파라거스는 주로 우아한 솜털 같은 잎들을 보기 위해 키우는데 잎처럼 보이는 것들은 사실 바늘처럼 생긴 줄기이다. 아치형으로 길게 나부끼는 습성 때문에 걸어서 늘어뜨리는 행잉 바스켓을 만들기에 적합하다. 건기와 우기의 구분이 뚜렷한 남아프리카가 원산지이며 다습하고 광이 잘 드는 지역에서 자라고 서리를 견디지 못하므로 온대지역에서는 일반적으로 실내나 온실에서 키운다.

Did you Know?
아스파라거스는 반려동물과 어린아이가 섭취 시 알레르기를 일으킬 수 있으니 주의한다.

아스파라거스 속은 약 300여 종이 있으며 허브류, 덩굴류, 관목류부터 식용으로 먹는 아스파라거스 오피시날리스(*A.officinals*)까지 범위가 매우 넓다. 관상용 아스파라거스는 양치식물(고사리)이라고 불리기도 하는데, 고사리와는 상관이 없으며 꽃이 안 피는 양치식물과는 달리 아스파라거스는 작지만, 흰색 꽃을 피운다.

Caring for Asparagus

Light : 밝은 광에서부터 반그늘까지 잘 자라지만, 밝게 키우는 것이 좋다. 직사광선 아래서 햇빛을 지나치게 많이 받으면 잎들이 노랗게 되거나 갈색으로 변한다. 어두운 곳에 두면 전체적으로 노랗게 변하여 잎을 떨구니 주의한다.
Temperature : 생육하기 좋은 온도는 16~21℃로 다소 시원하게 키워도 좋다. 온도가 높으면 응애가 생기기 쉬우므로 통풍이 잘 되는 곳에 두고, 물을 줄 때 손으로 잎을 살짝 흔들어주어 통풍시켜준다.
Water : 토양을 촉촉하게 유지하고 주위에 물을 자주 분무해주는 것이 좋다. 토양에 물이 너무 많으면 잎이 노랗게 변할 수 있다.
Soil : 배수력과 보수력이 좋은 일반 배양토에 식재하면 된다. 내건성이 좋아 토양이 건조해도 잘 자라지만 유기물이 풍부하고 정기적으로 토양에 물을 주면 훨씬 더 잘 자란다.
Propagation : 종자를 이용하거나, 작은 개체가 나오면 잘라서 옮겨 심는다.

아스파라거스 덴시플로루스
Asparagus densiflorus

가장 잘 알려진 품종으로 최대 1m 길이로 빽빽하게 자라는 잎이 특징이다.

아스파라거스 덴시플로루스 '미에르'
Asparagus densiflorus 'Myers'

여우 꼬리 아스파라거스라고 불리는 품종으로 단단하고 곧게 자란다.

아스파라거스 세타세우스
Asparagus setaceus

긴 철사같은 줄기가 수평으로 뻗어나가는 형태로 우아하고 하늘하늘한 느낌의 품종이다.

3) 접란속 *Chlorophytum* spp.
- Spider plant(스파이더 플랜트), Airplane plant(에어플레인 플랜트), Ribbon plant(리본 플랜트)

클로로피툼속의 식물은 약 215종이 있고 열대와 아열대 지역에 분포한다. 근경의 다년초이고, 관엽식물로 재배되고 있는 품종은 몇 종 안 된다. 인기 있고 키우기 쉬운 접란은 초보자에게 훌륭한 관엽식물이다. 어느 환경에서나 적응력이 강하고 성장 속도가 빠르고, 연한 초록색 줄무늬 잎이 중앙에서부터 바깥쪽으로 아치형을 이루며 늘어진다.

아래쪽으로 늘어지는 줄기의 끝에서 하얀 꽃과 함께 새로운 개체가 자라서 행잉으로 놓기 좋다. 접란은 아주 많은 포복경(기는줄기, Stolon)을 갖고 있는데, 여기서 새로운 개체들이 생기고 그 모습이 마치 거미와 닮았다 하여 Spider plant 라고도 불린다.

이 개체들을 런너(Runner)라고 부르며, 그대로 두어도 잘 자라고, 떼어서 새로운 화분이나 수경으로 재배해도 잘 자란다. 접란은 뿌리가 오염된 물에 있으면 생육이 좋지 않지만, 물 관리만 잘 해주면 잘 자란다. 공기 중의 오염 물질을 제거하는 능력은 높아 포름알데히드, 벤젠, 일산화탄소와 같은 실내공기 오염물질을 제거하여 NASA에서 선정한 공기정화 식물 중 최상의 식물로 꼽힌다.

Did you Know?
꽃대가 자랄 때 런너를 잘라주면 모체를 더 튼튼하게 키울 수 있다.

Caring for Chlorophytum

Light : 밝은 곳을 선호하지만 강한 직사광선은 피하는 것이 좋다. 봄부터 가을까진 창가 앞에 커튼 너머의 햇빛 정도가 좋고, 겨울철엔 좀 더 밝은 곳에서 키운다. 직사광선에 두면 무늬가 옅어지고, 밤에도 빛이 있는 곳에 두고 키우면 개화를 하지 않으니 주의한다.

Temperature : 생육에 적당한 온도는 18~24°C로 겨울철 13°C 이하로 떨어지지 않게 주의한다. 여름철에도 27°C 이상 지속되지 않게 유지해주는 것이 좋다.

Water : 봄부터 여름까지는 흙이 촉촉하게 유지해준다. 가을과 겨울에는 겉흙이 말랐을 때 흠뻑 주는 것이 좋다. 접란은 수경 형태로도 잘 자라기 때문에 물을 깨끗하게 유지해주면 더 쉽게 키울 수 있다. 습도가 높은 환경을 좋아하므로 분무를 자주 해준다.

Soil : 일반적인 배양토에서 잘 자란다. 촉촉한 환경을 좋아하지만, 화분이 물에 잠기면 잎이 노란색이나 갈색으로 변하거나 떨어질 수 있으니 주의한다. 몇 주에 한 번씩 비료를 주면 잎의 가장자리가 갈색으로 변하는 것을 막을 수 있다.

Propagation : 포기나누기를 하던가, 런너 끝에 자라는 새끼묘에서 뿌리가 내리면 잘라서 새로운 화분에 심으면 된다.

접란 *Chlorophytum comosum*

잎의 길이가 20~40cm 정도 되는 품종으로 가장 흔하게 보는 종이다. 중앙에 초록색을 띠고 잎의 가장자리의 흰색 줄무늬가 있다.

클로로피툼 '비체티'
Chlorophytum laxum 'Bichetii'

아프리카 원산의 품종으로 접란보다 잎이 조금 두껍고 광택이 있지만, 매우 유사하다. 비체티는 접란과 다르게 포복경이 나오지 않는 것이 특징이다.

Display Tip's

행잉으로 연출하면 늘어지는 개체를 감상할 수 있다.

물가 주변에 화분을 놓고 키우면 공중습도가 높게 유지되서 생육에 좋다.

4) 코르딜리네속 *Cordyline* spp.
-Tree of Kongs, Good luck plant, Red dracaena

뉴질랜드, 호주 동부, 아시아 남동부 및 폴리네시아의 서태평양 지역이 원산의 식물로 전체가 녹색인 종도 있지만, 잎에 빨간색, 주황색, 보라색, 자주색 등 다양한 색상의 길쭉한 잎을 가지고 있는 품종이 많다. 약 20여 종의 상록 관목이나 교목성 식물로 줄기는 직립되고 분지가 적다. 드라세나와 유사하게 생긴 품종이 많다. 코르딜리네는 열대지역 식물로 고온다습하고 강우량이 많은 환경에서 잘 자라므로, 높은 공중습도를 유지해주는 것이 좋다. 키가 커지면서 자연스럽게 밑에 잎을 떨어트려 수형이 엉성해 보이기도 한다.

Did you Know?
속명 중 Cordy는 그리스어로 'club'이란 뜻으로 두꺼운 뿌리를 뜻한다.

코르딜리네

드라세나
유사하게 생겼지만 다르다

Caring for Cordyline

Light : 잎의 색상을 좋게 유지하려면 충분한 광이 필요하다. 원산지에서 하층목에서 자생하여, 직사광선이 아닌 밝은 창가에 두어 잎 색이 변색되지 않도록 주의한다.

Temperature : 생육하기 좋은 온도는 18~35℃로 따뜻한 곳에서 잘 자란다. 고온에도 잘 견디나 건조하지 않게 주의한다.

Water : 토양을 촉촉하게 유지해주는 것이 좋고, 봄과 가을에는 물을 충분히 준다. 겨울에는 다소 건조하게 키우되 공중 습도를 높게 유지하기 위해 분무기로 물을 뿌려주면 좋다.

Soil : 배수력과 보수력이 좋은 일반 배양토에 식재하면 된다. 잎 색을 선명하게 유지하려면 마그네슘이나 칼륨이 결핍되지 않도록 비료를 준다.

Propagation : 종자와 삽목, 땅속줄기를 이용한 번식, 휘묻이 등 다양한 방법으로 번식이 가능하다. 삽목이 가장 흔하고 쉽게 할 수 있는 번식 방법이다. 뿌리 번식은 뿌리를 3~5cm 정도로 잘라 배수가 잘되는 토양에 가로로 눕혀서 묻은 후 그늘에 두고 관수를 해준다. 1~2개월 정도 후에 새로운 개체가 생긴다.

코르딜리네 터미널리스 '레드 에이지' *Cordyline terminalis* 'Red Edge'

동남아시아, 오스트레일리아, 폴리네시아 원산의 품종으로 아이치아카보다 잎이 가늘고 진한 녹색 바탕에 자주색의 띠가 있다. 흔히 볼 수 있는 품종이다.

코르딜리네 프루티코사 *Cordyline fruticosa*

잎은 진홍색이고 점차적으로 검붉은 자주빛 가장자리가 붉은색으로 변하는 품종이다. 일년 내내 붉은 잎을 감상할 수 있다

코르딜리네 터미널리스 '아이치아카' *Cordyline terminalis* 'Aichiaka'

인도, 말레이시아, 폴리네시아, 호주 북부, 뉴질랜드 원산의 잎 모양은 홍죽과 흡사하나 가장자리의 얇은 자주색 띠가 있다. 광이 약하면 색이 잘 나오지 않는다.

코르딜리네 인디비사 *Cordyline indivisa*

뉴질랜드 원산의 아열대성 수목으로 5~8m 높이의 품종이다. 잎은 짙은 녹색에 질기고 광택이 난다. 우리나라 제주도에서 노지 월동이 가능하다.

코르딜리네 프루티코사 '발레리나'
Cordyline fruticosa 'Ballerina'

잎은 녹색과 흰색이며 가장자리가 핫핑크색의 품종으로, 잎이 아름답다. 높이 90~150cm 정도의 분식물이다.

코르딜리네 스트릭타
Cordyline stricta

오스트레일리아에 자생하는 식물로 습한 숲과 열대 우림, 해안 저지대에 서식하는 5m까지 자라는 대형종이지만 실내에서는 일반적으로 2~3m 유지된다. 건조에 강한 품종이다.

Display Tip's

코르딜리네는 한 개만 심었을 때보다 군락으로 식재하였을 때 더 돋보인다.

하층목 식물이라 일반적으로 반그늘에 많이 식재하지만 어느 정도 직사광선에서도 잘 자란다.

5) 드라세나속 *Dracaena* spp.
- Corn plant(콘 플랜트), Madagascar dragon tree(마다가스카르 드래곤 트리)

대부분 아프리카 원산의 식물로 몇 종은 아시아나 중앙 아메리카에 약 40여 종이 자생한다. 일반적으로 열대림에서 지피식물로 자라므로 반그늘, 고온다습한 환경을 좋아한다. 드라세나는 새로운 줄기를 2년에 한 번씩 만드는데 적절한 환경을 유지하는데도 잎이 노랗게 변하고 죽는 것은 식물 고유의 특성이다. 주로 녹색을 띠고 있으며 품종에 따라 노란색, 흰색, 빨간색 등의 다양한 색상이 있다.

Did you Know?
속명은 그리스어로 dragon에서 유래되었는데, 용의 피를 연상케 하는 빨간 수액을 가진 드라세나 드라코(*Dracaena draco*)에서 유래되었다.

Caring for Dracaena

Light : 직사광선에서는 잎이 타므로 여름철에는 반그늘에서 키우는 것이 좋다. 날씨가 떨어지는 겨울철에는 광이 잘 들어오는 곳에 두어야 잎의 색이 선명하게 유지된다.

Temperature : 생육하기 좋은 온도는 19~24℃ 이고, 무늬 종일수록 추위에 약하다. 겨울철에는 15℃ 이상 유지해주는 것이 좋다.

Water : 고온다습한 환경을 좋아하므로 물을 자주 주되 과습하지 않게 해준다. 토양이 과습하면 잎이 노랗게 되며 떨어질 수 있다. 겨울에는 자주 분무를 해주어 공중 습도를 유지해준다. 건조하면 응애가 발생할 수 있다.

Soil : 물 빠짐이 좋은 배양토에 식재해주는 것이 좋다. 2~3년에 한 번씩 봄에 분갈이를 해준다.

Propagation : 삽목이 잘되는 식물이다. 줄기를 5cm 정도로 잘라 배수가 잘되는 모래에 꽂거나 물꽂이를 한다. 뿌리가 나오기까지 2개월 정도 걸린다.

용혈수
Dracaena draco

1.5m까지 자라는 중층목의 품종으로 녹색과 연두색의 잎 바탕색과 광이 충분하면 가장자리에 얇은 붉은색을 띤다. 줄기나 잎을 자르면 붉은액이 흐른다고 해서 용혈수라고 흔히 불린다. 생장이 느린 편이다.

고드세피아
Dracaena surculosa

드라세나 수르쿨로사는 흔히 고드세피아라고 불리는 품종으로 관목형의 관엽식물이다. 줄기가 가늘게 분지되고, 1m 정도까지 큰다. 광택이 나는 잎에 흰색과 크림색의 점무늬가 불규칙적으로 있다. 생육적온은 16~20°C로 겨울철에는 13°C로 유지해준다.

드라세나 수르쿨로사의 꽃

드라세나 콘시나 *Dracaena concinna*

마다가스카르 원산의 식물로 3.5m까지도 크는 품종이다. 줄기는 가늘고 잎의 길이는 60cm 정도까지 큰다. 잎은 붉은색을 띠며 고온다습한 환경을 좋아한다. 광이나 습도가 부족하면 잎이 쳐지므로 관수에 신경 쓴다.

드라세나 콘시나 트라이컬러
Dracaena concinna 'Tricolor'

동남아시아, 오스트레일리아, 폴리네시아 원산의 품종으로 아이치아카보다 잎이 가늘고 진한 녹색 바탕에 자주색의 띠가 있다. 흔히 볼 수 있는 품종이다.

행운목 '비렌스 콤팍타' *Dracaena fragrans* 'Virens Compacta'

왜성종의 드라세나로 줄기는 직립이고 잎의 광택이 있다. 마디가 짧아 밀생이며 단단한 느낌이다.

행운목 '골든 킹' *Dracaena fragrans* 'Golden King'

열대 아프리카 원산에 잎 가장자리에 넓은 노란색 줄이 있어 골든킹이라고 불린다. 길게 뻗은 밝은 색 잎이 시원한 느낌을 준다.

행운목 '마상게아나' *Dracaena fragrans* 'Massangeana'

'행운목'으로 잘 알려져있는 드라세나 품종으로 3m까지도 큰다. 줄기의 윗부분을 조금 잘라주면 새로운 싹이 나와 자라게 된다. 영명은 Corn plant인데 식물의 잎 모양이 옥수수 잎과 닮아서 붙은 이름이다. 줄기가 목질화되고 나무처럼 두껍고 딱딱해진다.

리플렉사 드라세나 '바리에가타' *Dracaena reflexa* 'Variegata'

레플릭사종에 크림색 줄무늬가 있는 품종으로 관상가치가 높다. 흔히 '송 오브 인디아 Song of India'라는 이름으로 많이 알려져 있다.

리플렉사 드라세나
Dracaena reflexa

산데리아나 드라세나
Dracaena sanderiana

마다카스카르 원산의 식물로 관목상이다. 줄기는 굽으면서 자라고 잎은 줄기 주위에 밀생한다.

흔히 개운죽이라고 불리는 품종으로 수경형태로도 잘 자란다.

8. 실내식물의 분류 189

6) 산세베리아속 *Sansevieria* spp.
- Mother-in-law's tongue(마더인로스 텅), Snake plant(스네이크 플랜트)

아프리카, 특히 마다가스카르와 남부 아시아가 원산지인 식물로 약 60~70여종의 꽃 피는 식물 속이다. 이 속은 즙이 많은 식물로 줄기에서 빽빽한 덩어리를 형성하는 경우가 많으며 잎은 일반적으로 성장지점 주위에 로제트형태로 배열된다. 잎들이 거의 수직으로 서 있고 두툼하며, 척박한 환경에서 잘 자라나 온도가 너무 낮으면 죽으니 우리나라는 겨울철 관리에 주의한다.

냉해를 입은 산세베리아

Did you Know?
겨울철 물을 주지 않는데도 밑 부분이 썩는다면 냉해를 입었을 가능성이 높다.

산세베리아 꽃

Caring for Sanseveira

Light : 약간의 직사광을 포함한 밝은 광에서 키우는 것이 좋다. 어두운 곳에서 키우면 튼튼하지 않고 얇게 웃자라게 된다.

Temperature : 생육하기 좋은 온도는 18~24℃로 다소 서늘한 환경에서 자라지만 저온에서는 죽을 수도 있으니 16℃ 이하로 떨어지지 않게 주의한다. 겨울철에는 실내로 들여놓고 밝은 곳에서 키우는 것이 좋다.

Water : 물을 자주 주면 밑부분이 썩기도 한다. 토양이 완전히 마를 때까지 기다리다가 관수한다. 우리나라는 여름철에는 과습에 주의하고 겨울에는 물 주는 횟수를 줄여 내한성을 높인다.

Soil : 배수력이 좋은 토양에 식재한다. 마사토에만 식재해도 좋다.

Propagation : 포기나누기나 엽삽이 아주 잘 된다. 뿌리에서도 새로운 개체를 잘 만들어내므로 화분이 꽉 차면 분갈이를 하며 개체를 나눠 심으면 된다. 무늬 종을 엽삽을 하면 새로 나오는 개체는 무늬가 없이 나온다.

트리파스키아타 산세베리아
Sansevieria trifasciata

산세베리아 라우렌티의 원종으로 노란색 무늬가 없는 품종이다. 라우렌티 품종을 삽목하였을 때 나오는 개체가 이 종이다.

로랑 산세베리아
Sansevieria trifasciata var. *laurentii*

가장 흔하게 볼 수 있는 품종으로 짙은 초록색 바탕에 가장자리에 노란색 띠가 있고 잎 전체에 가로로 옅은 줄무늬가 있는 품종이다. 엽삽으로 번식으로 하면 매우 잘되는데, 새로 나오는 개체는 노란색 띠가 없는 개체가 나온다.

트리파스키아타 '하니'
Sansevieria trifasciata 'Hahnii'

10~20cm 정도의 왜성종으로 빽빽하게 자란다.

트리파스키아타 산세베리아 '골든 하니'
Sansevieria trifasciata 'Golden Hahnii'

노란색 무늬가 돋보이는 품종으로 하층목에 식재하면 실내에서 밝고 앙증맞은 느낌을 준다.

산세베리아 프란시시이
Sansevieria francisii

산세베리아 실린드리카
Sansevieria cylindrica

일반적으로 알려진 산세베리아와 다르게 크리스마스 트리같이 뾰족한 형태를 가지고 있다. 성장이 느리며 잘 썩지 않는다.

시중에서 흔히 유통되고 있는 '산세베리아 스투키'는 산세베리아 실린드리카이다. 통통한 유형의 잎이 특이해서 실내식물로 인기가 높다.

Display Tip's

산세베리아 '문샤인(*Sansevieria* 'moonshine')은 건조한 환경에서 키워야 하는 식물이라 통기성이 좋은 토분에 식재해 주는 것이 좋다.

8. 뽕나무과 Moraceae

뽕나무과는 대부분 열대 및 아열대 지역에 널리 퍼져 있으며 온대지역도 포함해 전 세계에 분포되어 있다. 약 800여종이 있으며 상록 또는 낙엽성 교목부터 관목, 덩굴성 목본류까지 다양하다. 이 중 5속 10여종이 우리나라에서 자생하는데, 뽕나무, 무화과나무, 닥나무, 뽕모시풀 등이 있다. 뽕나무과 식물 종은 과일로 많이 알려져 있는데, 대부분의 종은 씨를 포함하는 다육질의 과일을 생산한다. 꽃이 열매 안에 있으면 무화과속이고, 열매가 둥글면 닥나무속, 열매가 긴 편이면 뽕나무속으로 구분가능하다. 무화과는 꽃이 피지 않는 과실이라고 해서 붙은 이름인데, 개화 없이 바로 열매가 달린다. 이 열매는 꽃이 필 때 꽃받침과 꽃자루가 주머니처럼 비대해지면서 수많은 작은 꽃들이 주머니 속으로 들어가 꽃이 없는 것처럼 보이는 것이다.

Did you Know?
식물을 자를 때 흰색 고무나무 수액이 나오는데 독성이 있어 피부에 닿으면 가려울 수 있으니 주의한다.

무화과나무속	*Ficus* spp.

1) 무화과나무속 *Ficus* spp.

무화과속 고무나무는 뽕나무과 대표적인 실내식물이다. 열대와 아열대 및 온대지역 원산식물로 우리나라에 자생하는 것은 무화과, 모람, 왕모람 등이 있다. 실내에서 관상용으로 재배하는 실내공기정화식물로 공기정화능력이 매우 뛰어나고 광이 부족한 환경에서도 잘 자라 실내에서 키우기 좋은 식물이다. 대체로 강건한 종이 많으나 급격한 환경변화나 건조한 환경에선 낙엽이 지기 쉽다.

고무나무 속명 Ficus는 fici-(무화과와 비슷한)라는 뜻에서 유래되었다. 이런 무화과와 같은 속인 고무나무종류들은 꽃을 피우지 않고 열매를 맺는데, 열매도 영양이 충분하고 생육환경을 잘 해주면 맺지 않는다. 생장속도가 적당하고 병해충에 강해 실내에서 키우기 좋다. 크게 자랄 때는 전지를 하거나 휘묻이 등을 통해 수형을 잡아준다.

Caring for Ficus

Light : 밝은 곳에 두어야 수형을 아름답게 유지할 수 있지만 직사광선에는 잎이 탈 수 있으니 주의한다. 일조량이 부족하면 웃자라거나 낙엽이 많이 진다.

Temperature : 20~25℃에서 원활하게 생육할 수 있고, 겨울에는 10℃ 이하로 내려가지 않도록 관리해준다. 대체로 강건한 종이 많으나 급격한 환경변화나 건조한 환경에선 낙엽이 지기 쉽다.

Water : 과습시키지 않는다. 물빠짐이 좋은 흙에 흠뻑 물을 주도록 한다. 겨울철에는 여름보다 관수횟수를 줄여준다.

Soil : 환기가 잘되는 곳에 두어 토양과습을 주의한다.

Propagation : 삽목을 통해 번식이 잘 되는 식물로 잎 줄기를 잘라 물꽂이를 해두면 뿌리가 잘 내린다. 수형을 변형시키고 싶을 때는 취목(높이떼기)를 해서 크기와 높이를 조절한다.

토양에 삽목한 고무나무

뱅갈고무나무의 취목

무화과
Ficus carica

무화과는 서아시아, 지중해 연안 원산 식물로 국내에서는 남부지방에서 과실수로 심는다. 잎모양이 아름다워 관상가치도 높고 과실수로도 이용가능해서 다양하게 즐길 수 있는 실내식물이다. 해가 잘 드는 곳에 두고 열매는 8월부터 11월까지 수확이 가능한데, 시기를 잘 맞춰야 맛있게 먹을 수 있다.

뱅갈고무나무
Ficus benghalensis

잎에 연노란색 무늬가 아름다워 실내에서 키우기 좋은 교목이다. 내한성이 약해 13°C 이하로 떨어지지 않게 주의한다. 밝은 곳에 두어야하고 어두운 곳에 두면 웃자라 수형이 망가지고 잎의 무늬가 사라진다.

벤자민 고무나무
Ficus benjamina L

무늬 벤자민 고무나무
Ficus benjamina 'Variegata'

벤자민 고무나무는 최대 20m까지도 자라는 상록교목이다. 늘어지는 가지에서 분지가 많이 되고 잎에 광택이 난다. 겨울철에 낮은 온도에 두거나 어두운 곳에 오래 두면 잎을 다 떨어트리니 주의한다.

벤자민 고무나무의 무늬종이다. 잎이 작고 생장이 느리다. 밝은 곳에 두어야 밝은색을 잘 유지할 수 있다.

벤자민 고무나무 '스타 라이트'
Ficus benjamina 'Star Light'

벤자민 고무나무 '하와이'
Ficus benjamina 'Hawaii'

원종에 비해 잎이 작고 생육이 늦은 편이다.

벤자민 무늬종으로, 오스트레일리아 원산에 1.5~3.5m 까지 크는 품종이다.

누다 벤자민 고무나무
Ficus benjamina 'Nuda'

벤자민고무나무 변종으로 잎이 더 작고 두껍다. 전체적으로 늘어지는 수형이다.

인도고무나무
Ficus elastica

인도고무나무는 타원형 모양의 잎에 엽육이 두껍고 짙은 초록색이다. 밝은 곳에 두면 건조, 추위에도 잘 견딜 수 있을만큼 내한성이 좋다.

무늬인도 고무나무
Ficus elastica 'Variegata'

잎에 붉은색과 크림색, 어두운 초록색이 혼합되어 관상 가치가 높은 상록교목이다.

인도고무나무 '도에스케리'
Ficus elastica 'Doescheri'

데코라 고무나무
Ficus elastica 'Decora'

데코라 고무나무는 인도고무나무의 원예종이다. 붉 광택이 있는 짙은 가죽같은 초록색 잎에, 붉은 잎자루가 특징이다.

무늬 데코라 고무나무
Ficus elastica 'Decora Variegata'

잎에 있는 점박이 무늬가 아름다운 상록식물이다. 신엽은 밝고 무늬가 아름답지만 점차 진한 초록색으로 바뀐다.

떡갈잎 고무나무
Ficus lyrata

대만고무나무
Ficus retusa

떡갈잎 고무나무는 잎이 떡갈나무를 닮았다 하여 붙은 이름이다. 12m까지 자라는 상록교목으로 잎 크기가 40cm까지 크기도 한다. 고무나무 중에 내한성이 약한 편이고 과습하면 잎이 검게 변하며 탈락하기 쉬우니 주의한다.

대만고무나무는 흔히 밑둥을 분재처럼 둥글게 재배하는데, 인삼을 닮았다하여 인삼벤자민이라고 부른다. 밝은 곳에서는 건조에 강하지만 급격한 환경변화를 싫어한다.

왕모람
Ficus pumila

무늬왕모람
Ficus pumila 'Variegata'

왕모람은 제주도, 남부해안지방에 분포한 상록덩굴식물이며 흔히 푸밀라라고 부른다. 덩굴성으로 토피아리나 벽면녹화식물로 이용되지만, 내한성이 약하니 주의한다.

푸밀라의 무늬변종이다. 건조에 약하기 때문에 건조피해를 받으면 회복하기 쉽지 않다.

Display Tip's

전지 방법에 따라 수형을 조절할 수 있다.

벤자민은 양지, 반그늘 모두 잘 자란다.

9. 아라우카리아과 Araucariaceae

남반구 원산의 아라우카리아는 30m까지 자라는 상록 교목 침엽수이다. 수평으로 퍼지는 가지는 소용돌이 모양으로 자라며 잎은 바늘과 같다. 2속 30여종이 있는데, 한국에서는 희귀수종이다.

Did you Know?
포인세티아와 함께 크리스마스 시즌에 장식하기 좋다.

1) 아라우카리아 *Araucaria heterophylla*
- NORFOLK ISLAND PINE, NORFOLK PINE

노폴크 섬 소나무라고도 불리는 아라우카리아는 노폴크 섬에서 자생해 붙은 이름으로, 잎이 뾰족해서 소나무라 불리지만 소나무와는 관련이 없다. 부드러운 바늘잎을 가지고 있어 수평 가지가 매우 우아하게 뻗어 있기 때문에 실내식물로 100년 넘게 이용되었다. 자생지에서는 일반적으로 키가 30m 넘게 자라는 대교목이나, 실내에서 키울 시 일반적으로 1.5~1.8m 높이에서 성장을 멈춘다. 아라우카리아 헤테로필라는 생육초기에 수편으로 계단식 가지를 이루며 균형있게 뻗어 있는데, 죽은 가지를 제거하거나 수형을 위해 전정을 해주지 않아도 예쁜 수형으로 자란다. 하지만, 생육조건이 나빠지면 수형이 망가지므로 관리에 주의한다. 공기정화능력이 우수하고 재배가 까다롭지 않아 실내식물로 기르기에 좋고 따뜻한 지역에서는 노지에서 월동도 하므로 정원수로도 이용가능하다.

Caring for Araucaria

Light : 내음성이 좋은 침엽수지만, 너무 어두운 곳에 두면 모양이 흐트러진다. 직사광선을 받으면 잎이 누렇게 탈 수 있으므로 밝은 창가에 두고, 주기적으로 화분을 돌려주어 고르게 햇빛을 받을 수 있게 해준다.
Temperature : 생육하기 좋은 온도는 21~25℃이고, 추위에 강해 남부지방에서는 노지월동이 가능하기도 하지만, 5℃이하로 내려가면 생육이 나빠지니 주의한다.

Water : 40~70% 습도에서 생육이 원활한데, 너무 건조하게 두면 낙엽이 지기 쉽다. 과습하지 않도록 배수력이 좋은 토양에 식재하고, 주기적으로 분무하여 공중습도를 높여준다.
Soil : 배수력과 보수력이 좋은 일반 배양토에 식재하면 된다. 건조피해를 받으면 잎이 떨어지는데, 한번 떨어진 잎은 교체되지 않는다.
Propagation : 삽목이나 분주가 힘들고, 파종으로 가능하나 실내식물로 키울 때는 힘들다. 남부지방에서 노지월동할 때에도 분갈이는 봄에 실내에서 실시한다.

Display Tip's

수평으로 뻗은 잎이 계단식의 모양을 하고 있다.

토분에 식재하면 토양이 과습하게 되는 것을 피할 수 있다.

8. 실내식물의 분류 199

10. 야자나무과 Arecaceae

야자나무과 식물은 꽃과 씨앗을 생산하여 번식하는 식물 중 하나이다. 대부분 기원이 오래된 식물로, 6,500만 년 전의 야자수 화석이 발견되기도 했지만 일부는 훨씬 더 오래전부터 존재했을 가능성도 있다. 야자는 대부분 열대 지방의 식물이지만, 일부는 아열대 기후에서 자란다. 대부분의 야자나무는 가지가 없고 줄기의 상단에 있는 크고 복합적인 상록성 잎이 특징이다. 전 세계에 약 2,500여 종이 있으며 1속 1종인 식물이 60개 정도이고, 대부분의 종은 그 분포 지역이 매우 좁다. 우리나라에서는 1960년대 말부터 워싱턴야자(Washingtonia Robusta)를 제주도에 심기 시작한 것으로 알려져 있다. 교목, 관목, 덩굴식물 등 종류가 매우 다양하고 생육특성이 다르기 때문에 적절한 환경에 맞게 선택해서 키워야 한다.

Did you Know?
야자는 줄기 끝에 생장점이 있어 이를 제거하면 식물이 고사할 수 있으니 관리 시 주의해야 한다.

이 과의 특징은 일반적인 목본 식물과 달리, 2차 비대 생장을 하는 것이 아니라 줄기 꼭대기의 생장점 바로 아랫부분에서 세포가 왕성하게 증식하여, 그 결과 줄기 속에 여러 개의 산재된 관다발이 생기고 그것을 중심으로 목질화 되었다는 것이다. 이 과정을 거친 후에는 주로 키만 커질 뿐 줄기는 더 이상 굵어지지 않는다. 또한 줄기는 가지로 나누어 있지 않다. 잎은 줄기 꼭대기에 모여 나며, 깃꼴 겹잎 또는 주맥이 모여 부채꼴을 이루는데, 이때 깃꼴조각의 밑부분은 서로 합쳐져 있는 경우가 많다. 25~50년 정도 자란 뒤에야 비로소 잎겨드랑이에 거대한 꽃차례가 달리며, 열매를 맺는 것과 동시에 전체의 생장을 멈추게 된다.

실내식물로 이용되는 야자류는 실내환경에 대한 적응력이 좋은 식물로 잎의 곡선과 직선이 매우 조화롭고 아름다워 관상용으로 기르기 좋은 식물이다. 뿐만 아니라 공기정화능력이 높아 실내공기정화식물로 우수하다. 크기는 테이블 위에 놓고 감상할 수 있는 것부터 잎의 길이만 2m가 넘는 종까지 다양하다. 종에 따라서 선호하는 생육환경이 다르나 일반적으로 직사광선을 피해 충분한 관수를 하면 잘 자란다. 노화된 잎이 누렇게 되고 잎끝이 안쪽으로 말리는 현상이 흔히 발생하니 비료를 주는 것이 좋다. 여름철에 깍지벌레가 잘 생기므로 통풍관리를 잘해준다. 야자수는 줄기 끝에 생장점이 있어 이를 제거하면 식물이 고사할 수 있으니 관리 시 주의해야 한다. 야자과 식물은 다른 관엽식물보다

잎에 먼지를 더 잘 모으니 주기적으로 잎의 흡착된 먼지를 닦아주는 것이 좋다. 야자를 분갈이할 때는 뿌리가 쉽게 부러질 수 있으므로 가능하면 뿌리 정리를 하지 않고 진행하는 것이 좋다.

Caring for Palm

Light : 대추 야자 같은 일부 야자나무는 밝은 빛을 필요로 하지만 일반적으로 낮은 광 아래서도 잘 자란다. 발코니 창측 같이 밝은 곳을 선호하고 반그늘에서도 잘 자란다. 강한 광에서는 잎끝이 마를 수 있으니 주의한다. 광 적응도가 낮기 때문에 광 환경을 바꾸게 될 경우 서서히 옮겨주는 것이 좋다. 그늘에서 자란 야자수는 햇볕 아래서 자라는 야자수보다 생장이 느리지만 잎이 풍부하고 짙은 녹색을 띤다.

Temperature : 야자나무는 열대식물이기 때문에 38℃ 고온에서도 잘 견딘다. 생육적온은 20~25℃이지만, 비교적 서늘하게 키워도 좋다. 낮은 온도에서는 생장을 잘 하지 않으므로, 겨울철에 13℃ 이하로 떨어지지 않게 주의해주고, 관수량을 줄여 건조하게 관리한다.

Water : 겉흙이 마르면 물이 흘러나올 정도로 흠뻑 관수한다. 야자수는 물이나 비료에서나올 수 있는 토양의 염분 축적과 수돗물의 불소나 기타 화학물질에 다소 민감한 편이다. 정수필터를 이용한 물을 주는 것이 좋고, 상온에 하루 정도 둔 수돗물을 주는 것도 좋다. 때때로 분무를 해주어 잎을 깨끗하게 해주는 것이 좋다.

Soil : 배수가 불량하면 병에 걸리기 쉬우니 물빠짐이 좋은 토양에 심어 키운다. 여름은 야자수의 주요 성장 시즌이므로 크고 풍성하게 키우고 싶으면 가볍게 비료를 줘도 좋다.

Propagation : 대부분의 야자수는 종자번식이 가능하지만 가정에서는 뿌리에서 올라오는 새로운 개체를 조금 키우다가 분주해주는 방법이 좋다.

아레카 야자 *Dypsis lutescens*
- Areca palm, Feather palm, Golden cane palm, Yellow butterfly palm

줄기와 잎자루가 노란빛을 띄고 있어 흔히 황야자라고도 불린다. 밝은 실내 공간에서 잘 자라는 아레카야자는 생육이 빠른 편이며 다발처럼 뻗은 줄기와 깃털 모양의 녹색 잎들이 인상적이다. NASA에서 포름알데히드 제거 능력이 가장 우수한 식물로 선정하였다.
아레카야자는 야생에서 거의 9m까지 자라지만 실내에서는 일반적으로 1.8m~2.1m까지 자란다. 큰 키와 잎의 형태가 부드럽고 이국적이며, 거실이나 사무실, 로비에 배치하기 좋다. 잎 마름이 빈번한데 이때는 빨리 죽은 가지를 잘라주도록 한다.

켄챠 야자 *Howeia belmoreana*
- Kentia palm, Sentry palm

켄챠야자 종자는 1870년 호주 북동쪽에 있는 로드하우섬에서 처음 수집되고, 유럽 응접실의 어두운 실내에 잘 적응했기 때문에 인기가 많았다. 켄챠야자는 2m가 넘게 크는 대형종으로 실내식물로 이용되는 식물 중 큰 키에 속하므로 천장이 높은 곳에 배치해주는 것이 좋다. 원줄기에 짙은 초록색의 광택이 나는 잎이 시원하게 뻗어난다. 켄챠야자는 생육이 매우 느린 편으로 원하는 크기의 식물을 구입하는 것이 좋다. 내한성이 좋아 10℃ 이하에서도 생육을 할 수 있으나 기온이 낮아지면 생장이 더욱 느려진다.

테이블 야자 *Chamaedorea elegans* - Parlor palm

남아메리카의 멕시코, 중미, 등에 약 140여종이 있다. 잎에 광택이 나며 진한 초록색인 소형의 야자다. 테이블 야자는 열대우림의 큰 식물들 아래에 그늘지고 수분이 많은 축축한 곳에서 자생하는데 때문에 비교적 어두운 곳에서도 잘 자라 실내식물로 아주 적합하다. 다 자라도 1m 정도로 식물체 형태가 아담하고 단정하여 실내 품종으로 오랫동안 사랑받고 있다. 직사광선에 노출되면 잎이 갈색으로 변하며 떨어질 수 있으니 여름철 실외에 다 두지 않는 것이 좋다.

대나무 야자 *Chamaedorea seifrizii*

피닉스 야자 *Phoenix roebelenii*
- Pygmy date palm, Canary island date palm

테이블야자와 같은 속으로 줄기가 대나무처럼 가늘고 길다. 키는 2m 정도로 큰 편에 속하고 뾰족한 잎은 40~60cm 정도 된다. 줄기가 곧아 수형이 흐트러지지 않아 좁은 공간에 두기 좋다.

굵은 줄기와 큰 잎이 활처럼 휘어져 뻗어 나와 매우 이국적이다. 생육 속도가 느린 편이고 크게 뻗는 잎 때문에 넓은 공간에 단독으로 배치하는 것이 좋다. 광이 적고 따뜻한 곳에서 잘 자라므로 실내에 적합하다.

코코넛 야자 *Cocos nucifera*

흔히 알고 있는 코코넛 열매를 심으면 뿌리가 내리고 싹이 나온다. 유년기 때는 잎이 하나로 붙어있다가 클수록 벌어진다. 밝은 곳에서 잘 자라고 내한성이 약하기 때문에 겨울철 관리에 주의한다.

붕어꼬리 야자 *Caryota urens*

불규칙한 톱니가 있는 잎이 줄기 끝에서 퍼져 공작깃을 연상하게 하여 붙은 이름이다. 물고기의 꼬리를 닮았다 하여 fishtail palms라고도 한다. 관상용은 보통 2~4m로 자라는데, 뿌리가 깊게 자라지 않아 주의할 필요가 있다. 새잎은 좁고 곧게 서 있다가 서서히 넓어지며 펴진다. 미색무늬가 있는 무늬종도 관상 가치가 높아 인기가 많다.

관음죽 *Rhapis excelsa*
-Lady palm

각 잎은 광택이 나는 2.5cm 너비의 소엽이 6~8가닥으로 갈라져 부채꼴 모양으로 배열되어 있다. 동양적인 멋을 지니고 있어 널리 재배되는 식물이다. 일본 관음산에 자생하는 대나무를 닮았다 하여 관음죽이란 이름이 붙었다. 야외에서 자라면 3m 이상도 자라지만 실내에서 화분에 키우면 그만큼 자라지 않는다. 밝은 흰색의 무늬가 있는 종도 관상 가치가 높아 아름답다.

종려죽 *Rhapis humilis*
- European fan palm, Mediterranean fan palm

원줄기가 대나무처럼 생긴 야자과 식물이다. 잎은 종려나무와 닮고 원줄기는 대나무 같다고 하여 종려죽이라 불린다.

Display Tip's

야자과 식물은 강한 열대 분위기를 주는 식물로, 큰 야자수는 2m 넘게도 크기 때문에 키울 수 있는 공간에 맞는 식물을 선택하는 것이 좋다. 일반적으로 우리나라 실내에서 키울 시 바퀴가 달린 화분에 식재하여 골고루 광을 받게 해주는 것이 좋다.

11. 자금우과 Myrsinaceae

자금우과는 35속 1,000종으로 구성되어있는 식물이다. 유럽, 시베리아, 일본, 멕시코와 플로리다 등에 자생하는데 주로 온대 지역에 초본류가 분포하고 열대 지방에 목본류가 자생한다. 자금우속 식물은 주로 열대에 분포하고 전 세계적으로 약 300여 종이 있으며, 우리나라에는 자금우, 백량금, 산호수가 자생하고 분화식물로도 많이 이용된다.

백량금
얇고 길쭉하며 잎이 두툼하고
광택이 있다.

산호수
잎의 거치가 크고 뾰족하며
광택이 있다.

자금우
잎의 거치가 얕고
산호수에 비해 잎이 얇다.

1) 자금우 *Ardisia japonica* - Marberry

자금우는 잎의 질감이 아름다운 상록지피식물로 짙은 초록색의 잎이 빽빽하게 나고 30cm 정도로 낮게 자라는 관목으로 지피성이 강하다. 야생에서 산지의 숲 아래에 주로 서식하는 식물이라 직사광선에 약하다. 지하경으로 토양 속으로 뻗으면서 군락을 형성하고 적절한 환경을 찾아가며 생육한다. 속명인 Ardisia는 창끝이라는 의미로 잎끝이 창끝과 같이 뾰족하여 붙은 이름이다. 작고 뾰족하고 톱니가 있지만 산호수에 비해 톱니가 작다.

중부지방에서는 노지월동하기 힘들고, 남부지방에서는 교목의 하부식재용으로 이용이 가능하다. 여름에 노랗게 열매가 맺히다가 붉은색 구슬같이 변하고 가을에 이르기까지 오랫동안 달려있어 관상 가치가 높은 한국, 중국, 일본 원산의 상록관목이다.

자금우의 꽃

Did you Know?
식물의 모든 부분을 섭취하면 유독하니 주의한다.

Caring for Ardisia

Light : 관리요구도가 낮은 식물로 어느 광도에서도 잘 자란다. 개화하거나 열매를 맺는 시기에는 높은 광도에서 관리해주는 것이 좋다.

Temperature : 생육하기 좋은 온도는 16~20℃이고, 겨울철에는 0℃까지도 버티지만 10℃ 이상 유지해주는 것이 좋다.

Water : 40~70% 습도를 유지해주는 것이 좋다. 물을 좋아하는 편이지만, 과습하지 않게 주의한다. 봄부터 가을까지는 토양 겉흙이 말랐을 때 관수하고, 겨울철에는 화분 흙이 모두 말랐을 때 관수를 해주는 것이 좋다.

Soil : 배수력과 보수력이 좋은 일반 배양토에 식재해준다. 배양토에 마사토를 적절하게 섞어주어 배수가 용이하도록 한다. 분갈이 후 비료를 주면 생장에 도움이 된다.

Propagation : 줄기를 잘라 흙이나 물에다가 꽂아두면 뿌리를 내린다. 열매 과육을 제거한 후 나오는 종자를 이용하여 번식을 할 수도 있지만 실패할 확률이 높으므로 삽목이나 분주를 추천한다. 분갈이할 때는 잔뿌리를 너무 제거하지 않도록 주의한다.

여름과 가을에 빨갛게 열매를 맺는 자금우는 약 45cm 정도 크기로, 실내정원에서 하층목을 구성하기 좋다.

백량금 *Ardisia crenata*
- Spear flower, Coral berry, Spice berry

자금우보다 다소 높은 크기의 백량금은 90cm 정도로 자라며 실내조경 시 중층목을 구성하는 식물이다. 관상용으로 일본에서 미국으로 도입된 매력적인 붉은 열매를 가진 상록관목으로, 잎이 자금우에 비해 좁고 가늘며 두껍고 물결모양의 밋밋한 거치가 있다. 자금우나 산호수에 비해 크게 자라고 위쪽에서 가지가 많이 갈라지며, 가지 끝에 붉은 열매도 많이 달린다. 여름에 열매를 맺어 가을, 겨울까지 오랫동안 열매를 가지고 있어 실내에 두면 화사한 분위기를 연출할 수 있다. 번식은 줄기를 잘라 물꽂이를 하거나, 맺힌 열매를 이용하여 파종할 수 있다.

산호수
Ardisia pusilla

제주도, 일본, 중국남부와 대만, 말레이시아, 필리핀에 분포하는 식물로, 종명 pusilla는 줄기가 다소 약소하다는 뜻이다. 높이 5~8cm의 상록소관목으로 잎의 가장자리에 크고 뾰족한 톱니가 있고 잎에 광택이 있다. 잎의 촉감도 뻣뻣한 편이고 포복성 줄기 전체에 적갈색 털이 밀생한다. 열매는 붉은 색으로 9~10월에 성숙한다. 실내조경용수로 많이 이용되고 내한성이 좋아 남부지방에서는 정원이나 공원의 지피식물로 식재를 많이 하며 중부지방에서는 베란다에서 월동이 가능하다. 소관목으로 생장속도가 빠르지 않아 벽면녹화에 식재하기 좋다.

무늬산호수
Ardisia pusilla 'Variegata'

잎 가장자리에 녹색, 연두색, 흰색, 크림색의 잎색을 가진 무늬식물이다. 생육적온은 21~25℃로 일반 산호수에 비해 따뜻하게 키우는 것이 좋다.

Display Tip's

하층목으로 지피식재하여 연출하기 좋은 산호수

▲ 실내벽면에 식재되어 있는 산호수. 부족한 광환경에 식재되어 있어 잎의 색이 어둡다.

◀ 밝은 곳에 식재되어 있는 산호수

8. 실내식물의 분류

12. 쥐꼬리망초과 Acanthaceae

쥐꼬리망초과는 열대 지역을 중심으로 분포하며, 세계적으로 약 250속의 2,500여 종이 분포하고 있는 큰 과이다. 대부분이 초본류이고 드물게 관목, 덩굴성, 착생형도 있다.

아펠란드라속	*Aphelandra* spp.
피토니아속	*Fittonia* spp.
히포에스테스속	*Hypoestes* spp.

1) 아펠란드라속 *Aphelandra* spp.
- Zebra plant, Saffron spike

아펠란드라는 브라질 원산의 상록 관목 다년생 식물로, 흰색 정맥이 있는 잎과 화려한 꽃이 매력적인 식물이다. 약 200여종이 분포되어 있고, 관엽식물로는 우리가 알고 있는 아펠란드라 스쿠아로사 품종만이 원예종으로 개량되어 유통되고 있다. 꽃과 광택이 있는 잎을 보는 관엽식물로 얼룩말 식물이라고도 불린다. 깊이 패인 흰색 정맥의 뒷면을 보면 정맥모양으로 무늬가 있다.

꽃은 조밀한 스파이크에서 생산되며 포엽이라고 하는 밝은색의 수정된 잎으로 둘러싸여 있다. 한번 개화하면 약 6주 가까이 노란색 혹은 황금색 포가 매우 매력적이지만 60~70% 높은 습도를 유지해야하고, 꽃이 핀 후에 적정 생육환경을 유지해야 하기 때문에 우리나라 실내에서는 키우기 다소 까다롭다.

Did you Know?
영양분이 부족하면 신엽이 작아지고 엽색이 옅어진다.

Caring for Aphelandra

Light : 반음지성 식물로 직사광선이 닿지 않는 밝은 곳에 두면 잎의 색을 아름답게 잘 유지할 수 있다. 너무 어두운 곳에 두면 줄기가 길어져 수형이 망가진다.

Temperature : 20~25℃에서 원활하게 생육할 수 있고, 내한성이 약해 겨울에는 10℃ 이하로 내려가지 않게 관리한다. 찬 공기가 드는 곳에는 두지 않는 것이 좋다.

Water : 내건성이 약한 편으로, 흙이 마르면 쉽게 시들 수 있기 때문에 충분한 관수를 해줘야 한다. 관수 시 한꺼번에 많은 물을 주면 병이 발생할 수 있으므로, 약간 시든 후에 물을 주는 것이 좋다. 통풍이 잘되는 곳에 두어 토양과습에 주의한다.

Soil : 배수력과 보수력이 좋은 일반 배양토에서 잘 자란다.

Propagation : 줄기로 삽목이 잘되는 편인데, 10~15cm 정도 줄기를 잘라 토양이나 물에다가 꽂아두면 쉽게 뿌리를 내린다.

꽃이 지고 나면 꽃대와 함께 줄기와 잎을 가지치기 해주면, 적절한 수형을 유지해줄 수 있다.

아펠란드라 스쿠아로사 *Aphelandra squarrosa*

브라질 원산인 왜성종으로 가장 흔하게 접하는 품종이다. 자생지에서는 60cm 정도의 크기이나, 소형분으로 재배하기 위해 20cm 내외의 크기로 유통된다. 아펠란드라의 특징이라 할 수 있는 엽맥은 선명한 흰색 무늬가 아름답다. 밝은 노란색, 분홍색, 붉은색의 포엽에서 꽃이 나오는데, 꽃의 수명은 짧지만 포엽은 6주 이상 지속되어 관상 가치가 높다.

Display Tip's

아펠란드라는 둥근 초록색 잎이 무성하며 색이 아름다운 다른 열대식물과 함께 식재해도 조화롭다

2) 피토니아 베르스카펠티 *Fittonia verschaffeltii*

피토니아는 페루, 남아메리카 열대우림에서 서식하는 쥐꼬리망초과의 초본식물이다. 영명 Mosaic Plant, Painted Net Leaf에서 알 수 있듯이 촘촘하고 선명한 그물모양의 잎맥이 아름다워 365일 관상 가치가 높다.

피토니아는 공기정화식물로 벤젠, 톨루엔 등 제거에 우수한 효과가 있다. 키가 12~15cm 정도로 낮게 자라는 저성장 식물이며 테라리움이나 유리병 안에 식재하기 좋다. 색이 아름다운 잎은 빳빳한 종이 느낌이 들고 힘이 있다. 반그늘에서 잘 자라기 때문에 관목화분에 지피식물로 식재하여도 좋다. 습도가 높은 환경을 좋아하지만 고온다습한 환경에선 통풍에 신경을 써야 잎이 무르지 않고 잘 자랄 수 있다.

피토니아 꽃. 잎에 비해 관상 가치가 크지 않다.

Did you Know?
관수는 겉흙(손가락을 흙에 넣었을 때 한마디 이상)이 말랐을 때 화분 밑으로 물이 흘러나올 때까지 흠뻑 주는 것이 좋다.

Caring for Fittonia

Light : 반음지성 식물로 직사광선이 닿지 않는 밝은 곳에 두면 잎의 색을 아름답게 잘 유지할 수 있다. 너무 어두운 곳에 두면 줄기가 길어져 수형이 망가진다.

Temperature : 20~25℃에서 원활하게 생육할 수 있고, 겨울에는 10℃ 이하로 내려가면 월동을 하지 못할 수 있으니 저온에 주의해야 한다.

Water : 흙이 마르면 쉽게 시들 수 있기 때문에 충분한 관수를 해줘야 한다. 또 높은 습도를 좋아하므로 분무기를 통해 공중습도를 높여주는 것이 좋다. 환기가 잘되는 곳에 두어 토양과습을 방지한다.

Soil : 배수력과 보수력이 좋은 일반 배양토에서 잘 자란다. 흙이 마르면 쉽게 시들기 때문에 수분관리에 신경써준다.

Propagation : 줄기가 길게 자라는 편으로 수형이 엉성해질 때쯤 가지를 잘라서 물꽂이를 하거나 삽목을 하여 번식한다. 잘라준 줄기에서도 줄기가 나와 풍성한 모양을 만들 수 있다. 식물이 화분에 꽉 차면 포기나누기를 하여 분갈이를 해줘도 좋다.

피토니아 베르스카펠티 '아르기로네우라'
Fittonia verschaffeltii

페루 원산종의 변종으로 진한 초록색 바탕 잎에 은색 잎맥이 선명한 특징이 있다. 잎은 타원형 모양으로 원예종에 비해 둥글고 큰 편이다.

피토니아 베르스카펠티 '핑크 스타'
Fittonia verschaffeltii 'Pink Star'

피토니아 핑크스타는 핑크색 잎에 불규칙한 초록색 무늬가 아름다운 원예종이다. 잎끝이 레이스처럼 물결모양이고 초록색으로 띠를 두른 듯해 더욱 관상 가치가 높다. 잎 뒷면은 옅은 초록색으로 살짝 보일 때마다 더 풍부한 색을 감상할 수 있다.

피토니아 베르스카펠티 '오렌지 스타'
Fittonia verschaffeltii 'Orange Star'

핑크스타에 비해 전체적으로 짙은 핑크색의 잎에 가장자리에 초록색 띠를 두른 형태이다.

피토니아 베르스카펠티 '화이트 스타' *Fittonia verschaffeltii* 'White Star'

핑크스타와 같은 원예종으로 잎의 색에 따라 나뉩니다. 초록색 띠를 두른 하얀색의 잎은 깨끗하고 선명한 느낌을 준다.

좌측부터 핑크스타, 오렌지스타, 화이트스타

Display Tip's

크기가 크지 않은 소형종으로 접시정원에 식재하면 포인트로 좋다.

3) 히포에스테스 필로스타키아
Hypoestes phyllostachya
- Polka dot plant

잎 전체에 퍼져있는 얼룩무늬가 아름다운 히포에스테스는 마다가스카르 원산의 관엽식물로 열대 및 아열대 지역에 널리 분포한다. 하이포테스라고도 불리는데, Hypoestes는 그리스어로 아래를 뜻하는 'Hypo'와 집을 뜻하는 'Estia'가 결합된 것으로 꽃이 포엽에 숨어있다는 뜻을 나타낸다. 소형종으로 50~100cm정도 자라, 실내에서 분화식물로 키우기 좋은 식물이다. 히포에스테스는 그물모양의 잎맥이 뚜렷한 피토니아와 같은 쥐꼬리망초과로 일반적으로 매끈하고 얇은 잎에 물방울무늬가 특징이다. 해를 좋아해 밝은 곳에 두고 키우면 잎의 무늬가 선명해진다. 내음성도 있는편으로 실내 반음지에서 키워도 잘 자라지만, 빛이 너무 적으면 마디가 길어져 전체적으로 엉성하고 잎무늬가 없어지기 쉽다. 실내에서는 최대한 낮고 풍성하게 클 수 있도록 수시로 가지치기를 해준다. 줄기는 직립성으로 자라는데, 얇고 가느니 지지대를 해주는 것이 좋다.

히포에스테스는 엽맥을 제외한 잎 전체에 얼룩무늬가 있어 스프레이를 뿌려둔거 같은 느낌을 준다. 물방울무늬식물이라고도 불리는데 잎의 무늬와 색이 아름다워 관상가치가 높다. 일반적으로 붉은색 줄기에 빨간색, 분홍색, 흰색 작은 얼룩무늬에 따라 품종이 나뉜다.

Did you Know?
한번 사라진 무늬는 다시 발현되지 않으므로 무늬가 사라지지 않도록 밝은 곳에서 키우도록 한다.

Caring for Hypoestes

Light : 밝은 곳에 두어야 잎의 무늬와 수형을 아름답게 유지할 수 있지만 직사광선에는 잎이 탈 수 있으니 주의한다.

Temperature : 20~25℃에서 원활하게 생육할 수 있고, 겨울에는 10℃ 이하로 내려가지않도록 관리해준다. 잎이 얇은 식물은 저온에서 관리하기 힘드니 겨울철 실내로 옮겨 관리해준다.

Water : 흙이 마르면 쉽게 시들 수 있기 때문에 충분한 관수를 해줘야 한다. 생육기인 봄부터 가을까지는 충분히 관수해주되, 여름철에 과습하여 잎이 무르지 않도록 해준다.

Soil : 배수력과 보수력이 좋은 일반 배양토에서 잘 자란다.

Propagation : 줄기가 길게 자라는 편으로 수형이 엉성해질때쯤 가지를 잘라서 물꽂이를 하거나 삽목을 하여 번식한다. 잘라준 줄기에서도 줄기가 나와 풍성한 모양을 만들 수 있다. 식물이 화분에 꽉 차면 포기나누기를 하여 분갈이를 해줘도 좋다.

히포에스테스 필로스타키아 '핑크 스플래쉬' *Hypoestes phyllostachya* 'Pink Splash'

밝은 분홍색의 얼룩무늬와 짙은 초록색잎이 인상적이다.

히포에스테스 필로스타키아 '카미나' *Hypoestes phyllostachya* 'Camina'

히포에스테스 필로스타키아 '레드 스플래쉬' *Hypoestes phyllostachya* 'Red Splash'

어두운 진한 초록색 잎에 Carmine(자주빛을 띠지만 빨간색에 약간 더 가까운 붉은색)색 무늬가 아름다운 품종이다.

잎전체에 붉은색 얼룩무늬가 있어 관상가치가 높은 품종이다.

히포에스테스 필로스타키아 '화이트 스플래쉬' *Hypoestes phyllostachya* 'White Splash'

잎전체에 하얀색 얼룩무늬가 있어 밝고 경쾌한 느낌을 준다.

Display Tip's

흰색 화분에 식재하면 잎의 선명한 색이 돋보인다.

13. 천남성과 Araceae

영양기관의 형태변이가 많고 대부분이 초본성 식물로 구성된 과이며 주로 지상의 줄기나 땅속의 괴경, 혹은 지하경을 갖고 있지만 목본성 식물은 거의 없다.

천남성과 식물은 약용식물로 잎이나 열매, 특히 뿌리에 독성이 있는 유독성 식물이지만, 잎의 질감이 좋고 꽃 모양이 특이하여 분화로 흔히 이용된다. 두루미천남성, 점박이천남성, 큰천남성 등 우리나라에 자생하는 식물도 있으나 우리가 흔히 실내에서 접하는 식물은 열대지방에 분포하는 식물이다.

천남성과 식물은 모두 부정근(Adventitious Root, 뿌리를 제외한 부분에서 생겨나는 모든 뿌리 구조, 즉 줄기나 잎 등에서 생기는 뿌리를 말한다.)을 가지며 토양을 향해 자라 수분과 영양분을 취하는 형태거나, 나무의 틈새 속으로 뻗어 지탱하는 형태이다. 천남성과 관엽식물은 불용성 옥살산칼슘을 함유하고 있어 유아나 반려동물이 먹으면 입과 주변 부위에 화상을 유발할 수 있으니 주의한다.

천남성과 식물의 꽃은 연녹색으로 일반적으로 초여름에 피는데 실제 보통 꽃처럼 보이는 것은 포이며, 꽃은 그 안에 방망이 모양의 육수화서이다. 꽃이 오랫동안 피고 반그늘진 곳에서 잘 적응하므로 실내식물로 아주 좋다.

천남성의 구근

육수화서

아글라오네마속	*Aglaonema* spp.
알로카시아속	*Alocasia* spp.
안스리움속	*Anthurium* spp.
칼라디움속	*Caladium* spp.
디펜바키아속	*Dieffenbachia* spp.
스킨답서스속	*Epipremnum* spp.
몬스테라속	*Monstera* spp.
필로덴드론속	*Philodendron* spp.
라피도포라속	*Raphidophora* spp.
스파티필름속	*Spathiphyllum* spp.
싱고니움속	*Syngonium* spp.

1) 아글라오네마속 *Aglaonema* spp.
-CHINESE EVERGREEN

1885년 서양에 소개된 아글라오네마는 '밝다(Aglos)'와 '실(Mema)'이라는 뜻의 그리스어에서 유래되었다. 큐 왕립 식물원에서 처음 들여오게 되며 수 세기 동안 아시아에서 관상용 식물로 재배되어 왔다. 잎의 무늬가 아름답고 낮은 광에서도 잘 자라기 때문에 실내식물로 인기 있는 관엽식물이다. 영화 '레옹'의 남자주인공이 아끼는 화분으로도 알려진 식물로 은빛이 도는 녹색 바탕과 진한 녹색 무늬가 아름다운 식물이다.

아시아와 뉴기니의 열대 및 아열대 지역이 원산인데 줄기가 직립형태이거나 비스듬히 자라며 포복하는 형태를 가지고 있다. 비스듬히 포복하는 줄기는 마디에서 뿌리를 내린다. 아글라오네마는 모양과 크기, 특히 잎의 색상과 패턴에 따라 다양한 품종으로 나뉜다.

녹색의 무늬를 가지고 있는 실버퀸이나 말레이뷰티 같은 경우 성장이 왕성하고 실내의 안 좋은 조건에서도 잘 자랄 정도로 강건하지만, 잎이 붉거나 하얀색이 많이 섞일수록 생장속도도 늦고 관리요구도도 높은 편이다.

적절한 생육환경에서 키울 시 잎이 무성하게 나며 생장 속도도 빠른 편으로 이국적이고 시원한 느낌을 주어서 관상가치가 높지만 육수화서인 꽃은 실내에서 피우기 어렵고, 관상 가치가 높지 않다

일반적으로 배수력과 보수력이 좋은 배양토에 식재하는 것이 좋은데, 배수력이 좋지 않은 토양에 식재하면 식물 뿌리내림이 좋지 못하고 잘 성장하지 않는다. 토양의 물관리가 힘들 때는 오히려 수경형태로 키우는 것을 추천한다.

삽목이 잘되는 편으로, 목질화된 굵은 줄기를 잘라 토양에 삽목이나 물꽂이를 하고, 뿌리 부분을 분주하여 번식하면 잘 자란다.

Caring for Aglaonema

Light : 밝은 반그늘에서도 잘 자라지만 내음성이 강해 반음지에서도 잘 자란다. 초록색이 없는 품종일수록 내음성이 약하므로, 밝은 곳에서 키우는 것이 좋다. 직사광선에서는 잎끝이 갈변하며, 빛을 과하게 받으면 전체적인 수형이 아치형이 아니라 위로 솟는 형태로 자란다.

Temperature : 생육하기 좋은 온도는 18~24℃이고, 내한성이 강한 품종은 3℃까지도 견딘다. 일반적으로 20℃ 이상만 유지해주면 계속 생육한다. 겨울철에 저온 상태에서 관수를 많이 하면 썩어서 죽을 수도 있다.

Water : 토양 표면이 말랐을 때 충분히 관수해서, 토양을 촉촉하게 유지하되 물에 잠기지 않도록 주의한다. 통풍이 잘되는 곳에 두어 과습 피해를 받지 않게 하되, 강한 바람이 부는 곳은 피하는 것이 좋다. 토양이 과습한 상태로 있으면, 잎이 흐물흐물해지고 노랗게 변하므로 주의 있게 관찰한다. 일반적으로 잎에 초록색이 적은 식물이 과습에 더 취약하다.

Soil : 배수력과 보수력이 좋은 일반 배양토에 식재하면 된다. 배수력이 좋지 않은 토양에 식재하면 뿌리내림이 좋지 못하다. 흔히 물꽂이로도 잘 자라 수경형태로도 많이 키운다. 수경으로 키울 때는 뿌리의 흙을 잘 씻어주고 물에 넣어주면 된다. 토양에서 키울 때보다 생장 속도가 느리다.

Propagation : 목질화된 굵은 줄기를 잘라 삽목을 하거나, 뿌리 부분을 분주하여 번식한다.

아글라오네마 실버 킹
Aglaonema 'Silver King'

아글라오네마 실버 퀸
Aglaonema 'Silver Queen'

쿠르티시이(Curtsii)와 트리칼라(Tricolor)의 교배종으로, 영화 레옹에서 마틸다가 들고 다니던 화분 속 품종이다. 은빛 바탕에 진녹색의 무늬가 특징이며, 실버 퀸(Silver queen)보다 조금 더 복잡한 무늬를 가졌다. 잎의 길이는 15~20cm 정도 되고 전체 크기는 30~40cm 정도 된다.

실버퀸은 세계적으로 가장 널리 생산되고 있는 품종으로 1960년대 만들어져 보급되었다. 실버퀸 품종의 잎은 회록색 바탕에 흰색과 은색의 얼룩무늬가 있다. 실버퀸 품종은 같은 양친으로부터 여러 번의 교배로 생산되었기 때문에 잎 크기나 식물 특성에서 약간의 차이가 나기도 한다. 실버퀸은 저온(14.4℃)에서 민감하고 잘 부러지기는 하지만 눈이 잘 터져 흡지(나무 주변 바닥에서 성장하는 싹)가 잘 생긴다.

아글라오네마 시암 오로라
Aglaonema 'Siam Aurura'

아글라오네마 '스노우 화이트'
Aglaonema 'Snow White'

분홍빛이 도는 붉은색 잎 무늬가 돋보이는 품종으로, 빛의 양에 따라 초록색과 붉은색에 차이가 생기므로 화려한 색을 유지하고 싶으면 빛이 잘 드는 곳에서 키우는 것이 좋다.

잎에 하얀 눈이 내린 것 같은 품종으로 고온(30℃ 이상)과 저온(10℃)에 강하지 않으므로, 온도관리에 주의한다. 고온에는 통풍이 잘되는 곳에 물을 자주 주어 온도를 낮춰주고 겨울에는 추운 곳에서 건조하지 않게 해준다.

아글라오네마 발렌타인
Aglaonema 'Lady Valentine'

아글라오네마 지리홍
Aglaonema 'Red Zircon'

초록색보다 분홍색의 색이 많이 섞여 있는 품종으로 실내인테리어를 할 때 좋다. 초록색 품종에 비해 관리요구도가 있으니, 관수와 통풍에 주의한다.

형광빛 분홍색 바탕에 초록색 무늬가 있는 품종으로, 관상 가치가 매우 높다. 본래 색인 초록색이 거의 없는 정도인데, 때문에 실내의 어두운 곳에서는 뿌리내림이 좋지 않아 생육이 나빠 관리요구도가 높은 편이다. 생장 속도도 느린 편으로 다른 품종에 비해 토양과습과 광량에 주의해서 키우도록 한다.

아글라오네마 도나 카르멘
Aglaonema 'Dona Carmen'

큰 타원형의 초록색 잎에 크림색 반점이 많이 있다. 두꺼운 분홍색 중앙 엽맥과 가느다란 확산 엽맥이 관상 가치가 높다.

아글라오네마 말레이 뷰티
Aglaonema commutatum 'Siam Aurura'

매끄러운 잎은 좁은 삼각형으로 길고 가늘다. 교대로 있는 줄무늬 패턴의 배열이 크고 은빛 얼룩이 있는 짙은 녹색의 잎이다.

아글라오네마 코스타텀 이미큐라텀
Aglaonema commutatum 'Immaculatum'

Display Tip's

아글라오네마는 수경으로 재배해도 매우 잘 자란다.

2) 알로카시아속 *Alocasia* spp.
-CHINESE EVERGREEN

코끼리 귀와 비슷한 잎을 가진 알로카시아는 열대 및 아열대 아시아와 호주 동부에 자생하는 식물로 전 세계적으로 다양한 잡종과 품종이 재배되고 있다. 약 70여 종이 분포하고 있고 일부가 관엽식물로 재배 유통되고 있다. 목대가 나무같이 올라오는 종과 목대 없이 잎만 무성하게 자라는 종류가 있다. 목대가 나무같이 올라오는 종은 직립형으로 자라고, 긴 잎자루에서 큰 심장 모양의 잎이 20~90cm 길이로 자란다. 잎만 무성한 종류는 짧은 근경에서 잎이 나오는 소형종이다. 알로카시아는 열대우림에서 큰 나무 그늘 밑에서 자생하는 식물로 직사광선을 싫어한다.

Caring for Alocasia

Light : 반그늘, 반양지 모두 잘 자라며 직사광선은 피하는 것이 좋다. 직사광선에 노출되면 잎이 그을릴 수 있으므로 주의한다. 해가 잘 드는 창가 근처에 두면 좋다.

Temperature : 생육하기 좋은 온도는 18~24℃이고, 내한성이 강한 품종은 3℃까지도 견딘다. 일반적으로 20℃ 이상만 유지해주면 계속 생육한다. 겨울철에 저온 상태에서 관수를 많이 하면 썩어서 죽을 수도 있다.

Water : 토양 표면이 말랐을 때 충분히 관수해서, 토양을 촉촉하게 유지하되 물에 잠기지 않도록 주의한다. 통풍이 잘되는 곳에 두어 과습 피해를 받지 않게 하되, 강한 바람이 부는 곳은 피하는 것이 좋다.

Soil : 배수력과 보수력이 좋은 일반 배양토에 식재하면 된다. 배수력이 좋지 않은 토양에 식재하면 무름병에 걸리기 쉬우므로 특히 장마철에 과습에 주의한다. 배수력을 위해 일반 원예용 배양토에 마사토를 7:3 정도로 섞어주면 좋다.

Propagation : 파종이나 분주로 번식이 가능하며 삽목은 힘들다. 잎이나 줄기에 포함된 독성으로 알러지가 생길 수 있으니 장갑을 끼고 한다.

알로카시아 오도라
Alocasia odora

가장 쉽게 접할 수 있는 알로카시아 품종으로, 인도의 북동부, 중국, 필리핀 등에 자생하고 있다. 땅속에 빽빽한 나무 모양의 뿌리줄기가 있고, 굵은 근경에서 방패 모양의 잎이 나오는데, 토란과 생김새가 비슷하다. 잎 자체가 주는 관상 가치보다 목대와 위로 뻗은 큰 잎의 이국적인 느낌을 감상하면 좋다. 내한성이 강해 3℃까지도 버티지만 생육이 나빠질 수 있으니 관리에 주의한다.

원산지에선 여름(6~8월)에 옥수수와 비슷한 담황색의 꽃이 핀다. 알로카시아 오도라는 특정 수분 매개체인 작은파리(Colocasiomyia속)에 의해 수분을 유지하는데, 꽃(육수화서, spadix)이 만발하는 동안 방출되는 강하고 독특한 향기에 의해 유인된다. 하지만 실내에서는 개화가 힘들어 분주로 번식을 한다.

대왕 토란 *Alocasia macrorrhiza*

인도, 스리랑카, 인도네시아 원산의 알로카시아는 직립성 관엽식물로, 굵은 육질의 근경 상록 다년생 식물이다. 영명 Giant Elephant Ear 에서 알 수 있듯이 코끼리의 귀를 닮은, 두꺼운 잎에는 눈에 띄는 정맥이 있다. 주름진 초록색 잎은 튼튼하고 곧은 줄기에서 수직으로 돌출된 단단한 줄기에 달려 있다. 잎의 길이가 90~180cm, 너비는 60~120cm에 이를 정도로 크고 전체적인 수형이 이국적인 분위기를 준다. 강한 독성이 있으니 어린이와 반려동물이 있는 집에선 주의해야 한다.

알로카시아 아마조니카 ' 폴리' *Alocasia amazonica* 'Polly'

알로카시아 오도라 다음으로 유명한 알로카시아다. 화살촉처럼 뾰족한 모양과 짙은 녹색의 잎에 하얀색 엽맥이 거북이 등과 같다 하여 '거북 알로카시아'라고 불리기도 한다. 소형종으로 높이 및 너비가 최대 45cm 정도까지 자란다. 가장자리가 물결치는 모양에 광택이 돌아 매우 관상 가치가 높지만, 관리 난이도가 제법 있는 식물이다.

밝은 곳에 두되 직사광선을 피하고, 공중습도를 높게 해주되 토양이 과습하지 않도록 주의해야 한다. 토양이 과습하면 뿌리뻗음이 나빠지고 생육이 제한되게 되므로, 분식재를 할 때 펄라이트를 섞어주어 배수력을 높여준다. 건조하면 응애와 가루깍지벌레, 깍지벌레, 진딧물이 잘 자라므로 에어컨이나 히터 근처에 두지 않도록 한다.

생장이 빠르지 않으므로 분갈이를 신경 쓰지는 않아도 된다. 내한성이 약한 편으로 10°C 이하로 떨어지면 잎이 누렇게 변하므로 주의한다. 번식은 일반적으로 뿌리줄기를 분주해서 번식하면 된다.

알로카시아 제브리나
Alocasia zebrina

알로카시아 제브리나는 연노란색과 검은색의 얼룩말 줄무늬가 있는 길고 꼿꼿하게 선 줄기에 화살촉 모양의 잎들이 달려 있고 잎은 대부분 일반적인 알로카시아종보다 얇은 편이고 연한 초록색으로 큰 특징이 없는 잎이 줄기를 돋보이게 해준다.

Display Tip's

다양한 질감과 크기의 알로카시아

직립형 알로카시아는 굉장히 이국적인 느낌이 든다.

3) 안스리움속 *Anthurium* spp.

멕시코 북부에서 아르헨티나 북부에 이르는 아메리카 대륙이 원산지인 안스리움은 약 1,000여 종이 있다. 대부분의 안스리움은 중남미의 열대우림에서 자라지만 일부는 반건조 환경에서 자라며, 자생지에서는 나무 등에 붙어서 자라는 착생식물이다. 속명 안스리움은 그리스어로 '꽃'을 뜻하는 안토스(Anthos)와 '꼬리'를 뜻하는 오라(Oura)가 합쳐져 '꽃의 꼬리'를 뜻하는데, 이는 포엽과 육수화서의 모양에서 유래되었다고 볼 수 있다. 안스리움은 많은 잡종 또는 원예 품종이 있는 관상용 식물로 재배되는데, 반짝이는 큰 암녹색 잎과 가느다란 꽃(Spadix)이 관상 가치가 높다. 이 꽃 아래에는 포엽(Spathe)이 있는데, 모양과 색, 크기가 다양하다. 화려한 포엽이 오래 지속되고 꽃가루가 떨어지는 것을 방지하려면 가운데 핀 육수화서를 잘라주면 된다.

안스리움은 천남성과 관엽식물로 칼슘 옥살레이드 결정이 있어 수액이 피부와 눈을 자극하므로 어린아이와 반려동물이 있는 집에서는 주의한다. 소형종은 최대 30cm로 자라고, 큰 식물은 높이와 너비가 45cm까지 자란다.

안스리움은 식물의 나이와 재배온도에 따라 화아분화와 발달이 결정되는데, 개화할 수 있는 나이가 되면 식물체는 각 엽액마다 화아를 가지게 되며, 적당한 환경만 유지해주면 연속적으로 개화한다.

다양한 색의 포엽이 관상 가치가 높을 뿐만 아니라 일산화탄소, 암모니아 가스 제거 능력이 좋기 때문에 생육환경만 조성된다면 주방이나 화장실에 두면 좋다.

Did you Know?
잎을 윤기있게 유지하려면 젖은 천으로 잎을 깨끗이 닦거나 따뜻한 물을 미세하게 분무하여 청소한다.

Caring for Anthurium

Light : 직사광선이 아닌 밝은 곳에 두면 생육을 촉진하고 튼튼한 식물체를 생산하는데 도움이 된다. 그러나 광도가 너무 높으면 색이 옅어지거나 표백되고 때로는 엽소현상[1]을 일으킨다. 어두운 곳에 두면 꽃이 적게 피거나 꽃을 피우지 않을 수 있으므로 주의한다.

Temperature : 안스리움의 생육 적정 온도는 18~29℃ 사이고, 야간온도는 17~23℃가 적당하며 4℃가 되면 냉해를 받으니 주의한다.

---

[1] **엽소현상** : 부분적, 잎의 한쪽 면, 가장자리, 또는 잎 전체에 나타나는 경우가 있으며 잎 전체에 나타나면 곧 낙엽이 진다. 엽소현상이 나타나는 잎은 먼저 광택과 투명함을 잃고 갈색으로 변하며 잎이 말려 올라가 낙엽이 진다.

Caring for Anthurium

Water : 토양 표면이 말랐을 때 충분히 관수해서, 토양을 촉촉하게 유지하되 물에 잠기지 않도록 주의한다. 통풍이 잘되는 곳에 두어 과습 피해를 받지 않게 하고, 강한 바람이 부는 곳은 피하는 것이 좋다.

Soil : 자연에서 착생해서 자라기도 하는데, 착생 식물은 공기 중으로부터 수분을 흡수할 수 있는 공중뿌리를 가지고 있기 때문에 통기성이 나쁜 토양에서는 뿌리가 썩을 수 있다. 유기물 함량이 높은 습한 토양에서 잘 자란다. 식물이 비좁아 보이면 분갈이를 해주는데, 옮겨 심으면서 시든 꽃과 잎을 잘라주면 식물은 회복에 집중한다.

Propagation : 안스리움은 벌브를 커팅하거나 파종, 분주를 통해 번식할 수 있다. 자웅동체인데, 꽃이 피고 얼마 후 Stigma(육수화서의 돌기에 투명한 구슬 같은 것)가 생긴다. 이 stigma는 꽃가루를 받아 수분하기 위해 끈적거리는데, 수분이 되면 열매가 맺히고 종자를 얻을 수 있다.

안스리움 안드레아넘 *Anthurium andreanum* cv.

안스리움의 가장 대표적인 품종이며, 교배 개량종도 많다. 줄기는 짧은 관목상이며 잎자루는 가늘고 긴 편이다. 포의 크기도 여러 가지라 보는 재미가 있다. 안드레아넘은 절화로도 많이 재배되고 있다. 곧거나 아치형의 10cm 정도되는 노란 꼬리를 가진 광택과 주름이 있는 육수화서가 아름답다. 빨간색, 흰색, 분홍색 등 다양한 색의 포엽과 육수화서가 관상가치가 높다.

안스리움 크리스탈리움
Anthurium crystallium

하트모양의 넓은 잎에 흰빛이 도는 잎맥이 아름다운 품종이다. 포엽을 관상하는 다른 안스리움과 달리 잎의 관상 가치가 높다.

Display Tip's

붉은 광택이 나는 포엽이 오래 유지되어 실내에 화사한 느낌을 준다.

4) 칼라디움속 *Caladium* spp.
- Elephant's-ear(엘리펀트 이어), Angel wings(엔젤윙스), Mother-in-law plant(마더인로우 플랜트), Heart-of-Jesus(하트 오브 지저스)

남미와 중미 원산의 칼라디움은 아프리카 일부 및 열대지역에서 자생한다. 자생지에서 탁트인 지역과 강둑에서 자라, 직사광선에서도 잘 자란다. 고온성 식물로 밝은 곳에서도 잘 자라기 때문에 초여름부터 가을까지 화단식물로도 식재 가능하다. 자생지에서는 가을이 지나고 기온이 내려가면 지상부가 시들고 구근상태로 휴면에 들어가 해를 보낸다. 이때의 온도가 7℃ 정도로 이보다 낮으면 저온 피해를 받아 구근이 썩는다. 때문에 우리나라 노지에서는 월동하기 힘들고, 실내에서 키울 경우에도 찬바람을 가능하면 피해서 키워야 한다.

고온성 구근으로 5월경 기온이 올라가면 싹이 트고 잎이 나온다. 긴 줄기에 하트 모양의 잎들이 토란과 비슷하고 종이처럼 얇은 잎에 다양한 무늬가 섞여 있다. 일반적으로 높이는 약 60cm 정도인데, 현재는 왜소한 품종으로 재배되고 있다.

칼라디움은 알뿌리 식물로 이 알뿌리에서 해마다 작은 잎들을 피워내며 수년간 유지된다. 통풍이 부족한 실내에서는 응애 같은 병해충에 노출되기 쉬우므로 자주 잎 앞뒷면을 살피고 관리해야 한다.

Caring for Caladium

Light : 품종별로 광의 요구도가 많이 다르지만, 일반적으로 밝은 곳에서의 생육을 선호한다. 광량이 부족하면 잎의 무늬가 사라지고, 사라진 무늬는 재발현되지 않으니 주의한다.

Temperature : 열대식물로 따뜻한 환경에서 키워야 한다. 생육적온은 27~30℃이고, 최저온도는 21℃ 이상 유지해야 한다. 낮은 온도에서는 잎의 색이 흐려질 수 있으니 주의한다.

Water : 봄부터 가을까지는 생육기로 겉흙이 마르면 충분히 준다. 기온이 내려가기 시작하면 휴면기에 들어가는데 물주기를 중지하고 물을 너무 많이 주거나 뿌리가 물에 잠기게 되면 잎이 누렇게 변한다. 햇빛을 많이 받게 해도 잎이 누렇게 변한다.

Soil : 통기성과 보수성이 좋은 배합토를 사용해야 한다. 다른 관엽식물과 달리 비료 요구도가 높다.

Propagation : 괴경을 나누어 번식을 할 수 있다. 모구에 붙어 있는 자구들을 떼어내서 화분에 따로 식재한다. 겨울이 오기 전에 괴경을 수확하게 되면 이때 15℃ 이하로 떨어지지 않게 한다.

칼라디움 품종들 *Caladium* cv.

칼라디움은 변종이 많은 식물 중에 하나로 약 2,000여종의 품종이 있다. 전체적으로 토란을 닮은 잎의 형태로 크기와 무늬, 색, 크기 등 다양한 품종이 재배되고 있다.

Display Tip's

다양한 크기와 잎의 색, 무늬가 있으므로 공간 특성에 맞게 선택해서 배치하는 것이 좋다.

5) 디펜바키아속 *Dieffenbachia* spp.
-DUMB CANE

아메리카, 브라질, 멕시코, 서인도 제도까지 열대지역이 원산지다. 약 30여 종이 자생분포하고 있으며, 교잡이 잘되는 식물로 100여 종이 재배되고 있다. 꽃은 육수화서로 관상 가치가 없다. 디펜바키아는 포름알데히드 제거 효과가 매우 높은 식물이다. 또 일산화탄소 제거 능력 또한 높아 실내에서 공기정화 효과가 좋다. 디펜바키아의 영명은 덤브 캐인(Dumb Cane)으로 벙어리나무란 뜻을 가지고 있다. 디펜바키아 줄기를 자르면 나오는 하얀 수액 속에 든 옥살산칼슘(Calcium Oxalate) 때문에 붙은 이름인데, 이 성분은 바늘형태로 되어 있어 사람 피부나 입에 들어가면 세포를 찔러 자극을 준다. 디펜바키아의 어떤 부위든, 특히 줄기를 떼어 입에 넣으면 혀와 성대에 일시적인 마비증상이 생기고, 피부에 닿으면 가려움증이 생기므로, 주의하여야 한다.

영명의 'Cane'이라는 단어에서 볼 수 있듯이 오래된 디펜바키아는 상당히 키가 크지만, 개량된 원예품종들은 30cm 내외로 자란다.

Caring for Dieffenbachia

Light : 반음지성 식물로 직사광선이 들지 않는 밝은 곳에서 키운다. 강한 햇빛에 노출되면 잎에 화상을 입을 수 있으므로 주의한다.

Temperature : 20~25℃에서 잘 자란다. 15℃ 이하로 되면 낙엽이 지고 생육이 나빠지므로 겨울철 온도관리에 주의한다.

Water : 습도 70% 이상 다습한 상태를 좋아하는 식물이지만 건조에 강하고 배지가 항상 축축하면 병이 생길 수 있으므로 흙이 충분히 마르고 관수를 해준다. 내건성이 좋은 편으로 토양 표면이 말랐을 경우 흠뻑 관수하는데, 물이 너무 부족하면 잎을 떨굴 수 있으니 주의한다. 겨울에는 관수량을 조금 줄여도 좋다.

Soil : 많은 관엽식물과 마찬가지로 토양과습에 취약하므로 물을 흠뻑 주고 난 후 통풍이 잘 되도록 관리해야 한다. 일반적으로 토양 2.5cm 깊이로 손가락을 넣어봤을 때 말랐으면 관수를 해준다.

Propagation : 줄기를 잘라서 모래에 꽂아두면 뿌리가 금방 내려 번식이 쉽다.

디펜바키아 아모에나
Dieffenbachia amoena

디펜바키아 콤팩타
Dieffenbachia maculata 'Compacta'

디펜바키아 아모에나는 대형종으로 줄기가 두껍고 1.2~1.5m까지 자란다. 잎이 크고 길며 광택이 있는 짙은 초록색에 엽맥 주변에 백색 무늬와 녹색 반점이 있는 것이 특징이다. 엽맥이 초록색으로 선명하며 이국적인 느낌이 든다.

디펜바키아 콤팩타는 짙은 초록색 잎에 있는 유백색의 무늬와 짙은 녹색의 반점 무늬가 불규칙한 것이 특징이다. 이 식물은 다른 종에 비해 조금 밝게 키워야 잎의 무늬와 수형을 아름답게 유지할 수 있다.

디펜바키아 오에르스테디
Dieffenbachia Oerstedii

디펜바키아 '마리안느'
Dieffenbachia 'Maeianne'

디펜바키아 에르스테디는 다른 품종에 비해 잎이 길고 가는 편이다. 잎은 초록색, 주엽맥이 백색으로 시원하고 깨끗한 느낌을 주는 품종이다.

디펜바키아 마리안느는 흔히 볼 수 있는 종류로 밝은 백색의 잎 중심과 짙은 초록색의 잎 가장자리가 특징이다. 디펜바키아 품종 중에서 제일 고운 잎 모양과 색을 가지고 있어 단독으로 심어도 공간에 은은하고 부드러운 느낌을 준다. 다른 종에 비해 좀 더 밝게 키워야 고유의 잎 색을 잘 유지할 수 있다.

디펜바키아 '그린매직'
Dieffenbachia 'Green Magic'

가운데 흰색 줄무늬가 있는 초록색의 단단한 잎이 아름다운 품종이다.

Display Tip's

밝은 잎을 가진 디펜바키아 마리안느는 반그늘에서도 잘 자라 실내정원의 하층부에 식재해도 좋다.

6) 에피프렘눔속 *Epipremnum* spp.

에피프레눔은 공중뿌리의 도움으로 오르는 상록 다년생 덩굴이다. 일반적으로 시중에서 에피프레눔과 스킨답서스(Scindapsus)를 구별하지 않는다.

광택이 나는 하트 모양의 잎은 끊임없이 퍼지며 일반적으로 초록색으로 나타나며 나이가 들수록 더 잡색이 된다. 밝은 빛은 식물의 성장 속도를 증가시키지만 그늘진 곳에서도 잘 자라 실내에서 키우기 좋다. 더욱 풍성하게 키우고자 한다면 1년에 두 번 가지치기를 해주면 좋다. 가지치기는 흙에서 5cm 정도로 잘라주면 되며 길이 조정을 위한 가지치기는 아무 곳이나 잘라줘도 된다.

에피프레눔은 생육이 왕성하여 공기정화에도 좋은데 카페트, 합판 또는 기타 재료의 포름알데히드 제거에 효과적으로, 사무실이나 새 주택에 두기 매우 좋다. 다른 천남성과 관엽식물과 마찬가지로 잎과 줄기가 유독하여 유아나 반려동물에게 알레르기나 피부염을 일으킬 수 있으므로 섭취하거나 뜯지 않도록 주의한다.

▲ 에피프렘눔 아우레움 (*Epipremnum aureum*)

▲ 스킨답서스 픽투스 '엑소티카' (*Scindapsus pictus* 'Exotica')

Caring for Epipremnum

Light : 반음지성 식물로 직사광선이 들지 않는 밝은 곳에서 키운다. 강한 햇빛에 노출되면 잎에 화상을 입을 수 있으므로 주의한다. 무늬가 색이 있는 품종은 어두운 곳에 두면 무늬가 사라지거나 색이 짙어지므로 밝은 곳에 두는 것도 좋다.

Temperature : 20~25℃에서 잘 자라며 내한성도 좋은 편이다. 초록색이 없는 품종일수록 내한성이 약하므로 겨울철 온도관리에 주의한다.

Water : 습도 70% 이상 다습한 상태를 좋아하는 식물이지만 토양이 과습하면 생육이 안 좋아질 수 있다. 어두운 곳에 두고 과습하게 되면 식물이 죽을 수도 있으니 물관리에 주의한다. 수경재배로도 잘 자라기 때문에 물관리가 힘들 때는 뿌리흙을 잘 씻어낸 후 물에다가 키운다. 흙에서 키우는 것에 비해서는 생장 속도가 많이 느리다.

Soil : 많은 관엽식물과 마찬가지로 토양과습에 취약하므로 물을 흠뻑 주고 난 후 통풍이 잘되도록 관리해야 한다. 일반적으로 토양 2.5cm 깊이로 손가락을 넣어봤을 때 말랐으면 관수를 해준다.

Propagation : 줄기를 잘라서 흙에 꽂아두거나, 물에 꽂아두어도 매우 잘 자란다.

에피프렘눔 아우레움 *Epipremnum aureum*

시중에서 가장 흔하게 볼 수 있는 품종으로 행잉 화분으로 키우기 좋다. 덩굴성을 이용하여 길게 늘어뜨려 이국적인 느낌을 줄 수 있으며 벽면이나 기둥에 타고 올라가게 지지대를 대주고 식재해도 좋다. 어두운 곳에 둘수록 흰색무늬 발현이 적게 된다.

에피프렘넘 '라임'
Epipremnum aureum 'Lime'

매끈한 하트모양의 잎의 색이 라임빛이라 붙은 이름이다. 어두운 곳에 두면 색이 진해지는데, 에피프레넘 아우리움보다는 밝은 초록색을 띈다. 잎이 밝아 실내에 두었을 때 화사하게 연출이 가능하다.

에피프렘넘 '마블 퀸'
Epipremnum aureum 'Marble Queen'

초록색의 하트 모양의 잎에 크림색의 대리석 같은 무늬가 아름다운 품종이다. 색상과 패턴이 매우 독특해서 관상 가치가 높은데, 생육 속도도 빨라 실내에서 키우기 좋다. 저조도 조건에서도 생존이 가능하나 실내의 밝은 곳에 두는 것이 색과 무늬를 선명하게 해줘서 좋다. 잎에 초록색이 적을수록 과습에 취약하므로 토양이 과습하지 않도록 주의한다.

에피프렘넘 '엔조이'
Epipremnum aureum 'N-Joy'

에피프레넘보다 작은 잎을 가지고 있는 엔조이는 초록색과 크림색 무늬가 매우 아름다운 품종이다. 하트모양 잎이 살짝 구불거리는 느낌을 가지고 있다. 밝은 곳에 두어야 무늬가 선명하게 유지가 되며, 그늘진 곳에 두어 사라진 무늬는 다시 발현되지 않는다. 직사광선에서는 탈 수 있으니 주의한다. 다른 품종에 비해 내한성이 약하고 과습에 약하므로 관리에 주의한다.

Display Tip's

서울시 신청사 안 벽면녹화에 식재된 에피프렘눔 아우레움. 늘어지는 덩굴형으로 다른 식물에 비해 꽉 찬 느낌으로 연출할 수 있다.

지지대를 통해 잎이 위로 올라가게 도와주면 잎을 크게 키울 수 있다.

가지치기를 계속 해 주면 늘어지지 않고 잎의 크기도 크게 키울 수 있다.

늘어지는 수형의 에피프렘눔

수경으로 연출한 에피프렘눔 엔조이. 토양에다가 심는 것에 비해 성장 속도가 느리다.

7) 몬스테라속 *Monstera* spp.
-ADAM'S RIB, SWISS CHEESE PLANT

몬스테라는 아프리카, 남부 멕시코, 코스타리카, 파나마, 과테말라 등 열대지방에 자생하는 천남성과에 속하는 현화식물로, 속명 monstera는 "기괴한" 또는 "비정상적인"을 의미하는 라틴어 단어에서 명명되었으며, 일반적인 관엽식물에 비해 월등하게 크기 때문으로 6m 높이까지도 자란다. 1.8~2.4m까지 크는데 약 7년 정도 걸린다. 몬스테라의 가장 큰 특징은 큰 잎이 길쭉하게 갈라지고 구멍이 나있는 것인데, 이런 잎의 모양 때문에 '아담의 갈비뼈' 혹은 '스위스 치즈 식물'이라고 불린다. 이런 잎의 형태는 열대우림 속 한정적인 빛 환경에서 잎에 구멍을 내고 갈라지게 해 아래 잎까지 충분한 빛이 갈 수 있도록 하여 효율적인 광합성을 하기 위함이다.

열대우림의 큰 나무 밑에 자생하는 식물로 빛을 받기 위해 잎의 크기를 키우고, 줄기의 갈고리 역할을 하는 공중뿌리를 통해 올라간다.

몬스테라 기저부 근처에서 나오는 뿌리는 토양에 고정을 하고, 연필 두께 정도 되는 공중뿌리는 공기 중의 수분을 모으기 위해 나온다.

몬스테라는 최대 130cm정도의 큰 잎을 가지고 있는데 잎을 더 넓은 지역에 퍼지도록 하여 햇빛 노출을 증가시키기 위함이다.

몬스테라는 다른 천남성과 관엽식물과 마찬가지로 독성을 가지고 있다. 반려동물과 유아에게는 알레르기나 피부염을 일으킬 수 있으므로 피부에 직접 닿거나 섭취하지 않도록 주의해야 한다. 몬스테라를 분갈이하거나 수형을 잡아줄 때는 꼭 장갑을 착용하고 손을 잘 씻도록 한다.

8. 실내식물의 분류

Caring for Monstera

Light : 반음지성 식물로 직사광선이 들지 않는 밝은 곳에서 키운다. 강한 햇빛에 노출되면 잎에 화상을 입을 수 있으므로 주의한다.

Temperature : 20~25℃에서 잘 자라며 내한성도 좋은 편이지만 최소 7~8℃ 정도는 유지해주도록 한다. 추울 때 건조피해를 받으면 잎이 누렇게 변한다.

Water : 습도 70% 이상 다습한 상태를 좋아하는 식물로, 공중뿌리가 발달하여 토양이 다소 건조해도 공중습도가 높으면 생육을 잘한다. 공중뿌리는 잘라주며 관리해도 생육에 큰 문제는 없다. 수경재배로 키우면 천천히 성장하고 관리하기도 좋다.

Soil : 축축한 토양에서 잘 자라고 정기적으로 비료를 주면 크게 키울 수 있다. 가을에는 관수 횟수를 주 1~2회로 줄여주고, 봄과 여름에는 2~3회 흠뻑 주며 관리한다.

Propagation : 성장이 빠른 식물로 분식재 시 큰 화분에 심으면 크게 키울 수 있다. 잎꽂이만으로도 뿌리내림이 가능하나 공중뿌리가 있는 줄기를 이용한 삽목이 성공률이 훨씬 높다.

몬스테라 델리키오사 *Monstera deliciosa*

멕시코부터 중앙아메리카에 걸쳐 자생하는 다년생 덩굴식물로, 시중에서 많이 보는 품종이다. 상록 덩굴성으로, 굵은 줄기에서 가지와 공중뿌리가 나오고, 10m 이상 자란다. 잎은 광택이 돌고 두툼한 편으로 어린잎은 갈라지지 않고 성숙한 잎은 깊게 갈라지거나 구멍이 난다.

몬스테라 아단소니
Monstera adansonii

시중에서 흔히 '오블리쿠아'라는 품종명으로 유통되고 있는데, 대부분은 아단소니이다. 잎에 구멍이 많이 있어 흡사 벌레를 먹은 것 같은 느낌도 준다. 잎이 작은 소형 덩굴식물로 생장력이 빠른 편이다.

Display Tip's

잎에 생생한 광택이 나도록 자주 청소해주는 것이 좋다.

8) 필로덴드론속 *Philodendron* spp.

필로덴드론은 우리나라에서 잘 알려진 관엽식물 중 하나로 천남성과에서 안스리움 다음으로 큰 속이다. 분류학적으로 필로덴드론속은 아직 잘 알려지지 않은 종이 많이 있다.

필로덴드론은 다른 속과 비교하여 매우 다양한 성장 방법을 가지고 있는데, 착생형 반착생형, 드물게 지상형이 있다.

필로덴드론은 열대기후의 야외에서 자랄 때는 꽃과 열매를 생산하지만, 실내에서는 꽃을 피우기 힘들다. 필로덴드론 잎은 반려동물과 유아에게 유독하지만 심각한 질병을 유발하려면 다량 섭취해야 한다. 분갈이를 하거나 시든 잎을 제거할 때 장갑을 끼고 하도록 한다.

필로덴드론은 3가지 유형이 있는데, 덩굴모양으로 뻗거나 기어 올라가는 형태와 직립성인 형태, 나무모양으로 직립하는 형태가 있다.

덩굴형 필로덴드론 레몬라임

> **Caring for Philodendron**
>
> **Light** : 반음지성 식물로 직사광선이 들지 않는 밝은 곳에서 키운다. 강한 햇빛에 노출되면 잎이 탈 수 있으니 주의한다. 빛이 너무 적으면 잎 색깔이 옅어지고 줄기가 길어지며 잎의 수가 적어져 수형이 엉성해진다.
>
> **Temperature** : 16~30℃에서 잘 자라며 겨울철에 10℃ 이상 유지해 줘야 하기 때문에 실내에서 관리하도록 한다.
>
> **Water** : 습도 70% 이상 다습한 상태를 좋아하는 식물로, 공중뿌리가 발달하여 토양이 다소 건조해도 공중습도가 높으면 생육을 잘한다. 공중뿌리는 잘라주며 관리해도 생육에 큰 문제는 없다. 수경재배로 키우면 천천히 성장하고 관리하기도 좋다.
>
> **Soil** : 토양이 과습하면 잎 가장자리가 늘어지고 노랗게 변하거나 줄기가 썩을 수 있다. 식물을 크게 키우고 싶을 때는 액체 비료를 한 달에 2~3번 정도 준다.
>
> **Propagation** : 성장이 빠른 식물로 분식재 시 큰 화분에 심으면 크게 키울 수 있다. 잎꽂이만으로도 뿌리내림이 가능하나 공중뿌리가 있는 줄기를 이용한 삽목이 성공률이 훨씬 높다.

필로덴드론 버킨
Phillodendron 'Birkin'

필로덴드론 콩고
Phillodendron 'Congo'

선명한 흰색과 초록색 잎맥이 특징인 식물로, 유묘일 때는 아무 무늬가 없고 성장하면서 무늬가 생성되는 품종이다.

붉은 줄기와 광택이 나는 잎이 특징이다. 신엽일 때는 잎이 붉은색을 띄고 있다가 성장하면서 옅어진다. 보통 실내에서 40cm정도까지 자란다.

필로덴드롬 셀로움 *Philodendron selloum*

브라질, 파라과이 원산의 열대 관엽 온실식물이다. 비피나티피둠과 다른 점은 뒷면이 푸르거나 붉다는 것이다.

필로덴드론 레몬라임
Philodendron 'Lemon Lime'

필로덴드론 헤데라세움
Philodendron hederaceum

원예품종으로 덩굴성이다. 생장 속도가 빠른 편은 아니다. 성숙한 잎은 초록색이 된다.

필로덴드론 헤데라세움은 기존에 옥시카르디움으로 불린 품종으로 영명 Sweet Heart Vine에서 알 수 있듯이 잎 모양이 하트 형태를 띄고 있다. 에피프렘눔과 유사하지만 헤데라세움의 잎이 더 도톰하고 진하다.

8. 실내식물의 분류 **243**

필로덴드론 하스타툼
Philodendron 'Hastatum'

영명 'Silver Sword Philodendron' 이라고 불리듯이 길쭉한 잎을 가진 품종이다. 광택이 있는 진녹색 잎은 덩굴성이다.

필로덴드론 카니폴리움
Pjilodendron cannifolium

갈색의 짧은 줄기가 특징으로 땅에 눕듯이 여러 개의 잎이 비스듬히 난다. 줄기의 각 마디마다 기근이 발생한다.

Display Tip's

잎에 생생한 광택이 나도록 자주 청소해주는 것이 좋다.

9) 스파티필룸속 *Spathiphyllum* spp.
-Peace lily(피스 릴리), White flag(화이트 플래그), White sails(화이트 세일즈), Spathe flower(스파트 플라워)

스파티필룸은 아메리카 및 남동 아시아의 열대 지역에서 자생하는 식물로 47종이 있다. 넓고 윤이나는 진한 초록색의 잎은 긴 창처럼 생겼는데, 부드럽고 축축한 천을 사용하여 잎의 먼지를 닦아내며 관리한다. 물이 부족하면 잎이 축 처지는데 이때 물을 주면 다시 싱싱해진다. 하지만 반복적으로 시들게 하면 잎끝이 갈색으로 변할 수 있다.

스파티필룸은 꽃을 잘 피우는 관엽식물로 육수화서 꽃을 피우는데 꽃을 둘러싼 하얀 포엽(Spathe)이 인상적이다. 이 포엽은 성숙하게 되면 초록색으로 변하는데 이때 꽃줄기를 잘라낸다. 품종에 따라 초여름에 꽃이 피거나, 일 년에 여러 번 간헐적으로 꽃을 피우는 종이 있다.

스파티필름의 육수화서와 흰 포엽

생존을 위해 많은 양의 빛이나 습도, 물을 필요로 하지 않고 관리요구도가 낮아 대부분의 사무실, 쇼핑몰 혹은 가정에서 키우기 좋다.

시간이 지나면 포엽이 초록색으로 변한다.

스파티필룸은 대형종부터 소형종까지 크기가 다양한데, 가장 큰 품종은 1.8m 까지도 크고 작은 품종은 40cm 정도로 큰다.

NASA 연구에서 스파티필룸은 오염된 실내 공기에서 포름알데히드, 벤젠 및 일산화탄소를 제거하는데 효과가 있어 실내공기정화에 도움을 준다.

스파티필룸은 섭취했을 때 사람과 반려동물에게 약간 유독할 수 있으니 주의한다. 피부가 자극되거나 입안의 열감, 메스꺼움을 유발할 수 있는 옥살산칼슘 결정이 함유되어 있다.

Caring for Spatiphyllum

Light : 그늘진 곳에서도 생육을 하지만, 반그늘에서 키우는 것이 좋다. 광도가 너무 높으면 잎 색이 옅어지거나 노랗게 변하므로 주의한다.

Temperature : 생육적온은 18~32℃로, 겨울철 5℃까지도 견디지만, 10℃ 이상 유지해주는 것이 좋다. 일반적으로 최저 온도가 20℃ 이상 지속되면 꽃을 늦게 피울 수 있다.

Water : 높은 공중습도에서 잘 자라지만 낮은 습도에서도 양호한 생육상태를 보인다. 축축한 흙을 좋아하지만 고온다습한 여름에 병해충에 노출될 수 있으니 통풍이 잘되는 곳에 두고 물을 자주 주는 것이 좋다. 봄과 가을에는 겉흙이 말랐을 때 흠뻑 주고 여름에는 더 자주 주는 것이 좋다. 수경으로 키워도 잘 자란다.

Soil : 배수력과 보수력이 좋은 일반적인 배양토에 식재하면 된다. 크게 비료를 요하지 않지만 꽃을 계속 피우지 않으면 비료를 주는 것이 좋다.

Propagation : 뿌리가 분에 가득 차면 꽃을 피우지 않을 수 있으니, 2~3년에 한 번 정도 분갈이를 하여 분을 나눠주는 것이 좋다. 분갈이 할 때는 늦봄에 해주는 것이 좋다.

스파티필름 카니폴리움
Spathiphyllum cannifolium

잎은 크고 광택이 있는 타원형으로, 짙은 초록색이고 잎맥이 함몰되어 있다.

스파티필름 왈리시
Spathiphyllum wallisii

스파티필름 중 소형종으로 포엽이 가늘고 작다. 성장이 빠르지 않아 테라리움에 식재해도 좋다.

스파티필름 왈리시 '클레베란디'
Spathiphyllum wallisii 'Clevelandii'

시중에서 흔히 볼 수 있는 품종으로 30cm정도 되는 잎자루에서 광택이 도는 녹색잎이 있다.

Display Tip's

스파티필름은 수경으로 키우기 좋은 실내식물이다.

10) 싱고니움속 *Syngonium* spp.
-Arrowhead plant(애로우헤드 플랜트), Nephthytis(넵시티스)

라틴 아메리카에서 멕시코를 통해 볼리비아 등 중남미의 열대 우림에서 자생하는 천남성과 상록 덩굴식물로 약 35종이 존재한다. 초기에 Nephthytis(넵시티스)속 식물과 유사한 모양으로 혼동을 많이 하여 영명이 넵시티스지만 다른 식물이다.

싱고니움은 지지대를 필요로 하는 덩굴식물이지만, 성장 습관이나, 다양한 색상, 질병에 대한 저항성 향상 등을 위해 실내식물로 관리하기 쉽도록 재배되었다. 현재 판매되고 있는 것처럼 다양한 색상이나 형태, 크기의 품종들이 판매되고 있으며 이런 품종개량은 특히 90년대에 많이 진행되었다.

싱고니움은 높이 10~20m정도까지 자라는 덩굴성 상록식물로, 좋은 생육환경을 갖춰주면 길게 자랄 수 있다. 잎은 초기에 화살촉 모양으로 자라다가 성숙되면서 세 갈래로 갈라지며 잎이 펴진다.

싱고니움은 꽃을 피우는 식물이지만 거의 드물게 피고, 실내에서는 거의 보기 힘들다. 싱고니움은 흔하게 접하는 식물이지만 생각보다 관리요구도가 높은 식물로, 높은 습도와 밝은 장소를 좋아하지만, 통풍이 좋지 않아 토양이 과습하거나 직사광선에 두면 생육저하가 온다. 싱고니움의 수액에는 피부를 자극하고 반려동물과 사람에게 유독할 수 있으니 주의한다.

Caring for Singonium

Light : 직사광선이 아닌 반그늘에서 키우는 것이 좋다. 광도가 너무 높으면 잎 색이 옅어지고 생기를 잃고 쳐진다.

Temperature : 생육적온은 16~24℃로, 겨울철 10℃ 이하로 내려가지 않게 키우는 것이 좋다.

Water : 높은 공중습도에서 잘 자라지만 과습한 흙에서는 생육이 불량해진다. 무늬가 있는 품종일수록 과습에 취약하다. 신엽이 갈변하거나 시드는 것은 물 부족일 수 있으니 주의한다. 봄과 가을에는 겉흙이 말랐을 때 흠뻑 주고 여름철에는 자주 물을 주되 토양이 과습하지 않도록 한다.

Soil : 배수력과 보수력이 좋은 일반적인 배양토에 식재하면 된다. 초여름부터 가을까지 고온건조한 환경에서 응애가 발생할 수 있으니 통풍이 잘되도록 신경 쓴다.

Propagation : 눈이 붙어있는 줄기를 잘라 물꽂이를 하면 2주 정도면 금방 뿌리를 내린다. 계속 수경으로 키워도 좋고 뿌리가 내린 식물을 배수력이 좋은 토양에다가 심으면 된다.

싱고니움 포도필룸
Syngonium podophyllum

멕시코 원산 덩굴성 열대 관엽 온실식물로 종종 단순히 싱고니움이라고 불린다. 화살촉 모양의 잎은 길이가 최대 30cm정도까지 크며 짙은 녹색이고 잡색이 없다. 시중에 있는 싱고니움은 대부분 포도필룸의 재배종이라고 보면 된다.

싱고니움 포도필룸 '알보 비렌스'
Syngonium podophyllum 'Albo-virens'

밝은 녹색을 띠고 크림색의 무늬를 가지고 있는 품종으로 흔히 보는 품종 중에 하나이다. 성질이 강건해서 재배하기 쉬운편이다.

포도필룸 '바틱'
Syngonium Podophyllum 'Batik'

진한 녹색 바탕에 정맥 모양을 따라 연한 녹색의 무늬가 아름다운 품종이다. 저광도에서 잘 자라며 배수가 잘되는 토양에 식재하는 것이 좋다.

싱고니움 포도필룸 '핑크 스팟'
Syngonium podophyllium 'Pink Spot'

크림빛이 도는 핑크색과 화살촉 모양의 잎이 특징이 품종이다. 잎 자체가 핑크색이다보니 인기가 높지만 성장이 빠르지 않다. 성체가 될 수록 잡색이 흐려지는 경향이 있다.

싱고니움 포도필럼 '화이트 버터플라이'
Syngonium podophyllum 'White Butterfly'

싱고니움 포도필룸 '알보 바리에가타'
Syngonium podophyllum 'Albo-variegata'

흰 나비가 앉아있는 듯한 크림색 무늬가 돋보여 인기가 높은 품종 중 하나이다.

화살 모양의 잎과 크림색 잡색이 아름다운 식물로 인기가 많은 품종이다. 성장이 빠른편으로 덩굴성이지만 잡색이 많을 수록 관리가 쉽지 않다. 일반적으로 녹색이 많은 품종에 비해 적절한 광과 수분 관리가 중요하다.

Display Tip's

14. 파인애플과 Bromeliaceae

구즈마니아, 브리세아, 틸란드시아, 에크메아 등의 식물이 속해 있는 파앤애플과는 식물의 종류가 많고 특징이 뚜렷한 과이다. 약 50속, 2,000여 종이 미주의 열대와 무더운 온대지방에 주로 분포되어 있다. 대부분 밝고 따뜻하고 습도가 높은 곳을 좋아한다. 줄기가 짧은 초본식물로 줄기의 기부에서 나오는 잎은 딱딱하고 가끔 가시가 있기도 하며 그 기부는 색을 가지고 있다. 잎이 모여 만들어진 원통에 물을 저장하여 잎의 기부에서 수분과 양분을 흡수하는 착생식물이다.

파앤애플과 식물들은 기공을 밤에 열고 낮에 닫는 CAM(크래슐산 동화, crassulacean acid metabolism)식물이다. 이는 고온 건조한 사막 같은 환경에 적응한 형태로 낮에 기공을 닫아 수분손실을 줄이기 위한 작용이다. 낮에 기공을 닫기 때문에 밤에 기공을 열어 필요한 CO_2를 얻고 산소를 내보낸다.

에크메아파스키아타	*Aechmea fasciata*
틸란드시아속	*Tilandsia* spp.
구즈마니아속	*Guzmania* spp.
네오레게리아속	*Neolegelia* spp.

1) 에크메아 파스키아타 Aechmea fasciata
- Urn palnt, Silver vase plant

에크메아파스키아타는 남아메리카 열대 우림에서 볼 수 있는 식물로, 뻣뻣하고 직립성인 중형 식물이다. 거칠고 아치형인 잎은 가죽질로 식물이 원통에 물을 모으는 데 도움이 된다. 생장이 느린 편이지만 로제트형태의 잎은 깊이가 37.5cm까지 자랄 수 있으며, 잘 자란 식물은 높이가 50cm에 이른다. 은백색의 가로줄무늬와 점무늬가 독특해서 관엽식물로 실내에서 키우기 좋다. 성숙한 식물은 4~6주 동안 분홍빛이 도는 포를 생성한다. 진분홍색의 방사형 화포안에 남보라색의 3개의 꽃잎을 가진 꽃이 핀다. 보통 여름에 개화를 하며 2~3개월 정도 관상할 수 있다.

Did you Know?
에크메아는 뿌리에서 수분과 양분을 흡수하기보다 원통에 고여 있는 물을 통해 흡수한다.

Caring for Aechmea

Light : 광요구도가 높은 편으로 밝은 곳에 두고 관리하는 것이 좋다. 한여름의 직사광선을 피해서 밝은 동쪽이나 서쪽 창가에 둔다.
Temperature : 생육온도는 21~30℃로 겨울철에 실내로 들여놔 관리하는 것이 좋다.
Water : 내건성이 강한 편으로 공중습도를 높여주는 방법으로 관수해준다. 엽통에 물을 조금씩 채워주는 것이 좋다.
Soil : 배수가 잘되지만 수분을 유지하는 토양에서 키우는 것이 좋다. 착생식물로 이끼에 감싸 나무껍질에 부착해서 키울 수 있다. 토양이 너무 습하면 뿌리가 썩을 수 있으니 주의한다.
Propagation : 개화하고 뿌리에서 새로운 개체가 올라오는데 어느 정도 지나면 모체는 죽는다. 분지된 식물은 크면 분리해서 식재해준다.

Display Tip's

건조에 강하므로 코코넛 화분과 같은 것에 식재하여 관리해도 좋다.

포엽이 오래 피어있어 실내에 식재하기 좋다.

2) 틸란드시아속 *Tillandsia* spp.

틸란드시아는 파인애플과 현화식물로 북아메리카부터 남아메리카의 넓은 범위에 약 650종 이상 분포하고 있다. 틸란드시아 속 식물은 크기가 10cm부터 6m 이상 되는 종까지 다양하며, 대기 중에서 물과 영양분을 얻는 착생식물의 일종이다. 착생식물이란 뿌리가 땅속으로 뻗지 않고 나무나 바위에 붙어 대기 중에서 수분과 양분을 흡수하는 형태로 생육하는 식물을 말한다. 주로 난초과, 파인애플과, 고란초과, 고사리과 등에 많이 분포해 있다. 대기 중에서 수분을 흡수하기 때문에 대부분 높은 공중습도를 요구한다.

틸란드시아 베르게리(*Tillandsia bergeri*)

틸란드시아는 뿌리가 퇴화하였거나 많이 발달하지 않았고, 매우 좁은 물관을 가지고 있어 뿌리를 통한 물 흡수보다 잎을 통해 흡수하는 생존 전략을 가지고 있다. 은빛이 도는 잎은 물을 빠르게 흡수할 수 있는 트리콤(Trichome)으로 덮여 있는데, 이를 통해 수분과 양분을 포집, 흡수하고 고온 건조한 환경으로부터 보호한다.

이런 특징으로 흔히 에어플랜트(Air Plant)라고 불리는데, 틸란드시아는 미세먼지 제거 효과가 좋은 식물로 잎 표면에 흡착하는 형태로 실내미세먼지 농도를 감소시켜 실내식물로 인기가 높다.

틸란드시아의 꽃은 색상이 밝고 다양하며 향기가 좋은 종도 있다. 일반적으로 6월 말경에 개화하기 시작하고, 한 번 개화한 이후에는 영양생장만 한다. 개화를 하면 며칠에서 수개월까지 지속하기도 한다.

Did you Know?
Tillandia 라는 속명은 스웨덴의 식물학자 엘리아스 틸란드(Elias Tillands)에서 따왔다.

30분 정도 물속에 넣어놓으면 수분관리에 도움이 된다.

Caring for Tillandsia

Light : 필요한 광량은 종에 따라 다르다. 전반적으로 은색 털이 있고 두껍고 단단한 잎을 가진 종이 부드럽고 얇은 잎을 가진 종보다 더 많은 광을 필요로 한다. 밝은 그늘에서 관리하는 것이 가장 좋고, 여름철 직사광선은 잎이 탈 수 있으니 피한다. 밝은 곳에 둘수록 물을 더 자주 뿌리며 관리해 준다.

Temperature : 온도는 종에 따라 다르지만 10~32℃ 범위 내에서는 생육에 큰 문제가 없으나, 일반적으로 20~25℃ 정도에서 가장 잘 자란다. 원산지가 고온다습한 열대우림이 아닌 산악지역으로 내한성이 강한 편이다. 우리나라 특성상 겨울에 외부에서 월동은 불가능하나 7℃까지도 추위를 견딜 수 있다.

Water : 뿌리가 덜 발달한 종일수록 높은 공중습도를 선호하기 때문에 하루에 3번 이상 잎에 물을 뿌려준다. 주 1회는 식물 전체를 흐르는 물에 씻어주어 잎에 흡착된 먼지를 제거해주고, 한 달에 2~3번은 식물 전체를 물속에 30분 이상 담가둔다. 물에 담근 후에는 잘 마를 수 있도록 통풍이 잘되는 곳에 두어야 한다. 특히 입이 로제트형태로 겹겹이 나 있는 종은 뒤집어 엎은 상태로 말려서 관리해주어야 잎이 무르지 않는다. 여름철에는 야외에 두어 비를 맞게 해주면 수분과 양분을 동시에 얻을 수 있어 좋다.

Soil : 착생종은 흙과 물이 없이 공중에서 살 수 있어, 분갈이나 퇴비와 병해충 발생에 고민이 적다.

Propagation : 개화 전, 중 혹은 후에(종에 따라 차이가 있음) 뿌리에서 새로운 개체가 생긴다. 새로운 개체를 분주해줄 때 작은 상태에서 하면 생장이 느리기 때문에, 모체의 1/3 정도 크기에서 해주는 것이 좋다. 새로운 개체를 떼어낸 후 이끼나 나무 등에 활착을 시켜주면 된다.

우스네오데스 꽃

틸란드시아 우스네오이데스
Tillandsia usneoides

흔히 '수염틸란'이라고 알려진 종으로, 잎이 수염처럼 가늘고 긴 모양을 하고 있다. 우스네오데스는 물을 흡수하는 뿌리가 퇴화하여 없고, 트리콤이 잎과 줄기 표면에 빽빽하게 덮여 있다. 일반적으로 화원에서 30cm 내외 길이로 판매를 하는데, 자생지에서 길이 5m까지도 자란다. 공중에 걸어둘 때 잎끝을 바짝 묶어두면 통풍이 되지 않아 과습할 수 있으니 고리나 걸쇠에 넉넉하게 걸어두는 것이 좋다. 우스네오데스는 5월경 잎끝에서 작은 꽃을 피우는데 눈에 잘 띄지는 않는다.

이오난사에 새로운 개체가 여러개 달린 모습.

틸란드시아 이오난사 *Tillandsia ionantha*

중앙아메리카 자생으로 12cm 내외의 소형종이다. 국내에서 흔히 유통되는데 강건하고 번식력이 좋아 실내식물로 인기가 높다. 은빛을 띠는 녹색잎이 개화시기가 되면 붉게 물이 든다. '이오난사'라는 종명도 그리스어로 보라색을 뜻한다. 흔히 행잉으로 연출하지만 작은 토분이나 철사를 감은 에그스톤 위에 걸쳐놓기도 한다. 1주일에 한번은 물에 30분 이상 담가두어 수분을 공급해주고 잎이 무르지 않도록 통풍이 잘되는 곳에 둔다.

틸란드시아 키아네아
Tillandsia cyanea

아프리카, 페루, 에콰도르 원산의 식물로 줄기가 없는 로제트 형태이다. 길게 올라온 화려한 색의 화서(花序)가 아름다워 관상 가치가 높다. 연두색의 포엽이 꽃이 필 무렵 분홍색으로 변하고 남보라색의 꽃이 차례대로 피어난다. 1~3개월 정도 피고 지는 것을 반복하며 한 꽃은 2~3일 정도 꽃을 피운다. 직사광선이 아닌 밝은 곳에 두는 것이 좋고 음지에 두면 꽃을 피우지 않는다. 키아네아는 다른 틸란드시아에 비해 흙이나 수태, 바크에서 더 잘 자라는 종이지만, 뿌리가 많이 발달한 것이 아니라 큰 화분에 심을 필요는 없다. 토양이 과습하지 않게 통풍이 잘 되는 곳에 두고 자주 수분 보충을 해주어야 한다. 성체의 뿌리에서 새로운 개체가 형성되는데 6~10cm 정도 자라면 잘라내어 심어준다. 성체가 되기까지는 보통 2년 이상 걸리고 성체가 되어야 꽃이 핀다.

틸란드시아 제로그라피카
Tillandsia xerographica

종명 제로그라피카는 건조함을 의미하는데, 건조해보이는 잎 때문에 붙은 이름이다. 남멕시코 자생인 세제로그라피카는 트리콤이 덮여 있는 은회색 잎이 넓게 퍼져있고, 잎 끝으로 갈수록 얇게 말려 있다. 다른종에 비해 건조하고 햇빛이 강한 지역에서 자생하기 때문에 과습하지 않게 주의한다. 트리콤은 물리적인 자극을 받아 손상이 되면 재생되기 힘들기 때문에 강한 수압으로 물을 주지 않도록 한다. 생육 적온은 22~28도로 베란다에서도 월동이 힘들다. 꽃을 피우기 전에 중앙부분이 붉게 변하며 개화하고 개화 후에는 새로운 개체를 생성해낸다.

틸란드시아 푼키아나 *Tillandsia funkiana*

전체적인 모양과 잎이 거친 형태로 소나무잎과 닮았다. 길죽한 형태로 눕히거나 공중에 걸어 늘어트려 연출한다. 다른 틸란드시아와 마찬가지로 줄기 끝이 빨갛게 물들며 꽃을 피운다. 잎 사이에 물이 고여있지 않도록 통풍이 잘되는 곳에 두어 관리한다.

틸란드시아 '카풋메두사' *Tillandsia* 'Caput-medusae'

메두사의 머리가 연상되는 형태의 종으로 멕시코, 중앙아메리카 자생종이다. 10~15cm 정도의 소형종으로 굉장히 이국적인 모양을 하고 있어 인기가 높다. 내한성이 약해 베란다에서 월동이 힘들다. 잎 사이에 물이 고이기 쉽고, 과습하면 줄기가 떨어지며 죽을 수 있으니 물을 주고 난 후 거꾸로 들어 잘 말려주는 것이 중요하다.

틸란드시아 품종들 *Tillandsia* cv.

Display Tip's

거치대나 작은 토분, 코코넛, 낚싯줄을 이용해 천장에 매달거나 글루건, 실리콘 같은 접착제를 이용해 나무나 돌에 고정해두면 뿌리가 나와 자연스럽게 착생하게 된다.

▲ 틸란드시아 우스네오이데스와 제로그라피카를 행잉(Hanging)으로 식재한 모습

15. 후추과 Piperaceae

후추과는 열대에 널리 분포하는 초본 또는 관목으로 종종 덩굴성이기도 하며 드물게 교목인 것도 있다. 5속 3,600여 종이 있으며, 대부분의 종은 두 가지 주요 속인 Piper 약 2,000여 종과 Peperomia 약 1,300여 종이며, 한국에서는 후추 등 1속 1종이 자생하고 있다.

가장 잘 알려진 종은 검은 후추(Piper nigrum)로 일반적으로 말려서 향신료와 조미료로 사용되는 후추이다.

1) 페페로미아속 *Peperomia* spp.

페페로미아는 중앙아메리카, 브라질 원산의 후추과 식물이다. 대중적인 실내식물로 약 1,300여 종이 자생하고 100여 품종이 재배되고 있다. 직립성으로 자라는 종과 덩굴성으로 자라는 종 등 다양한 품종이 있다. 잎이 둥글고 넓은 것부터 작고 뾰족한 것까지 잎의 형태도 다양하고 변화가 많지만, 일반적으로 잎이 두껍고 광택이 있으며 두툼한 줄기를 가지고 있다.

Did you Know?
2~3일에 한번씩 넓고 광택이 도는 잎에 먼지를 닦거나 털어준다.

속명 페페로미아는 그리스어로 '후추처럼 보인다'란 뜻으로 후추와 닮은 잎 모양에서 나온 말이다. 페페로미아는 새집증후군 원인 물질인 포름알데히드, 자일렌 제거 효과가 우수한 공기정화 식물로, 독성이 없어 반려동물과 아이가 있는 집에서 키우기 좋다. 20~30cm 정도 크기이며, 작은 화분이나 접시정원에 식재하기 좋다. 꽃은 줄기의 끝에서 피는데 관상 가치가 낮다. 원산지에서는 나무 밑이나 나무에 붙어사는 종으로 반그늘진 장소에서 잘 자란다.

Caring for Peperomia

Light : 반음지성 식물로 직사광선을 피한다. 너무 어두운 곳에 두면 웃자라 수형이 엉성해질 수 있다. 직사광선 아래에서 잎의 광택이 죽고 색이 옅어지므로 주의한다.

Temperature : 생육적온은 20~25℃이다. 내한성이 약한 편으로 겨울철에 10℃ 이하로 떨어지지 않게 주의해주고, 관수량을 줄여 건조하게 관리한다. 저온 피해를 받으면 잎이 탈락해서 수형이 엉성해진다.

Water : 잎이 다육질이므로 과습이 주의해야 한다. 배수가 잘되는 토양에 식재하고 습도 50~60% 이상이 되지 않도록 관리한다. 내건성이 좋은 편으로 토양표면이 말랐을 경우 흠뻑 관수한다. 여름에는 잎끝이 까맣게 될 수도 있는데 과습하다는 신호이므로 주의 있게 관리한다.

Caring for Peperomia

Soil : 배수력과 보수력이 좋은 일반 배양토에 식재하면 된다. 통풍을 위해 한여름에는 멀칭을 하지 않는 것이 좋다. 배수력을 높이기 위해 마사토를 섞어서 식재하여도 좋다. 이때 비율은 8:2(배양토:마사토) 정도면 적당하다.

Propagation : 줄기가 길어지면 늘어지며 수형이 망가지므로 잘라주어 곁가지를 만들어 준다. 자른가지를 물꽂이하여 잔뿌리를 낼 수도 있고 수경재배로 연출할 수도 있다.

페페로미아 오브투시폴리아 *Peperomia obtusifolia*

베네수엘라, 열대아메리카 원산의 식물이다. 국내에서는 청페페, 영명으로는 Pepper face라고 불리는 종으로 줄기가 짧고 직립성이다. 두텁고 윤기가 흐르는 원형에 가까운 잎이 살짝 안으로 말린 모양을 가지고 있다. 생장력이 좋기 때문에 줄기가 너무 길게 늘어지면 가지를 잘라 수형을 정돈해주면 된다. 꽃은 꽃잎이 없는 수상화서로 멀리서 보면 줄기 같은 모양을 하고 있다.

꽃잎이 없는 페페로미아 오브투시폴리아 꽃

페페로미아 오브투시폴리아 바리에가타(*Peperomia obtusifolia* 'Variegata')는 오브투시폴리아의 재배종으로 잎에 옅은 초록색과 황백색 무늬가 특징이다.

페페로미아 오브투시폴리아 바리에가타 꽃

홍테 페페로미아
Peperomia clusiifolia

홍테 페페로미아 '주얼리'
Peperomia clusiifolia 'Jewelry'

서인도제도, 베네수엘라 원산이며 성장이 느리다. 영명 red edge peperomia에서 알 수 있듯이 진하고 어두운 초록색 잎 가장자리에 붉은빛이 돈다. 실내식물로 흔히 접하는 품종 중의 하나로 생육이 강건한 편이다.

서인도 원산종의 원예품종으로 두툼한 잎 가장자리의 붉은 빛과 황백색 무늬가 이국적이고 아름답다. 이 품종은 뿌리가 썩기 쉬우므로 통풍이 잘되는 곳에 두고 토양이 과습하지 않도록 주의한다.

아르기레이아 수박페페로미아
Peperomia sandersii var. *argyreia*

페페로미아 푸테오라타
Peperomia puteolata

둥근 잎에 두껍고 진한 초록색 바탕에 회백색 세로줄 무늬가 특징으로 수박과 비슷하다고 하여 흔히 수박페페로미아라고 불리고 있다. 선명한 무늬를 유지하려면 밝은 장소에서 키우는 것이 좋다.

수박페페로미아와 같이 어두운 초록색 바탕에 회백색 세로줄 무늬의 반엽종으로 유통명은 줄리아페페로미아다. 잎은 3~4개로 돌려나며 붉은 줄기가 아름답다.

페페로미아 카페라타 품종 *Peperomia carperata* cv.

키가 20cm 정도로 짧은 줄기에 진한 갈색의 잎자루와 잎이 특징이다. 잎은 어두운 초록색에 엽맥이 깊게 주름져있어 얼핏 보면 조화 같아 보이기도 한다. 관상 가치가 높아 붉은색, 분홍색, 옅은 초록색 등 다양한 잎 색의 식물이 유통되고 있다.

페페로미아 달스테티
Peperomia dahlstedti

페페로미아 이사벨라
Peperomia isabella

푸테오라타에 비해 잎이 얇고 연두빛 초록색에 매끈한 회백색 줄무늬가 특징이다.

섬세한 모양의 작은 잎이 늘어지는 듯한 수형을 가진 품종이다. 잎은 흡사 회양목을 닮았는데, 실내에서 잘 자라는 관엽식물이다. 작고 동글동글한 잎이 빽빽하게 나는 편으로 과습하여 잎이 탈락하지 않도록 주의한다.

페페로미아 세르펜스
'바리에가타'
Peperomia serpens
'Variegata'

페페로미아 세르펜스 무늬종으로 크림색 무늬가 섞여 있다.

페페로미아 세르펜스 *Peperomia serpens*

하트 모양의 잎을 가진 열대 중남미의 품종이다. 상록덩굴성 식물로 원산지에서 나무에 붙어 등반하는 형태로 자생하는데, 휘감으며 올라가지 않아 벽면을 녹화할 때 좋다.

Display Tip's

▲ 나무재질의 화분에 식재한 페페로미아 클루시폴리아 '주얼리'

규모가 있는 실내정원의 하층목에 지피식물로 식재해도 잘 자란다. ▶

8. 실내식물의 분류   263

16. 베고니아과 Begoniaceae

17세기 프랑스 식물수집가인 마이클 베곤(Michel Begon, 1638~1710)의 이름을 따서 명명된 베고니아과는 2,000종 이상의 종과 10,000종 이상의 잡종이 있는 가장 큰 꽃, 식물 속 중 하나이다. 관엽식물로 많이 이용되는 베고니아과는 열대 지방에 자생하며, 몇몇 종들은 온대 지방에 분포한다. 베고니아는 다육질의 줄기와 한쪽으로 치우친 잎을 가지고 있으며, 잎의 절반이 다른 절반보다 크다. 잎의 모양은 길쭉한 심장에서 뾰족한 담쟁이덩굴과 같은 형태, 가리비 모양으로 둥근 잎의 형태까지 다양하다.

주로 다년생 식물로 가끔 다육질, 기생식물로 자라거나 관목처럼 자라는 종들을 포함하고 덩이줄기를 형성하기도 한다. 베고니아를 원예적으로 이용할 때는 관상하는 것에 따라 꽃, 잎, 반관목성으로 나뉜다. 사철베고니아와 구근베고니아는 밝은 색상의 꽃을 가진 베고니아로 우리나라에서 흔히 화단에서 많이 키운다. 구근베고니아는 큰 꽃들이 피는데 수꽃은 보통 겹꽃으로 매우 화려하다.

구근 베고니아

근경성 베고니아

렉스 베고니아

목립성 베고니아

사계성 베고니아

1) 구근 베고니아 *Tuberous Begonia*

구근베고니아는 베고니아과에 속하며 볼리비아와 페루의 안데스산맥 해발 3,000~3,800m의 고산지대에 자생한다. 이들 자생종이 서로 복잡하게 교배되어 원예종이 개발되었고 현재 2,500여품종이 있다. 꽃의 크기와 줄기의 특성에 따라 대륜종, 소륜종, 현애종의 3가지로 크게 분류할 수 있다. 대륜종은 꽃의 직경이 10~25cm이며 소륜종은 꽃의 직경이 5~8cm이며 다화성으로 가짓수가 많고 꽃도 많이 핀다. 현애종은 가지를 많이 치고 줄기가 늘어진 상태에서 꽃이 피기 때문에 화분에 심어 매달아서 재배관리하면 효과적이다.

Caring for Tuberous Begonia

Light : 직사광선이 아닌 밝은 곳에 두는 것이 좋다. 오전에 해가 충분히 들고 오후에 그늘이 지는 곳에서 잘 자란다. 그늘진 곳에서는 생육이 불량해진다.

Temperature : 생육하기 좋은 온도는 23℃ 전후가 이상적이다. 장마철에 과습할 수 있으니 주의한다.

Water : 시원하면서 습기가 있는 상태를 좋아하기 때문에 항상 수분을 유지해야 한다. 고온인 날에는 분무를 자주해주어 온도를 낮춰주는 것이 좋다.

Soil : 보습성이 어느정도 있는 약산성 토양에서 식재하는 것이 좋다. 구근의 움푹 패인 괴경이 위로 올라오도록 해서 흙 표면 바로 아래에 심어준다. 가을이 되어 꽃이 지고 잎이 노랗게 변하면 단수를 하고 흙을 바짝 말린다. 구근을 채취하거나 그냥 화분에 둔 채로 이듬해 봄까지 건조하고 얼지 않을 정도로 시원하게 관리한다.

Propagation : 끝 순의 잎자루 두 개를 잘라주고 배수가 잘 되는 토양에다가 식재한다.

구근베고니아 품종들 *Begonia tuberosa* hybrid

Display Tip's

다양한 품종의 구근베고니아

꽃이 핀 후에는 꽃이 쓰러지지 않도록 지주를 세워주는 것이 좋고 행잉을 하여 자연스럽게 늘어지도록 식재하는 것도 멋스럽다.

2) 근경성 베고니아

뿌리줄기는 짧고 지면에 접한 부분에서 뿌리를 내리를 뿌리줄기라는 줄기를 만드는 것부터 근경성 베고니아라고 한다. 줄기가 똑바로 일어 서지 않고 지면위를 기어 뿌리 줄기가 뻗어 지면에 접하고 포복하거나 분지하며 새로운 잎을 올린다. 성장이 왕성하고 뿌리 줄기는 짧은 것이 대부분이나 나무처럼 일어서며 분지하는 것이 있다.

▲베고니아 맛소니아나 꽃

베고니아 맛소니아나 *Begonia masoniana*

중국 남부에 자생하며 우리나라에 1960년대에 도입되었다. 옅은 녹색 바탕 잎에 가운데 갈색 무늬가 특징으로 이 무늬가 철십자와 비슷하다 하여 영명이 'Iron cross'라고 불린다.

베고니아 '네룸비폴리아' *Begonia* 'Nelumbiifolia'

릴리패드 베고니아라고도 불리는 이 품종은 무성한 녹색 잎사귀와 매력적인 흰색 꽃이 관상가치가 높다.

베고니아 '블랙나이트' *Begonia* 'Black Knight'

Rex-cultorum 베고니아로 높이 35cm로 크고 비스듬한 하트 모양의 깊은 버건디 잎을 가진 품종으로 늦여름부터 분홍색 꽃이 핀다.

베고니아 '마사니카' *Begonia* 'Mashanica'

릴리패드 베고니아라고도 불리는 이 품종은 무성한 녹색 잎사귀와 매력적인 흰색 꽃이 관상가치가 높다.

3) 관엽베고니아

관상 가치가 높은 잎을 가진 관엽베고니아는 둥근 모양, 심장 모양, 창 모양, 달팽이 모양의 여러 가지 잎 모양이 특징이다. 대부분이 렉스베고니아의 잡종으로 1종과 최소 4,161개의 품종으로 이루어져 있으며 은색, 빨간색, 녹색 및 보라색 색조의 다채로운 잎을 가진 뿌리줄기 베고니아다. 품종에 따라 잎은 단순하거나 단풍잎 모양이거나 들쭉날쭉한 모양을 하고 있다. 렉스베고니아는 은색, 분홍색, 자주색, 녹색 등 다양한 잎의 색으로 줄무늬나 나선형의 무늬가 이국적인 느낌이 강하다. 대부분 40cm 정도로 높게 자라지 않고 생장 속도가 빠르지 않기 때문에 실내에서 키우기 좋다. 꽃은 분홍색이나 흰색으로 봄, 여름 사이에 필 수 있으나 잎의 관상 가치를 위해 제거해주는 것이 좋다.

Did you Know?
잎의 형태가 좌우대칭으로 어긋나 있는 것이 특징인 렉스베고니아의 꽃말은 '짝사랑'이다.

렉스베고니아 꽃

베고니아 줄기, 거친 털이 나 있다.

렉스베고니아 '에스카르고' *Begonia rex* 'Escargot'

우리나라 여름철 고온다습한 환경에서 과습 피해를 많이 받을 수 있어 관리요구도가 있는 식물이다.

Caring for Rex Begonia

Light : 직사광선이 아닌 밝은 곳에 두면 선명한 무늬를 유지할 수 있다. 내음성이 강한 편이지만 음지에서는 잎 색이 흐려지고 아름답게 유지하기 힘들며, 강한 직사광선에서는 잎이 탈 수 있으니 주의해야 한다.

Temperature : 생육하기 좋은 온도는 16~20℃이고, 내한성이 강한 편이 아니므로 겨울철에는 최저 13℃ 이상 유지해주는 것이 좋다.

Water : 과습하면 잎에 주름이 생기고 썩을 수 있기 때문에 다른 열대식물에 비해 다소 건조하게 키우는 것이 좋다. 여름철 통풍이 좋지 않으면 잎에 흰가루병이 생기기 쉽고, 겨울철 실내가 많이 건조하면 잎끝이 갈색으로 변할 수 있으니 주의한다. 여름철에는 자주 물을 주되 통풍이 잘되는 곳에 두어 과습을 피하고, 겨울철에는 물 주는 횟수를 줄여준다.

Soil : 적당히 부식질이 풍부하고 배수가 잘되는 토양이 필요하다. 장마철이나 초가을에는 흰가루곰팡이병이 발생하기 쉬우니 다소 건조하게 키우는 것이 좋다.

Propagation : 4~5월 경에 엽삽을 하면 잘된다. 베고니아 잎을 잘라서 칼로 적당한 크기로 자른 후 바닥이 평평한 접시에 키친타올을 깔고 축축하게 물을 적신다. 그 위에 베고니아 잎을 올려놓고 랩이나 뚜껑을 이용해 밀봉을 한다. 1~2개월 정도 지나면 뿌리가 내리고 식물체가 나온다.

▲ 렉스베고니아 '익소틱 페리도트'의 개화한 모습

베고니아 '익소틱 페리도트' *Begonia rex* 'Exotic peridot'

거치가 있는 은백색의 잎에 짙은 초록색으로 잎맥 무늬가 있는 품종이다.

베고니아 '레드탱고'
Begonia rex 'Red Tango'

타이거 베고니아
Begonia bowerae 'Tiger'

종종 검붉은 테두리 안쪽으로 은색 금속성 느낌이 나는 붉은 보라색 잎이 특징이다. 빛을 많이 받을수록 잎 색이 선명해진다.

브라질 원산의 품종으로 잎의 크기는 작은 편으로 화려하고 독특한 잎이 특징이다. 번식도 쉽고 가격도 저렴하여 실내에서 키우기 좋다.

베고니아 '헤라클레이폴리아'
Begonia 'Heracleifolia'

베고니아 '캔디 스트라이프'
Begonia 'Candy Stripes'

멕시코와 중미 북부 원산이며, 건조에 강한 품종이다. 여러 갈래로 갈라진 큰 잎이 특징이며 'Star Begonia'라는 영명을 가지고 있다. 그늘에서는 강하지만 직사광선에 노출되면 색상이 변할 수 있으니 주의한다.

짙은 초록색 잎과 분홍색 줄무늬가 매력적인 품종이다.

베고니아 '컬리 메리 크리스마스'
Begonia 'Curly Merry Christmas'

베고니아 '그린메탈'
Begonia 'Green Metal'

가장자리가 적갈색 이고 중앙에 짙은 보라색이 있는 녹색의 잎이 큰 편으로 잎끝이 레이스처럼 구불거리는 모양을 하고 있다. 잎의 크기는 성인 손바닥 정도까지 크다.

높이 1m 정도까지 크는 품종으로 큰 잎이 몇 갈래로 갈라진다. 짙은 광택이 나는 초록색 잎에 잎맥과 아랫면이 붉다.

베고니아 '파이어웍스'
Begonia 'Fireworks'

베고니아 '어텀 엠버'
Begonia 'Autumn Ember'

가장자리에 보라색 빛의 띠가 둘러져있고 가운데에 짙은 자주색 무늬가 있는 은백색의 큰 잎이 특징이다. 45cm 정도까지 자라는 식물로 반그늘에서 잘 자란다.

베고니아 '마르마듀크'(*Begonia* 'Marmaduke')와 베고니아 '엔젤 글로우'(*Begonia* 'Angel Glow')의 교배종이다. 어린잎에서 가장 밝은 주황색의 잎을 보여주는데 색은 거의 네온에 가깝다.

베고니아 '다크 맘보'
Begonia 'Dark Mambo'

벨벳 같은 검은색 잎과 대조되는 붉은 밑면에 크림색 줄기가 있는 소형 베고니아다.

Display Tip's

4) 목립성 베고니아

브라질 원산의 상록 여러해살이 반 관목성으로, 잎과 더불어 꽃도 관상의 대상으로 한다.

> **Caring for Begonia**
>
> **Light** : 직사광선을 피해 통풍이 잘되는 밝은 그늘에서 키우는 것이 좋다. 특히 한여름에 직사광선은 피하는 것이 좋고, 하루 최소 4시간 이상 햇빛을 받아야 꽃을 피운다.
>
> **Temperature** : 생육하기 좋은 온도는 21~25 고, 내한성이 강한 편이 아니므로 겨울철에는 최저 13 이상 유지해주는 것이 좋다.
>
> **Water** : 뿌리가 깊게 내리지 않는 식물이라 봄과 가을에 겉흙이 마르면 물을 흠뻑준다. 잎과 꽃에 물이 닿지 않게 주는 것이 좋다. 고온인 여름에는 물을 자주 주고, 겨울에는 물 주는 횟수를 줄이는 것이 좋다.
>
> **Soil** : 적당히 부식질이 풍부하고 배수가 잘되는 습한 토양이 필요하다.
>
> **Propagation** : 삽목이 잘되고 종자번식도 잘된다. 삽목 시 10~15cm 길이로 잘라 배양토에 꽂아두고 마르지 않게 물을 주면 금방 뿌리를 내린다.

베고니아 '리치몬데스' *Begonia* 'Richmondensis'

베고니아 '리치몬데스'는 높이 60cm 정도 되는 관목 식물로, 위쪽에 짙은 녹색이고 뒷면에 붉은색을 띠는 톱니가 있는 잎이 매력적인 식물이다. 타원형의 잎과 붉은 줄기가 특징이고, 서리가 내리지 않은 곳에서는 연분홍색 꽃이 줄기 끝에서 피고 진다. 배수가 잘되는 토양에 밝은 그늘에서 잘 자라며 강한 빛에서 키울수록 꽃은 붉은색을 띤다.

베고니아 '오레이 실버 스팟' *Begonia* 'Olei silver spot'

저온에서 개화하는 품종으로 주황색의 꽃이 사철 핀다. 잎은 엔젤형으로 인회색의 반점이 선명하다

베고니아 코시에 *Begonia cosie*

코시에는 연분홍색으로 늘어선 꽃과 절개되지 않은 초록색 잎이 있는 직립형 베고니아다. 늦여름부터 초겨울까지 꽃을 피운다. 줄기는 균등한 간격의 마디가 있는 지팡이 모양이다.

2) 사철베고니아 Begonia x semperflorens
- Perpetual Begonia, Bedding Begonia, Wax Begonia

여름철을 대표하는 화단 식물로 매우 인기 있는 식물이다. 브라질, 멕시코, 필리핀 원산으로 품종개량이 많이 이루어져 여러 계통과 품종이 육성되었다. 일반적으로 다육질의 줄기와 광택이 나는 짙은 초록색의 잎을 가진 조밀한 다육질이며 뿌리가 많은 섬유질의 식물이다. 4월 말에 식재해 반양지에서 식재하면 서리가 내리기 전 10월까지 오랜 시간 꽃을 볼 수 있다. 다년생이나 내한성이 약해 화단 식물로 이용 시 일년초처럼 이용하는 경우가 많다. 꽃이 계속 피고 지므로 시든 꽃을 빨리 제거해주어야 오래 감상할 수 있다. 불량한 생육환경에 강한 편이나 여름철 고온다습한 환경에선 관수를 충분히 하며 관리에 신경 쓴다.

Did you Know?
여름에는 뿌리를 보호하기 위해 바크나 자갈로 멀칭을 하고 물을 자주 주는 것이 좋다.

Caring for Begonia

Light : 약간 그늘이 지는 반양지에서도 잘 자라지만 직사광선에서 키우면 잎과 꽃의 색이 풍부해진다. 어두운 곳에서 키우면 수형이 엉성해지고 웃자란다.

Temperature : 생육하기 좋은 온도는 10~20℃이고, 내한성이 강한 편이 아니므로 겨울철에는 최저 10℃ 이상 유지해주는 것이 좋다. 화단 식물로 심어두었다면 화분에 옮겨 심어 햇볕이 잘 드는 창가에 두면 겨울 내내 실내에서도 꽃을 피울 수 있다.

Water : 봄과 가을에 겉흙이 마르면 물을 흠뻑 준다. 잎과 꽃에 물이 닿지 않게 주는 것이 좋다. 고온인 여름에는 물을 자주 주고, 겨울에는 물 주는 횟수를 줄이는 것이 좋다.

Soil : 적당히 부식질이 풍부하고 배수가 잘되는 습한 토양이 필요하다.

Propagation : 삽목이 잘되고 종자번식도 잘 된다. 삽목 시 10~15cm 길이로 잘라 배양토에 꽂아두고 마르지 않게 물을 주면 금방 뿌리를 내린다.

베고니아 셈퍼플로렌스 *Begonia semperflorens*

베고니아 셈퍼플로렌스 '화이트 타우센드쉔' *Begonia semperflorens* 'White Tausendschoen'

Display Tip's

사철베고니아는 개화기간이 긴 식물로 화단에 식재하기에 좋다.

17. 소철과 Cycadaceae

멕시코, 자마이카, 콜롬비아 원산의 열대 및 아열대 지역에서 약 40여 종이 분포한다. 우리나라에서 많이 재배하는 것은 인도, 일본에 자생하는 품종이다. 소철은 1속 1과의 관엽식물로 은행나무와 더불어 살아있는 화석식물이라고 한다. 소철의 잎은 1년에 한 번씩 새로 자라며, 새로 나온 잎이 완전히 굳어질 때까지 잎을 자르지 않는 것이 좋다. 소철은 아열대 원산으로 겉모습이 야자와 비슷한데, 빗살처럼 생긴 잎이 시원하게 뻗어 있다. 우리나라에서는 제주도를 제외하고는 노지재배가 힘들지만, 실내에서는 키우기 양호한 식물이다. 은행나무나 소나무와 같이 겉씨식물에 속하는 소철은 가지가 없는 식물이다.

멕시코소철	*Zamia pumila*

잎이 뾰족하고 길게 뻗어 있는 소철과 소철의 수꽃

1) 멕시코소철 *Zamia pumila*
- Jamaica sago tree, Florida arrowroot, sago cycas composite, seminole bread

멕시코소철은 잎이 뾰족한 일반 소철과는 달리 둥글둥글한 잎이 귀엽고 매력적인 나무이다. 황록색의 잎은 엽육이 두껍고 털과 가루 같은 것으로 덮여 있다. 새로운 잎은 얇고 부드러우나 오래된 잎은 매우 두껍고 딱딱하다. 잎의 앞뒷면에 있는 잔털은 잎을 보호하기 위한 것으로 억지로 닦거나 제거하지 않는 것이 좋다. 성장 속도는 느리고 1m 정도 크기로 자라기 때문에 실내에서 키우기 좋다.
환경 적응력이 좋고 관리 요구도가 높지 않아 식물을 처음 키우는 사람이 키우기 좋다.

Did you Know?
Zamia는 라틴어로 '소나무의 딱딱한 열매'를 뜻한다.

Caring for Zamia

Light : 밝은 곳에서 키우되 오후의 강한 직사광선은 피해 주는 것이 좋다. 봄~가을에는 노지에서 재배가 가능하지만 여름철에는 일부 차광해주는 것이 좋다. 음지에서 키우면 웃자라서 수형이 망가진다.

Temperature : 생육은 16~30℃에서 잘 자라고 추위에 약한 편으로 겨울에는 따뜻하게 유지해주는 것이 좋다(5℃ 이하로 내려가지 않게 해준다).

Water : 습기에는 약하므로 고온인 여름에 충분히 물을 주고 통풍이 잘되는 곳에 둔다. 저온에서는 생장을 하지 않으니 겨울에는 겉흙이 마르면 물을 주며 물 주는 횟수를 줄인다.

Soil : 배수력과 보수력이 좋은 일반 배양토에 식재하면 된다. 과습한 흙에서 키우면 뿌리가 썩을 수 있으니 통풍이 잘되는 곳에 두고 배수가 좋은 흙을 사용한다.

Propagation : 실생과 삽목을 이용해서 번식한다. 큰 모주에 생긴 개체를 잘라내어 모래에 꽂아두면 뿌리를 내린다.

방사상으로 갈라진 줄기에 작은 잎들이 줄지어 붙어 있다.

성목이 1m 남짓 되는 소형 상록관목이다.

Display Tip's

앞옆으로 뻗은 잎과 수형이 관상 가치가 있으므로 큰 화분에 식재하지 않아도 좋다.

생장속도가 빠르지 않아 작은 화분에 식재해도 크게 분갈이를 필요로 하지 않는다.

18. 앵초과 Primulaceae

초본과 목본성 식물이 포함되어 있는 앵초과는 58개 2,600여종이 포함되어 있는 과로 열대지방, 아메리카 전역, 북반구의 온대 및 추운 지역을 포함하여 전 세계적으로 분포한다. 앵초과의 꽃은 잎이 없는 줄기에서 피는데 대부분의 앵초과 식물은 정원 관상용으로 재배된다.

| 시클라멘속 | *Cyclamen* spp. |

1) 시클라멘속 *Cyclamen* spp.

그리스, 시리아, 지중해 연안 원산의 앵초과 식물로 덩이줄기, 구근식물로 약 20여 종이 있다. 시클라멘은 11월~3월에 꽃을 피우는데 꽃은 잎이 없는 줄기 끝에서 단독으로 핀다. 꽃을 보기 힘든 늦가을에 꽃이 피어 겨울 화초로 인기가 높다. 꽃이 피지 않을 때에도 하트 모양의 잎사귀로 관상 가치가 있으며 일부 종에서는 꽃에서 향기가 난다.

앵초과에 속하는 시클라멘은 덩이줄기 다년생 구근식물이다. 여름철에 휴면을 하고 가을에 성장을 한다.

시클라멘 잎은 두꺼운 다육질이다. 대부분의 종은 가을에 잎이 나고 겨울 동안 자라고 봄에 죽고 여름에는 약 2달 정도 휴면상태로 지난다. 휴면기에 들어간 시클라멘은 마른 잎을 정리해주고 관수 횟수를 줄인다. 겉흙이 완전히 마르면 촉촉할 정도로 조금 2~3주에 한 번씩 물을 준다. 8월 말경부터 다시 새순이 올라오는데 이때부터는 정상적으로 물을 준다. 휴면기에는 시원하고 그늘지고 통풍이 잘되는 곳에 두는 것이 좋다.

Did you Know?
테르페노이드 사포닌 성분이 함유되어 있어 반려동물에게 유독할 수 있으니 주의한다.

시클라멘의 주색은 레드, 보라, 흰색이 있으며 꽃 색은 선명한 편이다.

Caring for cyclamen

Light : 반양지에서 잘 자란다. 뜨거운 오후의 직사광선이 내리쬐는 곳에 두지 않는다. 햇빛이 부족한 곳에 두면 꽃대가 올라오지 않으니 주의한다.
Temperature : 시원하고 습한 환경에서 자라는 시클라멘이 생육온도는 16~20℃ 정도로 고온에 약하므로, 여름철에 차광을 해주어 시원하게 키우는 것이 좋다. 온도에 민감한 편이여서 온도가 높아지면 잎이 누렇게 변한다.
Water : 잎과 구근에 물이 닿지 않는 게 좋으므로 저면관수를 해주는 것이 좋다. 물 주는 시기가 늦으면 줄기가 힘없이 처지는데 물을 주면 다시 꽃대가 살아난다.
Soil : 배수력과 보수력이 좋은 일반 배양토에 식재하면 된다. 토양을 촉촉하게 유지하되 뿌리와 괴경이 썩을 수 있으므로 통풍이 잘되는 곳에 둔다.
Propagation : 종자번식과 삽목이 가능하다. 늦여름이나 가을에 줄기나 뿌리를 절단하여 번식할 수 있다.

시클라멘 품종들 *Cyclamen persicum* cv.

시클라멘은 변종이 많아 품종확인이 힘든 식물 중 하나이다. 초장이 15cm 정도 되는 소형품종부터 40cm 가까이 되는 대형종까지 다양하다. 대체적으로 볼륨감이 좋고 화색과 엽색의 대비가 좋은 식물이다. 붉은 계열이 가장 많고, 백색의 꽃을 가지고 있는 품종도 있다.

19. 식충식물

식물 중에서 벌레를 덫으로 잡아 소화시켜 양분으로 이용하는 것들을 말한다. 이들 식물의 생육 환경은 습기 찬 황야나 습원 등이 많은데, 흙 속의 양분이 적어 부족하기 쉬운 양분을 보충하기 위한 전략이라고 볼 수 있다. 많은 종들이 있지만 벌레잡이통풀과의 네펜데스, 사라세니아과의 사라세니아, 끈끈이귀개과의 파리지옥과 끈끈이주걱을 흔히 접할 수 있다. 식충식물은 영양소를 섭취하기 위해 여러 가지 방법을 개발하였는데, 네펜데스와 사라세니아는 액체에 빠뜨려 익사시키고, 파리지옥은 잎을 닫고, 끈끈이주걱은 끈적한 털들로 먹잇감을 감싼다.

네펜데스속	*Nepenthes* spp.
사라세니아속	*Sarracenia* spp.
파리지옥속	*Dionaea* spp.
끈끈이 주걱속	*Drosera* spp.

1) 네펜데스속 *Nepenthes* spp.
- Monkey cup(원숭이 물컵)

Did you Know?
포충낭의 소화액이 없으면 생육이 저하되므로 소화액이 비었을 경우 물을 1/3정도 채워주는 것이 좋다.

벌레잡이통풀과(Nepenthaceae)의 한 속으로 약 600여 종이 있고, 많은 종과 잡종으로 구성되어 있다. 보르네오를 중심으로 한 열대 아시아부터 중국, 인도네시아, 말레이시아, 필리핀까지 다양한 곳에 서식한다. 높은 습도와 강수량, 중간 정도의 밝은 습한 저지대나 열대 산악지대에서 자생한다. 몇몇 종은 울창하고 그늘진 숲을 선호하지만, 대부분은 나무나 덤불 군집이나 공터의 가장자리에서 많이 자생하는 것으로 알려져 있다.

네펜데스는 상록 덩굴식물로 일반적으로 얕은 뿌리를 가지고 있고 땅 위에 줄기를 뻗거나, 큰 나무를 타고 올라가는 형태로 자란다.

네펜데스는 잎 일부가 주머니 모양이나 원통 모양으로 함정식의 덫을 가지고 있는데 통의 입구가

미끄러워서 벌레들이 통 속으로 떨어지기 쉽게 되어 있다. 통 속에는 식물이 자체적으로 생산하는 액체가 포함되어 있다. 이는 물기가 있거나 점성이 있고 먹이를 익사시키는데 사용된

다. 덫의 아래쪽 부분에는 포획된 먹이로부터 영양분을 흡수하는 기관이 있다. 먹이는 일반적으로 곤충이지만 큰 종의 경우 쥐나 도마뱀과 같은 작은 척추동물도 잡을 수 있다.

Caring for Nepenthes

Light : 자연 서식지, 밝은 양지에서 잘 자라기 때문에 밝은 곳에 두는 것이 좋다. 오전에 해를 충분히 받을 수 있는 곳에 두어야 포충낭의 착색이 잘 된다. 음지에서 키울 시 잎의 색이 선명하지 않으며 식물의 생육이 불량해진다.

Temperature : 생육하기 좋은 온도는 16~21℃이고, 낮밤의 기온차 이를 10~16℃ 정도로 두고, 생육 적정 온도를 맞춰준다. 다소 시원하게 관리해주는 것이 좋다.

Water : 적절한 습도를 유지해주는 것이 중요하며 저면으로 주는 것이 좋다. 고온인 여름철에 자주 분무를 해주어 공중습도를 70%까지 유지해주어야 한다. 습도가 낮으면 포충낭이 성숙하지 않는다. 겨울철에는 생육이 억제되므로 물 주는 횟수를 줄인다.

Soil : 배수력이 좋은 토양에 식재하는 것이 중요하다. 과습하지 않게 유지해주는 것이 좋고 바크같은 것을 조금 섞어 주는 것도 좋다. 금속 화분은 식물과 맞지 않으니 주의한다.

Propagation : 눈이 붙어 있는 줄기를 잘라 삽목이 가능하다. 영양분이 적은 상토에다가 꽂아두면 2~3개월 정도 후에 뿌리를 내린다.

네펜데스 알라타
Nepenthes alata

네펜데스 벤트맥시마
Nepenthes ventmaxima

네펜데스 알라타는 수마트라 원산으로 흔히 보는 품종으로 우리나라 일찍이 들여온 품종으로 고산종에 속한다.

네펜데스 속 중에 내한성이 높은 편에 속한 줄무늬 무늬가 아름다운 중대형의 포충낭이 특징이다. 고산종으로 더위에도 강하고 내한성도 좋은편으로 키우기가 비교적 쉬운 편이다.

네펜데스 산구이네아
Nepenthes sanguinea

네펜데스 알라디
Nepenthes aladii

중간정도의 고산에서 자라는 품종으로 20℃ 이상을 유지해주고 많은 광과 수분, 공중습도를 요구한다.

알라디는 잎이 두툼하고 가는털이 있는 중형종의 식충식물로 포충낭도 관상가치가 높은 품종 중 하나이다.

Display Tip's

늘어지는 습성을 가지고 있으므로, 행잉이나 높은 화분에 식재하여 늘어질 수 있게 여유를 주고 키우는 것이 좋다.

2) 사라세니아속 *Sarracenia* spp.

사라세니아과 사라세니아속 식충식물로 동쪽 해안과 텍사스, 오대호 인접지역, 캐나다 남동부에만 자생하는 북아메리카 고유 종으로 8-11여종이 분포하고 대부분의 종은 미국 남동부에서 발생한다. 식물의 잎은 곤충을 잡기 위해 깔대기 모양으로 진화하였다. 잎 안쪽에서 꿀을 분비하여 벌레들을 유인한다. 네펜데스와 마찬가지로 함정형 식충식물로 곤충이 들어가면 미끄러워서 다시 나오기 힘들다. 벌레를 잡는 방법은 네펜덴스와 유사하지만, 소화시키는 과정은 다르다. 네펜덴스와는 다르게 자체 소화 액체를 만들어내지 못하여 일부 곤충이나 박테리아와 공생관계를 맺어 분해된 결과물을 흡수한다.
4~5월에 피는 꽃이 관상 가치가 높고, 통 모양의 잎도 다양한 색을 띄고 있다.

Did you Know?
사라세니아는 겨울에 휴면을 하는데 0~15°C 온도를 유지해주어 겨울을 나게 해주는 것이 좋다.

Caring for Sarracenia

Light : 자연 서식지 또는 밝은 양지에서 잘 자라기 때문에 밝은 곳에 두는 것이 좋다. 오전에 해를 충분히 받을 수 있는 곳에 두어야 포충낭의 착색이 잘 된다. 음지에서 키울 시 신엽이 약하게 자라고 포충낭이 쓰러진다.

Temperature : 생육하기 좋은 온도는 16~21°C이고, 낮밤의 기온 차이를 10~16°C 정도로 두면 원산지 환경과 비슷하여 잘 자란다. 다소 시원하게 관리해주는 것이 좋지만 온도가 낮아지면 잎이 갈변할 수 있으므로 생육 적정 온도를 맞춰준다.

Water : 적절한 습도를 유지해주는 것이 중요하며 저면으로 주는 것이 좋다. 고온인 여름철에 자주 분무를 해주어 공중습도를 70%까지 유지해주어야 한다. 습도가 낮으면 포충낭이 성숙하지 않는다. 겨울철에도 따뜻한 곳에 두고 촉촉하게 유지해준다.

Soil : 배수력이 좋은 토양에 식재하는 것이 중요하다. 토양에 영양분이 많지 않도록 하는 게 좋고, 피트모스나 펄라이트 수태 등을 섞어도 좋다.

Propagation : 가을이나 겨울에 포기나누기를 통해 번식을 할 수 있다.

앵무사라세니아
Sarracenia psittacina

사라세니아 시타시나는 사라세니아 원종 중 가장 작은 소형 종으로 잎이 바닥에 바짝 붙어 있는 형태로 자란다. 포충낭이 앵무새 부리를 닮았다 하여 붙은 이름이다.

사라세니아 미노르 *Sarracenia minor*

사라세니아 8대 원종 중 하나이며 양지바르고 양분이 적은 습지나 물가에 서식한다. 사라세니아도 통이 하늘을 향해 있는 종 중에서는 가장 작은 소형 종으로 최대 높이 20~30cm 정도이다.

사라세니아 퍼포리아
Sarracenia purpurea

퍼포리아 사라세니아는 내한성이 좋고 최대 30cm정도로 자라는 품종이다. 5년생이 되야 꽃이 핀다.

사라세니아 루브라 걸펜시스
Sarracenia rubra subsp. *gulfensis.*

좁고 긴 투수와 빨간색 줄무늬 입구가 특징인 품종이다.

8. 실내식물의 분류

흰사라세니아×노랑사라세니아
Sarracenia leucophylla ×flava

흰사라세니아과 노랑사라세니아의 교잡종이다.

노랑사라세니아×흰사라세니아
Sarracenia flava × leucophylla

노랑사라세니아와 흰사라세니아의 교잡종이다.

Display Tip's

사라세니아는 밝은 볕이 반나절 이상 드는 곳에 두고 키워야 곰팡이가 피지 않는다. 크기와 색이 다양하고 내한성이 좋고 관리요구도가 높지 않아 키우기 좋다.

3) 파리지옥속 *Dionaea* spp.
- Venus's Slipper(비너스 속눈썹)

파리지옥은 끈끈이귀개과(Droseraceae) 파리지옥속(Dionaea)의 유일종으로 북아메리카의 한정 지역에서만 자생한다. 끈끈이귀개과는 육식성 꽃, 식물의 과로 현존하는 3속에 약 180여 종으로 대부분 다년초로 구성되어 있다. 이 과의 식물은 남극을 제외한 모든 대륙에서 발견된다. 파리지옥은 잎이 변형된 트랩 안쪽에 감각모(갈색 가시)가 있는데, 이게 몇 번 건드려지면 살아있는 곤충이 들어온 것으로 알고 닫힌다. 이 잎이 눈꺼풀처럼 생겼다 하여 서양에서는 비너스의 속눈썹이라고 불린다. 5cm 정도의 잎이 방사 형태로 뻗어 땅과 가까이 있다.

Did you Know?
잎을 닫고 파리나 개미 등과 같은 벌레를 포획해서 먹는 식충식물이다.

Caring for Dionaea

Light : 강한 직사광선 밑에서도 잘 자라는 만큼 밝은 곳을 선호한다. 하루 6~8시간 이상은 밝은 곳에 두는 것이 개체를 튼튼하게 키울 수 있다.

Temperature : 따뜻하게 키우는 것이 좋고 생육적온은 25~30℃이다. 식충식물 중 내한성이 강한 편으로 5℃까지도 버티지만, 일반적으로 작은 화분에서는 얼어버릴 수 있으니 주의한다. 겨울에는 생육을 멈추고 휴면을 하므로 5~10℃ 정도 온도로 유지해주는 것이 좋다. 따뜻한 곳에 두면 휴면을 하지 않고 다음 해 생육에 지장이 생기므로 꼭 휴면을 시켜주는 것이 좋다.

Water : 저면관수를 통해 흙을 항상 촉촉하게 유지해주는 것이 좋다. 겨울철에는 물 주는 횟수를 줄이지만 흙이 마르지는 않도록 한다.

Soil : 배수력이 보수력이 좋은 토양에 식재한다. 산성토양을 좋아하므로 피트모스를 섞어주어도 좋다.

Propagation : 봄에 포기를 나누거나 잎을 잘라 삽목을 한다. 포충난 잎을 삽목용토에 올려 두고 흙을 아주 얇게 덮어주면 2~3개월 정도 후에 새로운 개체가 생긴다.

파리지옥 품종들 *Dionaea* cv.

파리지옥은 1속 1종 식물로 재배과정에서 다양한 돌연변이를 일으켜 트랩의 크기나 색, 전체적인 크기 등 다양한 품종이 있다.

빅 비거러스 | 버뱅크 베스트 | 패스트

화인투스레드 | 로우자이언트 | 파라디시아

붉은파리지옥 | 톱니파리지옥 | 선샤인

| 더블 | 엑스트라 | 더치 |

| 버뱅크 | 브레스 | 크리스탈 |

Display Tip's

하나의 성숙한 개체를 적당한 크기의 화분에 심는 것이 좋으며 플라스틱화분이나 유약을 바른 사기화분에 식재하는 것이 좋다.

8. 실내식물의 분류

4) 끈끈이 주걱속 *Drosera* spp.
- Sundew

우리나라 대표적인 식충식물 중 한 종으로 원산지는 한국, 일본, 만주, 우수리, 사할린, 시베리아, 북아메리카 등에 자생한다. 방사 형태로 퍼져 지면에 붙어 있는 형태로 각각의 잎에서 수백 개의 끈적이는 물질을 분비한다. 곤충이 달콤한 향기에 이끌려 끈끈한 선모에 붙으면 잎으로 몸을 감싸며 동그랗게 말아 먹이를 가둔 후 소화시킨다. 이런 포충을 통해 물이끼가 많은 습지같이 영양분이 결핍된 지역에서 자생할 수 있는 것인데, 끈끈이주걱류는 습원, 소택지, 늪 같이 영양소가 부족한 환경에서 살아남기 위해 발달하게 된 것으로, 질소의 공급이 부족한 환경에서 질소가 풍부한 곤충 먹잇감을 잡는 것이다. 대부분의 끈끈이주걱의 뿌리는 약하게 발달을 하는데, 뿌리는 주로 물을 흡수하고 식물을 땅에 고정시키는 역할만 하기 때문이다.

▲벌레를 잡은 끈끈이주걱의 모습

Did you Know?
끈끈이주걱은 토양 균류와 공생 관계를 포기하고 부족한 영양분을 곤충을 통해 보충한다.

Caring for Drosera

Light : 강한 직사광선 밑에서도 잘 자라는 만큼 밝은 곳을 선호한다. 하루 최소 4시간 이상은 밝은 곳에 두는 것이 개체를 튼튼하게 키울 수 있으며, 적절한 광 아래에서 대부분의 종의 선모는 빨간색을 띤다. 유묘는 너무 강한 직사광선을 받지 않게 관리해주는 것이 좋다.

Temperature : 따뜻하게 키우는 것이 좋고 생육적온은 25~30℃이다. 식충식물 중 내한성이 강한 편으로 5℃까지도 버티지만, 일반적으로 작은 화분에서는 얼어버릴 수 있으니 주의한다. 겨울에는 생육을 멈추고 휴면을 하므로 5~10℃ 정도 온도로 유지해주는 것이 좋다. 따뜻한 곳에 두면 휴면을 하지 않고 다음 해 생육에 지장이 생기므로 꼭 휴면을 시켜주는 것이 좋다.

Water : 저면관수를 통해 흙을 항상 촉촉하게 유지해주는 것이 좋다. 겨울철에는 물 주는 횟수를 줄이지만 흙이 마르지는 않도록 한다.

Soil : 배수력과 보수력이 좋은 토양에 식재한다. 산성토양을 좋아하므로 피트모스를 섞어주어도 좋다.

Propagation : 1~2년 정도 지나고 나면 분갈이를 하며 분주를 해준다. 휴면상태에 있을 때나 봄에 개체를 작게 분리하여 배양토에 심으면 된다.

▲ 끈끈이주걱속에는 190개 이상의 종이 있는데, 덩이줄기를 가진 덩굴식물부터 로제트 형태를 하고 있는 소형종까지 다양한 형태가 있다.

드로세라 파라독스
Drosera paradoxa

30cm까지 자라는 목본 줄기가 있는 품종이다.

드로세라 케이프
Drosera capensis

아프리카의 케이프가 원산지인 식물로 가장 흔한 끈끈이 주걱 중에 하나이다. 최대 3.5cm정도의 끈 모양의 잎을 가지고 있는데, 곤충이 처음 갖히면 잎이 중앙을 향해 세로로 접힌다.

드로세라 프롤리페라
Drosera prolifera

밝은곳에서 키우면 붉게 물든다.

드로세라 비나타 *Drosera binata*

포충엽의 끝이 두갈래로 갈라진 독특한 형태를 가지고 있다.

8. 실내식물의 분류 **291**

드로세라 풀켈라 *Drosera pulchella*

주 남서부가 원산지인 품종으로 일반적으로 너비가 15~20cm정도 되는 작은 종이다.

Display Tip's

석부작에 식재한 드로세라

20. 파초과 Musaceae

이 과의 식물은 열대지방에 자생하고 3속 150종이 있는데, 우리나라에는 야생종이 없고, 관상용으로 재배만 한다. 파초과는 키가 큰 다년생 초본류나 목본류가 포함되어 있고, 발달한 땅속줄기와 사방으로 퍼지는 잎이 특징이다. 이 과에는 바나나가 포함되어 있는데 열매는 식용으로 가능하고, 잎자루는 섬유로 이용한다.

| 스트렐리치아속 | *Strelltazia* spp. |

1) 스트렐리치아속 *Strelitzia reginae*
- **Bird of paradise flower**

남아프리카 원산의 다년생 식물로, 뉴기니아와 오스트레일리아에 서식하는 극락조가 있는데 꽃이 극락조와 닮아서 극락조화라고 불린다. *S.nicolai* 종은 Strelitzia속에서 가장 크며 높이가 10m에 이르고 흰색과 파란색 꽃이 있다. *S.nicolai*에 비해 일반적으로 작은 크기의 나무인 *S.caudata*를 제외하고 다른 종은 일반적으로 2~3.5m에 이른다. 우리나라에서 흔히 볼 수 있는 종은 *Strelitzia reginae(Strelitzia parvifolia)*로, 잎은 회녹색이고 긴 줄기가 있고 잎자루는 넓은 타원형이다. 잎의 길이는 30~200cm, 폭은 10~80cm로 큰 바나나 잎 모양으로 하고 있고 굉장히 이국적 분위기의 식물이다.

외화피는 오렌지색이고 내화피는 자청색으로 내화피 안에 꽃밥과 암술대를 지니고 있다. 보통 이른 봄부터 여름에 많이 개화하는데 일조가 부족하면 화아분화가 잘 안되서 실내에서는 꽃 피우기가 쉽지 않다. 줄기 없이 잎에서 꽃대가 바로 올라오며 1m 정도로 큰다. 극락조화는 꽃꽂이를 만드는 주재료로 흔히 이용된다.

원예용으로 재배가능한 파초과의 삼척바나나(*Musa acuminata* 'Dwarf cavendish'). 이국적인 느낌으로 실내식물로도 많이 키운다.

Did you Know?
5년생 식물에서 개화를 하기 때문에 화원에서 구입 시 가능하면 큰 것을 구입하는 것이 좋다.

> **Caring for Strelitzia**
>
> **Light** : 밝은 곳에서도 잘 자라므로 4~10월에 실외에 두고 키워도 좋다. 반그늘 정도에서도 잘 자라지만, 햇볕이 많이 쬐줄수록 튼튼하게 자라고 꽃이 핀다. 다만 한여름 뜨거운 직사광선은 피하는 것이 좋다.
>
> **Temperature** : 생육하기 좋은 온도는 16~21℃이고, 내한성이 약한 편으로 저온을 주의한다. 겨울철에도 10~15℃ 정도를 유지해주는 것이 좋다. 여름에 야외에 두었다면 밤 기온이 떨어지기 전에 실내에다가 두는 것이 좋다.

Caring for Strelitzia

Water : 개화 시기를 제외하고는 약간 건조하게 키우는 것이 좋다. 무더운 여름에 분무를 자주 해주는 것이 좋다.

Soil : 배수력과 보수력이 좋은 일반 배양토에 식재하면 된다. 축축한 흙을 좋아하지 않으므로 배수력을 좋게 하고 통풍이 잘되는 곳에 두어 흙은 건조시켜주는 것이 좋다.

Propagation : 종자로 하거나 포기나누기를 하면 된다. 종자로 할 경우 식물이 성숙하고 개화를 하기까지 5년 정도의 시간이 필요하다. 뿌리가 꽉 차 분갈이를 할 때 포기나누기를 하며 분주하면 되는데, 3~4주가 한 묶음이 되도록 분주하고 심은 후에는 식물체가 흔들리지 않도록 잘 고정한다.

극락조화 *Strelitzia reginae*

극락조화의 꽃. 부리같은 모양의 단단한 불염포는 4~6개의 꽃들이 하나씩 피어나는 동안 보호하는 역할을 한다.

Display Tip's

존재감이 강하므로 로비나 현관 등 눈에 잘 띄는 장소에 배치한다.